Isabelle Muenabantu

Happy Factory

EDILIVRE

N° d'impression : 337565

1

Il était à peine quatre heures du matin lorsque Paulo ouvrit les yeux pour la troisième fois. Dans l'obscurité de la chambre à coucher, les chiffres rouges du réveil digital lui confirmèrent qu'il était trop tôt pour se lever. Il soupira. Il l'avait attendue dans le salon jusqu'à trois heures du matin, d'abord énervé par son retard, puis tourmenté. Il avait fini par se résigner et s'allonger dans leur grand lit froid.

Il arrivait de plus en plus souvent qu'Eleanor rentre au milieu de la nuit, et ce comportement irresponsable l'horripilait. Mais cette fois encore, la bienveillance qu'il entretenait pour la mère de ses enfants l'avait poussé vers l'inquiétude et non la colère. Il s'était à nouveau surpris à envisager que peut-être elle avait été retenue contre sa volonté. Oui, elle avait sans doute eu un problème. Ne l'aurait-elle pas prévenu autrement ? Il ricana et se mit sur le dos. Cela faisait un moment qu'elle ne lui téléphonait plus quand ses réunions s'éternisaient. Il s'était même habitué à ne la voir qu'occasionnellement s'attarder à la maison. Ils se croisaient, tout au plus. Dix-sept ans. Cela faisait dix-sept ans qu'ils s'étaient dit oui. Et à présent ils n'avaient plus rien à se dire. L'image de son sourire, le matin de leur nuit de noces lui apparut. Ils l'avaient passée dans le nord de l'Italie. « Je n'imagine pas un autre lieu que la ville de Roméo et Juliette ! », s'était-elle exclamée lorsqu'ils discutaient des préparatifs du mariage. Machinalement, il lança son bras sur le côté pour tâter une éventuelle présence. Il n'y trouva que le vide. Une fois de plus. Il tapa du poing sur le matelas. Il fallait que ça change ! Il devait réagir. Comment leur couple en était-il arrivé là ? N'avait-il pas tout fait pour la rendre heureuse ? Ne l'avait-il pas soutenue lors de son ascension ? Elle avait voulu faire carrière pour améliorer leur mode de vie. Il l'avait encouragée, s'était occupé des enfants, avait accepté ses longues journées de travail jusqu'à ce qu'elle obtienne le poste dont elle rêvait. Aujourd'hui, elle l'avait sa place à la commission européenne. Elle avait intégré ce milieu si convoité de fonctionnaires internationaux. Ils avaient aménagé leur maison selon ses goûts et elle s'était offert une voiture de luxe, mais pouvait-on parler d'amélioration de leur vie ? Il ne la voyait plus, et quand il lui adressait la parole elle répondait à peine. Pourtant, même s'il avait envisagé la séparation, l'idée de passer à l'acte l'effrayait. Qu'adviendrait-il des enfants s'il la quittait ? Que se passerait-il si elle lui en refusait la garde ? Les yeux fixés au plafond, il serra les mâchoires. Cette situation ne pouvait plus durer.

Il décida d'arrêter de faire semblant de dormir et se leva. Il alla machinalement guetter par la fenêtre. Le calme plat. Accoudé sur l'appui de fenêtre, il posa son front contre la vitre et souffla, faisant apparaître une tache de buée. Il devait faire encore froid, le mois de février débutait à peine et on pouvait voir du givre sur les pare-brise des voitures. Il se rappela qu'elle lui avait reproché de manquer d'ambition. Il n'avait pas changé de poste depuis dix ans au moins. En fait, depuis qu'il avait été élu comme délégué syndical de l'entreprise qui l'employait. Il avait choisi de défendre les droits de ses collègues. Il s'écarta de la vitre en passant ses mains dans ses cheveux. Vouloir avoir du temps pour ses filles, pour les autres, c'était donc manquer de caractère selon son épouse. Il alla se rafraichir le visage dans la salle de bains attenante à leur chambre. Debout devant le miroir, il observa ses traits tirés. Ses tempes grises dénonçaient la quarantaine d'années entamée, mais malgré deux ou trois rides creusées par les soucis que lui causait sa femme, il était resté bel homme. Les cheveux autrefois complètement noirs brillaient encore de santé. Aux coins extérieurs de ses yeux bleus d'enfant, quelques plis lui donnaient l'air rieur. Il avait toujours été très souriant, plaisantin, mais ces derniers jours l'envie n'y était plus. Il ne voulait plus de cette mascarade, il fallait qu'il rompe avec Eleanor. Après avoir pris sa douche et passé ses vêtements, il décida de retourner l'attendre au rez-de-chaussée. Lorsqu'il posa le pied sur l'avant dernière marche de l'escalier, il vit la poignée de la porte d'entrée bouger. Il s'arrêta net. Elle entra sur la pointe des pieds, ses chaussures à hauts talons en main et referma tout doucement la porte. Il alluma la lumière du couloir, la faisant sursauter.

– Encore debout ? demanda-t-elle à peine gênée.

– Déçue ? répliqua-t-il sur un ton sarcastique.

Elle haussa les épaules et s'engouffra dans le salon, fuyant la discussion. Il la suivit.

– Je suppose qu'il est inutile de te demander où tu étais ?

– Tu supposes bien, dit-elle en s'éloignant vers la cuisine.

Il la talonna, décidé à mettre un terme à son comportement inacceptable. Nerveuse, elle ouvrit le frigo puis le referma, et finit par s'appuyer contre l'évier bras croisés et lui faire enfin face. En la regardant, il se dit qu'elle n'était plus la femme qu'il avait épousée. Autrefois si naturelle et spontanée, tendre… Il avait devant lui une femme superficielle, aux cheveux rallongés par les dernières techniques d'extensions capillaires. Son maquillage, trop chargé à son goût ne lui plaisait pas. Non, cette femme ne lui plaisait plus.

– Je veux savoir ce qui nous arrive… murmura-t-il en posant ses mains sur la table qui les séparait.

– Tu es sûr ? dit-elle pleine d'arrogance. J'ai plutôt l'impression que tu refuses de voir la réalité en face !

– Qu'est-ce que tu veux dire ? demanda-t-il en se redressant.

– C'est pourtant évident, ce qui se passe… Mais toi tu ne dis rien, tu ne t'énerves même pas… On dirait parfois que tu t'en fiches !

– Mais enfin, de quoi est-ce que tu parles ? Jusqu'à présent j'ai tout fait pour que tu sois heureuse… C'est toi qui déserte la maison, tu n'es plus qu'un courant d'air !

Elle fit lentement le tour de la table et se posta à quelques centimètres de lui. Elle fit la moue en penchant la tête. Pensant qu'elle était revenue à de meilleurs sentiments, il se calma.

– Il faut qu'on fasse quelque chose, Eleanor…

– Tu es vraiment gentil… ricana-t-elle en caressant sa joue.

Il recula, dégouté. Il l'aurait bien giflée pour la

première fois ce soir-là, mais c'était contre ses principes. Il s'éloigna d'elle. Il posa ses mains sur ses hanches et serra les dents, tentant de garder son calme.

– Je fais des efforts… pour les enfants. Tu devrais en faire, toi aussi, dit-il fermement.

– Je n'en ai pas envie ! répondit-elle en croisant les bras.

– Mais ce n'est pas comme ça que fonctionne une famille ! cria-t-il en tapant sur la porte de l'armoire.

– Nous ne sommes plus une famille ! s'énerva-t-elle en levant les bras au ciel. Tu ne comprends donc pas ?

Estomaqué par le volume de sa voix, il resta bouche bée. Elle se déplaça vers la porte de la cuisine et en saisit la poignée.

– Je ne veux plus de cette vie, soupira-t-elle avant de sortir.

– Qu'est-ce que ça veut dire ?

– Tu m'as très bien compris. J'ai rencontré quelqu'un d'autre…

– Tu…

– Oui ! Oui ! hurla-t-elle en revenant vers lui, agitée. Je te trompe !

Elle vint se poster à quelques centimètres de lui, comme si elle réclamait sa punition. Elle le bouscula, le provoqua du regard mais il ne bougea pas. Si son corps était resté debout, l'homme s'était effondré en lui-même. Il se sentit humilié.

– Tu me dégoutes, lui dit-il d'une voix sourde en la regardant dans les yeux.

Elle se détourna enfin et s'éloigna. Elle ouvrit la porte, derrière laquelle se trouvait Lisa, leur fille ainée. Eleanor mit sa main devant la bouche en réalisant que leur fille venait de tout entendre. Il secoua la tête, essayant de sortir de ce mauvais rêve pendant que Lisa s'encourait dans sa chambre.

– De toute façon elle l'aurait appris un jour ou l'autre, dit Eleanor en haussant les épaules. Je monte faire ma valise.

Il la suivit, hors de lui, et referma la porte de la chambre.

– Tu n'as donc de respect pour personne ?

– Oh, ne dramatise pas, je t'en prie, répliqua-t-elle d'un air agacé en sortant sa valise du placard.

Elle la posa sur le lit et commença à vider l'armoire. Paulo eut l'impression de vivre un rêve, ou un cauchemar, il n'était pas sûr. Il ne l'aimait plus, ça ne faisait aucun doute, mais jamais il n'avait imaginé une rupture aussi violente.

– Où est-ce que tu vas habiter ?

– Je reste à Bruxelles, c'est tout ce que tu as besoin de savoir, répondit-elle en retirant quelques robes de leur cintres.

– Et les filles ? demanda-t-il la gorge serrée.

Eleanor s'arrêta net et le fixa de ses petits yeux plissés. Elle lui fit penser à une vipère, tant son regard fut méprisant.

– Quoi « les filles » ? lâcha-t-elle pleine de hargne.

– Il me paraît clair que notre relation est terminée…

– Continue…

– Je préfèrerais qu'elles restent ici, avec moi… termina-t-il en s'efforçant de rester calme.

Pendant quelques secondes, alors qu'elle le dévisageait pleine de haine, il pria le ciel pour qu'elle ne veuille pas le séparer de ses enfants. Il était immobile, et donnait l'impression d'être sûr de lui.

– Eh bien garde les tes filles ! Moi, je vais refaire ma vie ! déclara-t-elle en fermant sa valise.

Elle sortit de la chambre et déboula l'escalier à toute allure. Paulo s'approcha de la fenêtre et vit sa voiture démarrer en trombe. Elle était partie. Il soupira en se rendant compte qu'elle n'avait même pas pris la peine de dire au revoir aux enfants. Il s'effondra sur le lit et resta pensif pendant de longues minutes. Cette fois, son mariage était bel et bien terminé.

Ce matin-là, il n'y eut pas de rires au petit déjeuner. Lisa ne dit pas un mot. Elle savait qu'Eleanor avait quitté la maison pendant la nuit, et regrettait de l'avoir entendu hurler les raisons de son départ. Il y avait dans sa bouche un goût amer, sans doute le goût de la haine pour sa mère. Elle refusa d'avaler quoi que ce soit et se tint le dos vouté, ses longs cheveux bruns cachant son visage, et ce, tout le temps qu'ils passèrent à table. Jenny, la cadette ne posa aucune question. Elle connaissait bien les sautes d'humeur de sa sœur et ne voulut pas provoquer une nouvelle dispute. Quant à sa mère, elle était habituée à ne la voir que très peu souvent. Aussi resta-t-elle discrète et aimable envers son père qui semblait ne pas avoir dormi de la nuit. Paulo eut envie de leur parler, de leur expliquer que désormais ils ne seraient plus que trois, mais les mots ne vinrent pas.

– Jenny, ma puce, essaya-t-il. Maman et moi nous…

Jenny la regarda de ses grands yeux bleus, attentive et pleine d'interrogation.

– Oui ? demanda-t-elle.

– Tu sais que parfois les papas et les mamans ne s'entendent plus…

– Maman s’est cassée ! l’interrompit Lisa qui s’impatientait.

Jenny tourna sa tête vers sa sœur.

– Elle est partie pour de bon ?

– Ouais ! cria-t-elle en quittant la table.

Paulo fit la grimace et ne lâcha pas sa cadette du regard, guettant sa réaction. Contrairement à ce qu’il avait craint, celle-ci ne pleura pas. Elle continua simplement à manger ses céréales, sans état d’âme apparent. Vu le peu de temps que leur mère leur avait consacré ces derniers mois, les filles ne semblaient pas regretter son départ définitif.

Le trajet vers l’école se fit dans un silence pesant. Les filles regardèrent la route défiler par la fenêtre, pensives. Une fois devant l’école elles bondirent hors de la voiture. Il les regarda s’éloigner en souriant. Il avait là deux jolies jeunes filles, leurs longs cheveux bruns lâchés dansaient au rythme de leurs pas rapides. Au bout de quelques mètres, Jenny fit demi-tour et revint dans la voiture avant qu’il ne redémarre. Du haut de ses douze ans, elle embrassa son père comme elle ne l’avait plus fait depuis longtemps. A genoux sur le siège passager, elle passa ses bras autour de lui et enfouit son visage dans son cou pendant quelques secondes. Il eut l’impression qu’elle avait compris ce qu’il n’avait pas su lui dire.

– Je t’aime papa, chuchota-elle.

– Moi aussi ma puce, lui répondit-il en lui posant une bise sur les cheveux.

Lisa, qui avait vu sa petite sœur s’éloigner s’était arrêtée, et leva les yeux au ciel devant cette scène écœurante de tendresse. Jenny repartit vers l’école et Paulo démarra, le cœur gonflé d’amour pour ses deux merveilles.

D’une certaine manière, et même si c’était difficile à

admettre, il était soulagé. Eleanor avait fait un choix, et cela simplifiait les choses. Cela faisait presqu'un an qu'ils faisaient semblant d'être un couple et au fond, Paulo ne supportait plus cette relation. C'était fini. Et un nouveau départ s'offrait à lui.

Au même moment, dans un petit immeuble du centre de Bruxelles, Alexia se réveilla en sursaut, couverte de sueur. Cela faisait déjà deux mois qu'elle vivait la peur au ventre. Lorsqu'elle ouvrait les yeux le matin dans la pénombre de sa chambre, elle le regrettait aussitôt. Elle ne voyait plus l'intérêt d'être en vie. Elle avait échoué, et il lui semblait que toute la planète était au courant. Elle imaginait son dernier client passer des coups de téléphone pour casser sa réputation, dire à tout le monde qu'elle était incapable. Tant d'efforts investis, une ascension rapide jusqu'à ce jour où tout s'était effondré. Depuis elle passait ses journées au lit, dans le noir, et avait débranché son téléphone. La sonnerie de ce dernier lui donnant des palpitations, elle avait trouvé ce moyen pour préserver un tant soit peu son calme. Même son fiancé n'avait plus ses faveurs, elle avait refusé de lui ouvrir la porte tant de fois qu'il s'était résigné à ne plus insister. Elle s'était persuadée qu'elle n'était plus assez bien pour lui. Ce matin-là, elle se leva pour aller aux toilettes et tituba jusqu'à la salle de bain. Sa tête tournait, elle n'avait rien avalé depuis plusieurs jours et son corps lui en faisait payer le prix. Elle s'appuya contre l'évier pour ne pas tomber et se vit dans le miroir. Les cheveux étaient emmêlés, les yeux rouges et gonflés, les joues creuses et le teint gris. Cette vision provoqua le retour des larmes qui ne l'avaient quitté que quelques heures auparavant. Elle s'écroula à terre et se coucha en position fœtale, la tête entre les genoux. Sa respiration s'accéléra tant qu'elle se transforma en un hoquet nerveux. Elle sursauta lorsqu'elle entendit le grincement de la porte qui s'ouvrait. Elle se replia dans un coin de la pièce, assise. Elle sentit sa gorge se rétrécir au fur et à mesure que les pas se rapprochaient. Elle ferma les yeux, en espérant retourner dans son sommeil, quitter cette réalité qu'elle détestait.

– Alexia ! s'écria sa mère en la voyant recroquevillée à même le sol.

– Qu'est-ce que tu fais là ? murmura-t-elle.

– J'étais inquiète... tu ne réponds plus au téléphone et tu ne descends plus depuis des semaines... Qu'est-ce qui se passe ? demanda-t-elle en relevant difficilement sa fille et en l'asseyant sur le bord de la baignoire.

Elle ne lui répondit pas. Se rendant bien compte qu'Alexia ne s'était pas lavée depuis plusieurs jours, elle ouvrit le robinet du lavabo et prit un gant de toilette qu'elle frotta avec du savon.

– Tu me demandes ce qu'il se passe... chuchota Alexia, le regard dans le vide.

La mère soupira, s'approcha de sa fille, et entreprit de lui retirer son tee-shirt. Alexia l'en empêcha en tapant dans le vide sans force et saisit son bras pour l'attirer vers elle.

– Emmènes-moi à l'hôpital, demanda-t-elle, le regard suppliant.

La mère fronça les sourcils et recula d'un pas. Elle ne reconnaissait plus son enfant. Elle l'avait élevé pour en faire une battante, une jeune femme courageuse et indépendante. Celle qu'elle avait en face d'elle n'était plus qu'une loque humaine, sale et sans aucune volonté ; quelqu'un de faible. Elle avala sa salive difficilement, choquée par la requête de sa fille. Elle hésita quelques secondes à la prendre dans ses bras, poussée par la pitié mais se reprit rapidement.

– Et que crois-tu qu'ils vont te faire à l'hôpital ?

– Je ne sais pas… mais j'étouffe…

– Tu vas commencer par te laver, dit-elle fermement en ouvrant le robinet de la baignoire. Ensuite tu vas manger, tu n'arrêtes pas de maigrir ! Il est temps de te ressaisir, ma fille.

Cette dernière remarque énerva profondément Alexia, et son visage se renfrogna d'autant plus. Sa mère ne comprenait rien. Elle avait comme un filtre sur les oreilles qui lui empêchait d'entendre quelqu'un souffrir. La tristesse, la douleur lui étaient inconnues. Du moins c'était l'image qu'elle donnait d'elle-même. La mère sortit, et entreprit de ranger l'appartement de sa fille. En entrant dans la chambre à coucher, elle dut se pincer le nez tant la pièce sentait le renfermé. Elle alluma la lumière pour atteindre la fenêtre qu'elle ouvrit rapidement. Elle fit la grimace en se retournant. Maniaque, elle avait pour habitude de changer ses draps toutes les semaines et vit que sa fille ne l'avait pas fait depuis bien plus longtemps que ça. Elle se précipita sur le lit, en retira les draps, et ensuite descendit à la buanderie pour les laver. Son cœur de mère se serra, c'était la première fois qu'elle voyait sa fille dans un tel état. Il fallait qu'elle l'aide à se remettre en selle, c'était certain. Elle l'avait toujours poussé vers le haut, et c'était grâce à cela qu'elle avait réussi si rapidement dans le monde de la finance et se permettait de négocier de beaux salaires. A trente et un ans, Alexia avait ainsi pu acheter cet immeuble dans lequel elles vivaient. Elle avait déjà aménagé deux appartements, mais il y avait encore du travail sur les trois autres étages. Le plan était de les faire louer pour créer une rentrée d'argent supplémentaire et faciliter le remboursement du prêt. Louise mit la machine à laver en route et se mordit la lèvre. Jamais elle n'arriverait à rembourser ce prêt toute seule avec l'argent de sa pension. Elle avait besoin d'Alexia. Et cet avertissement… A cause de leur retard de paiement, la banque ne tarderait pas à les mettre en demeure. Elle remonta et mit une lasagne au four. Ensuite elle s'empara de l'aspirateur et nettoya nerveusement l'appartement de sa fille. Il lui fallait trouver un moyen de la remettre sur le droit chemin, un moyen de ne pas faire échouer leur plan. La vie lui avait appris que lorsqu'on tombe, les autres vous marchent dessus. Il était hors de question qu'elle laisse sa fille au sol. Une fois l'appartement propre, elle toqua à la porte de la salle de bain pour s'assurer que sa fille ne s'était pas endormie dans la baignoire.

– Alex ?

– Mmh…

Elle passa sa tête dans l'entrebâillement de la porte et sourit envoyant le visage déjà plus apaisé de la jeune femme.

– Je t'attends en bas pour manger…

– Ok, soupira Alex avant d'enfoncer sa tête sous les bulles du bain.

En séchant ses cheveux, elle se dit qu'elle ne comprendrait jamais sa mère, ou plutôt que sa mère ne la comprendrait jamais. Ceci-dit, elle avait raison sur une chose : le bain avait été nécessaire ! Elle se sentait déjà plus fraiche, bien que toujours aussi fatiguée. Elle enfila un pyjama propre et descendit dans l'appartement du rez-de-chaussée. Elle se rappela aussitôt pourquoi elle n'aimait pas visiter sa mère. Tout était si propre, si net qu'on avait peur d'expirer par peur de déranger. Les objets décoratifs avaient une place déterminée au millimètre près par leur propriétaire, il ne fallait pas se risquer de les déplacer si on ne voulait pas se lancer dans une dispute. Elle s'assied à la table qui avait été dressée, et attendit que sa mère revienne de la cuisine. Cette dernière arriva rapidement, un plat chaud entre ses mains qu'elle protégeait par des gants de cuisine. Elle posa la lasagne et servit sa fille, se servit elle-même puis s'assied. Après quelques bouchées dans le silence, Louise se lança :

– Qu'est-ce que tu comptes faire maintenant ?

– Comment ça « qu'est-ce que je compte faire » ?

– J'ai vu les documents de la mutuelle dans ton salon… tu envisages de rester en arrêt maladie ?

– Maman… dit-elle en lâchant bruyamment sa fourchette sur la table, pourquoi fouilles-tu mes affaires ?

– Je n'ai pas fouillé ! s'énerva Louise. Je rangeais, il y avait un tel bazar là-haut que ça ne m'étonne pas que tu déprimes ! Comment veux-tu avoir les idées claires si tu vis dans le désordre ?

Alexia se prit la tête entre les mains et soupira bruyamment. Elle était consciente du manque d'empathie de sa mère, mais réalisait là l'importance de son incompréhension. Ce document de la mutuelle, c'était le médecin qui le lui avait remis, afin qu'elle puisse bénéficier d'un revenu de remplacement. Selon lui, elle n'était pas en état de travailler avant au moins six mois. Le papier trainait depuis lors car elle n'avait pas réussi à le remplir.

Lorsqu'elle essayait de se concentrer, elle ne trouvait aucune ressource, comme si son esprit s'était vidé. Ses mains devenaient moites, et parce qu'elle se rendait compte qu'elle n'y arrivait pas, elle paniquait, et retournait pleurer dans son lit.

– Si ça peut soulager la honte que tu ressens à cause de moi, je ne suis pas à charge de la mutuelle…

– Alex, enfin…

– Je n'ai même pas réussi à remplir un simple formulaire administratif… c'est comme si mon cerveau ne m'obéissait plus, j'arrive à rien ! termina-t-elle en se laissant envahir par ses larmes.

– Arrêtes de pleurer !

– Je n'y arrive pas ! hurla Alexia. Pourquoi est-ce que tu refuses de voir que je vais mal ?

– Tu veux savoir où tu vas finir si tu te laisses aller sur cette pente ? cria-t-elle en se levant brusquement. Dans la rue, à te plaindre à côté des autres clochards… Parce la société n'a pas le temps pour les faibles ! Si tu ne te bats pas, ce sont les autres qui vont te battre.

Alexia s'était arrêtée de pleurer, surprise par la réaction violente de sa mère. Elle ne se rappelait pas de la dernière fois qu'elles s'étaient disputées. Cela devait être il y a longtemps, à l'époque où elle avait évoqué le souhait d'étudier la philosophie. Sa mère s'était mise en colère, arguant que ce choix ne la mènerait à rien, que son père étant décédé, il fallait assurer son avenir. Choisir un métier qui lui rapporterait de l'argent. Il n'y avait eu que deux disputes, mais l'autre, elle refusait de s'en souvenir tant elle avait été douloureuse. Elle serra les mâchoires et quitta la table.

– Je n'ai plus faim, marmonna-t-elle en sortant de la salle à manger.

Louise se servit à boire, nerveusement et renversa un peu d'eau sur la table.

– Merde ! s'écria-t-elle en tapant du poing sur la table.

Alexia, qui avait atteint le pas de la porte sursauta et se boucha les oreilles de ses deux mains. Elle remonta dans son appartement et s'y enferma. Bien qu'elle ait refusé d'adhérer aux propos de sa mère, elle les avait bien entendus. Ses phrases tournaient dans sa tête, comme un tourbillon. Elle s'affala dans son canapé, la tête contre le dossier. En regardant autour d'elle, elle s'aperçut qu'elle avait dépensé l'argent qu'elle avait gagné sans penser à l'éventualité que ça pourrait s'arrêter. Depuis qu'elle s'était lancée comme consultante indépendante, elle avait vu grimper ses honoraires de façon indécente. Tout cela grâce à un créneau ouvert par la crise économique et dont elle n'était plus très fière d'avoir pris avantage. Un petit tas d'enveloppes formé sur la table basse attira son attention. Il était inutile de s'approcher plus près, il s'agissait de factures. Elle porta ses mains à ses cheveux et les tira en arrière en soufflant. Peut-être était-ce vrai qu'il était temps pour elle de se réveiller. A en juger le nombre de factures qui l'attendaient, il semblait que oui. Elle tendit sa main et saisit la première enveloppe. Il s'agissait d'un rappel de la société de rénovation à laquelle elle avait fait appel. Son ventre se serra et elle sentit sa poitrine s'oppresser de plus en plus. Les mots et les chiffres se mirent à danser sur le papier, comme si ils lui lançaient le défi de les comprendre. Les larmes lui brûlèrent les yeux. Il fallait qu'elle y arrive, il fallait qu'elle retrouve ses esprits. S'il la voyait, son père ne serait pas fier d'elle. Ne fut-ce que pour lui, il fallait qu'elle se reprenne. Elle décida d'allumer son gsm. De nombreux messages l'attendaient. Après avoir écouté les premiers, elle décida d'effacer tout le reste. « Les personnes qui cherchent réellement à me joindre m'appelleront », se dit-elle.

A peine s'était-elle allongée que le téléphone vrombit.

– Allô ?

– Allô bonjour madame…, ici Peter de l'agence de recrutement « Best ». Je ne vous dérange pas ?

– Non, je vous écoute.

– Voilà, j'ai trouvé votre cv sur le site « networking pro », j'ai été impressionnée par les grands noms pour qui vous avez été consultante et je voudrais savoir si vous êtes à l'écoute du marché en ce moment…

– Cela dépend pour quel type de fonction, répondit-elle en prenant une voix sérieuse. Je ne suis pas sure de vouloir continuer la consultance.

– Ecoutez, nous avons en ce moment une belle opportunité à saisir, une fonction assez variée dans une société de renommée internationale. Accepteriez-vous un entretien pour en discuter ?

L'idée fit frissonner Alexia. Elle n'était pas sortie de chez elle depuis des mois, était incapable de se concentrer, arriverait-elle à gérer un entretien ?

– Allo ? s'étonna son interlocuteur. Vous êtes toujours en ligne ?

– Oui, je suis là… D'accord, quand voulez-vous que l'on se rencontre ?

– Demain, si c'est possible pour vous dans la matinée ?

– A dix heures ?

– C'est noté. Je vous envoie un e-mail de confirmation avec l'adresse du rendez-vous. Vos coordonnées n'ont pas changé ?

– Non…

– Alors à demain.

A peine avait-elle raccroché qu'elle regretta d'avoir accepté. C'était trop tôt. Ce seul coup de téléphone lui avait donné une bouffée de chaleur. Elle s'allongea et poursuivit sa réflexion. Peut-être que ce rendez-vous pouvait servir de thérapie… c'était une raison de quitter son appartement, de sortir de son trou. Une façon de remettre le pied à l'étrier, de reprendre le cours de sa vie. Peut-être.

Alors qu'il se trouvait bloqué au feu rouge à quelques centaines de mètres de son lieu de travail, Paulo eut l'impression de voir ce building pour la première fois. Il prit une grande inspiration. Plus de vingt ans qu'il faisait ce trajet, mais il n'avait plus levé les yeux de son volant depuis plusieurs années. D'habitude, une fois arrêté à ce croisement, il réfléchissait à sa situation conjugale, essayait de se convaincre que le soir venu il forcerait Eleanor à entamer une discussion franche afin de régler leurs problèmes. Il ressassait ses problèmes une dernière fois avant de débuter sa journée. En effet, d'habitude, ses soucis ne passaient pas le carrefour. Il leur interdisait de le suivre au bureau. Aujourd'hui, bien qu'un peu choqué, il se sentait plus léger que d'habitude. Il leva les yeux et redécouvrit l'immeuble de quatre étages, entièrement en verre. Sur la façade avant, de grandes lettres qui s'illuminaient la nuit annonçaient : Happy Factory. Numéro un mondial des ventes de boissons gazeuses, la « Happy Factory », dite HAFA, vendait surtout du rêve, de la joie de vivre. Une petite usine d'embouteillage et un laboratoire de recherche se trouvait à l'arrière du bâtiment. Près de l'entrée, plaquée sur la vitre, se trouvait une grande bouteille de leur soda le plus célèbre : le Hafa Soda.

Mystérieux breuvage inimitable inventé à la fin du dix-neuvième siècle par un pharmacien, on racontait que même les employés de l'usine ignoraient la recette exacte. Tout était organisé afin qu'elle reste secrète. Oui, la société savait faire parler d'elle. Son célèbre soda, souvent critiqué pour sa forte teneur en sucre, n'en restait pas moins le préféré des consommateurs. Il faut dire que HAFA employait d'excellentes techniques de marketing. En sponsorisant les plus grands évènements sportifs internationaux, la société avait redoré l'image de sa boisson fétiche. Ses publicités se concentraient sur le plaisir de la consommer, la convivialité, le partage. Elle en avait fait une boisson qui rassemble. Et ces dernières années, époque à laquelle la population prenait conscience du réchauffement climatique, elle se présentait comme une société responsable, qui faisait des efforts pour diminuer sa production de CO_2, recyclait ses matériaux, plantait des arbres en Amazonie… Non, vraiment, elle avait une belle image. D'ailleurs, jamais Paulo n'aurait pensé travailler pour une multinationale américaine. Ce n'était pas vraiment son style. Mais une opportunité à la sortie de ses cours l'avait mené dans cette entreprise, et il y était resté. Et puis il fallait l'avouer, il éprouvait une certaine fierté à travailler là. Tout le monde connaissait HAFA.

En entrant dans le bâtiment, Paulo passa machinalement son badge au portique, laissant derrière lui les écrans géants qui diffusaient la dernière campagne de la marque. Quelques visiteurs visiblement impressionnés par le cadre, se tenaient là, bouche bée. D'autres attendaient sagement dans les fauteuils aux couleurs vives que la réceptionniste les appelle. Une fois les ascenseurs dépassés, il avança vers le centre du rez-de-chaussée et leva la tête. Le ciel était visible à travers le toit de verre, situé à une hauteur sous plafond de quatre étages, laissant entrer une lumière très agréable. En effet, tous les bureaux avaient été installés sur les côtés du bâtiment sur des plateaux vitrés de part et d'autre, offrant un sentiment d'espace. Paulo emprunta l'escalier de verre qui montait du centre de l'atrium. Une fois au deuxième étage, il salua, comme d'habitude, tous les collègues de son plateau et prit son poste de « Credit collector ». Puis il soupira une fois assis. Le programme de la journée n'avait rien d'exaltant : s'assurer que les clients payaient bien à temps et les relancer si nécessaire. Ils étaient toute une équipe à se partager ce travail, et heureusement, l'ambiance était plutôt bonne malgré les circonstances. A peine quatre ans auparavant ils avaient subi une petite réorganisation et une partie de leurs tâches avait été confiée à une société externe bien connue, spécialisée en « outsourcing ». Dans tout le pays c'était la grande tendance du moment, l'outsourcing. En d'autres mots : faire faire le travail par une main d'œuvre moins chère. Cela leur avait valu de nouveaux collègues basés en Pologne avec qui ils communiquaient par internet, un nouveau supérieur, plus jeune que la majorité de ses subalternes, et une intérimaire, Nina, qui avait fini par se faire engager à durée indéterminée. Même si cette période avait été pénible pour eux tous, ils ne s'en sortaient pas si mal de la réorganisation ; une équipe modifiée, la charge de travail allégée, mais personne ne s'était fait renvoyé. C'était le plus important.

En faisant un tour d'horizon du regard, il vit une délégation d'indiens défiler sur le plateau et entrer dans une salle de réunion avec trois managers. Il se rappela que le service comptabilité devait encore délocaliser plusieurs taches vers l'Inde. Ces quelques personnes étaient elles aussi employées par la société d'outsourcing ? la même qui faisait travailler les polonais dont il corrigeait encore régulièrement les erreurs. Ils venaient suivre une formation afin de transmettre à leur tour à une équipe basée à Chennai. Paulo baissa les yeux. Cette tendance à fractionner le travail et à le distribuer aux parties du monde où la main d'œuvre était moins chère ne lui plaisait pas trop. Dire qu'à l'époque où il avait débuté sa carrière, HAFA voulait tout centraliser dans leurs bureaux de Bruxelles. Aujourd'hui, la tendance était au contraire à la sous-traitance. Depuis le début de la crise financière en deux-mille huit, le monde du travail s'était métamorphosé. Tant d'entreprises avaient dû fermer leurs portes qu'il fallait s'estimer heureux d'avoir un travail. En tant que délégué syndical, il ne connaissait que trop bien ces statistiques. Alors si la société devait sous-traiter pour pouvoir garder le cap, qu'il en soit ainsi. Paulo refusait de laisser les mauvais pressentiments l'envahir et voulait croire son employeur lorsqu'il affichait sur les murs de leurs locaux « We care about you ». HAFA se préoccupait du bien-être de ses employés, c'était certain.

Lorsqu'il quitta son écran d'ordinateur des yeux, Nina était arrivée. Déjà plongée dans son travail, elle arborait un air sérieux, concentré, qui fit sourire Paulo. Depuis qu'elle avait intégré leur équipe, un lien particulier était né entre eux. Ils s'étaient rapidement confié l'un à l'autre et il appréciait sa compagnie plus que toute autre. Comme si elle avait senti qu'on l'observait, elle releva la tête. De ses yeux noirs, sévères, elle parcourut le plateau jusqu'à ce qu'elle croise le regard de Paulo. En le voyant son visage s'illumina. Elle lui envoya un message instantané : « Salut toi ». Il répondit immédiatement : « Salut toi ☺ Beaucoup de boulot ? ».

– « Eh oui… On mange ensemble ? ».

– « Avec plaisir ».

Quand vint l'heure de la pause, ils se retrouvèrent à la cafeteria.

– Bonjour bonjour ! dit une voie joviale dans son dos.

– Bonjour, répondit-il en se retournant.

C'était elle, sa confidente. Elle posa délicatement une bise sur sa joue et caressa sa main. Il lui tendit le sandwich qu'il avait récupéré pour elle et ils se rendirent à leur table habituelle. Nina était pour lui plus qu'une amie, ils le savaient tous les deux. Mais ni l'un ni l'autre n'avait voulu compliquer la situation de Paulo.

– Comment tu vas ? demanda-t-elle en s'installant à une des tables.

– Je pense que je vais bien…

– Tu penses ?

– Oui, c'est fini avec Eleanor… elle a quitté la maison, dit-il en baissant la tête.

Nina sentit son cœur battre plus vite. En silence elle avait espéré que ce jour arrive. Depuis que Paulo se confiait à elle, elle avait détesté cette femme qui le malmenait. Elle ne comprenait pas qu'on puisse se comporter aussi mal avec un mari comme lui. S'il avait été à elle, elle l'aurait aimé, choyé. Elle voyait en lui l'homme idéal : compréhensif, fort, loyal… Elle réprima son sourire, se disant que cette nouvelle ne signifiait pas pour autant qu'il veuille entamer une relation avec elle.

– Et comment te sens-tu ? osa-t-elle.

– C'est bizarre, mais je me sens libéré !

– Pas si bizarre que ça, je comprends… elle t'a trop fait souffrir, dit-elle en sentant ses nerfs chauffer à la seule évocation d'Eleanor.

– Oui, c'est mieux comme ça. Je vais pouvoir passer à autre chose…

Il l'observa du coin de l'œil, espérant que Nina comprenne le message qu'il lui lançait à demi-mot mais cette dernière resta sérieuse. Elle n'osait pas croire que ce moment tant rêvé était arrivé. Elle avait besoin de paroles claires de sa part, et ne s'emballerait pas tant qu'il ne lui demanderait pas officiellement d'être sa compagne. « Serait-ce possible ? », pensa-t-elle.

– Oui, c'est bien pour toi, dit-elle sobrement en avalant une gorgée.

– Je suis juste un peu triste pour les filles…

– Mais au fond de toi tu sais que c'est mieux pour elles, n'est-ce pas ?

– Oui, je le sais…

Un homme aux cheveux poivre et sel s'installa à leur table, ramenant la conversation à des sujets beaucoup moins personnels.

– Ah Paulo ! Tu es là ! Dis-moi, monsieur syndicat, tu as vu l'e-mail de Christopher ? Apparemment les polonais ont eu un beau bulletin !

– Bonjour Marc ! Ben oui, forcement ils ont une belle évaluation… on est toujours là pour corriger derrière alors…

– On devrait peut-être organiser une action non ? Pour que la direction se rende compte de la réalité ? Parce qu'entre nous, ils n'ont pas encore tout compris nos petits amis… A la prochaine clôture, on devrait laisser les rapports sans correction !

– Non, c'est inutile…

Nina regardait par la vitre qui donnait sur l'extérieur. Elle se mordit la lèvre en se sentant soudain impatiente.

– Je retourne à mon bureau, dit-elle en se levant.

Paulo sentit une légère brulure au niveau de son estomac. Il aurait voulu qu'elle reste. En reculant elle bouscula une autre femme arrivant à leur table.

– Oups ! Désolée Joana.

– Tu t'en vas ? demanda-t-elle à Nina.

– Oui, j'ai beaucoup de travail… répondit-elle avec un sourire forcé.

– Dommage… Salut les garçons, vous allez bien ?

– Bonjour Joana, fit Paulo.

Son interlocuteur continuait à débattre, en monologue sur la situation de leur département. Cela faisait déjà quatre ans que leur société avait pris cette décision. Au début, toute l'équipe avait eu peur, mais Paulo avait su les rassurer rapidement en leur expliquant que seule la partie opérationnelle du travail était visée. Tout le reste resterait à Bruxelles. Et c'est en effet ce qui s'était passé ; on avait engagé des « petites mains moins chères » pour les tâches les plus faciles.

– Tu diras ce que tu veux, Paulo, mais moi je dis que ça ne sent pas très bon… Quand la direction sera convaincue que les polonais assurent pour les tâches qu'on leur a confiées, ils vont surement vouloir passer au niveau supérieur et leur filer le reste du boulot ! Et là, on sera bon pour le chômage…

– Marc, ne t'inquiète pas…

– Et ces indiens qui débarquent, tu les as vus ?

– Oui, c'est pour la comptabilité…

– La compta ?

– Oui, dit Joana qui était comptable. Cet après-midi je devrai leur expliquer la procédure.

– Ils vont faire quoi ? demanda Marc, inquiet.

– Ils vont se charger d'une partie des paiements et…

– Les paiements ? T'es sérieuse ?

– Oui, notre processus est automatisé maintenant, et ils vont s'occuper de deux phases sur trois.

– Tu vois ? s'exclama-t-il en se tournant vers Paulo. Bientôt il ne restera plus rien…

Il regarda Joana manger son sandwich d'un air indifférent.

– Je suis le seul à penser à ça ou quoi ?

Paulo se racla la gorge. Bien sûr qu'il y avait pensé. Lorsqu'on automatise les processus, il est plus facile de les délocaliser. Grâce à internet, on partage le logiciel, les données, on communique avec ou sans image de façon instantanée… Le travail peut être fait à l'autre bout du monde sans aucun problème. Décalage horaire ? Ces gens sont prêts à travailler en shift, la nuit s'il le faut, ce n'est pas un obstacle non plus. Il secoua la tête. Même si ce scénario était envisageable, ce n'était pas dans les projets. Non, il ne fallait pas inquiéter ses collègues.

– Si un nouveau changement devait avoir lieu, je le saurais, dit-il enfin à voix haute, comme pour se convaincre. En ce moment, la direction est satisfaite comme ça. Tu ne risques rien.

En effet à ce jour, l'opération d'outsourcing semblait avoir réussi. Les tableaux bord étaient garnis de boules vertes, signes de tâches accomplies et le management s'en félicitait. Est-ce que les polonais comprenaient tout ? Rien n'était moins sûr, pensait-il. Le principe même de leur évaluation n'était pas logique ; l'indicateur de leur performance était basé sur le nombre d'emails envoyés ou de coups de fil passés. Et le nombre de taches complétées par mois était consigné dans une base de données sur internet auquel l'équipe belge avait accès. Dès lors, ils téléphonaient parfois pour ne rien dire, ou reposer les mêmes questions tellement de fois que les employés belges finissaient par corriger eux-mêmes les erreurs, envoyer le rapport complété par e-mail, l'employé externe le sauvait dans la base de données. Le management validait, faisant apparaître une jolie boule verte. Résultat : En apparence, tout allait bien.

2

Cela faisait déjà deux mois que Paulo vivait en père célibataire avec ses filles, sans aucune nouvelle de leur mère. Le mois d'avril desservait quelques timides rayons de soleil à travers le plateau. Il avait déjà passé plusieurs coups de téléphone et fourni ses prévisions du jour lorsqu'une petite alerte sur son écran lui rappela qu'il avait une réunion syndicale à dix heures trente. Il se leva en rassemblant quelques affaires et attira l'attention de sa jeune chef.

– Paulo ? Tu t'en vas quelque part ? demanda-t-elle en lui barrant le passage.

– Oui, soupira-t-il. Comme je te l'ai annoncé dans un e-mail la semaine passée, j'ai une réunion pour préparer les élections.

– Je ne me souviens pas d'avoir reçu ce message, répondit-elle, la voix pleine de mauvaise foi.

– C'est que tu as mauvaise mémoire, affirma Paulo sans broncher.

Les autres employés qui faisaient mine de ne pas écouter ne purent s'empêcher de glousser discrètement. La manager serra les dents.

– Ecoute Ingrid, lui chuchota Paulo une fois près d'elle. Ça fait plus de dix ans que je suis délégué syndical, et tu es dans la boite depuis quoi… quatre ans ? Tu n'as rien à me reprocher au niveau de mon travail… Alors arrête ton petit jeu, avant de perdre complètement la face devant tes employés.

Ingrid avait senti ses veines bouillonner mais avait réussi à ne pas ciller. Elle aurait tant aimé avoir ne fût-ce qu'un huitième du charisme de Paulo, de cette autorité naturelle qui lui faisait tant défaut. Elle regretta aussitôt d'avoir voulu jouer au plus malin avec le syndicaliste. Elle libéra le passage et opina de la tête pour lui faire comprendre qu'il pouvait y aller.

Paulo rejoint son comparse syndicaliste dans le petit local qui était réservé à leurs activités et lui serra vigoureusement la main.

– La blonde a encore essayé de te retenir ? demanda-il en roulant les r.

– T'as deviné Jan, désolé pour le retard. Cette petite croit tout savoir, elle s'imagine que je me paye du bon temps quand on fait nos réunions… elle ne se rend pas compte qu'on bosse pour ses intérêts à elle aussi.

Après avoir discuté des points essentiels de leur campagne et rassemblé leur matériel, ils commencèrent par épingler des affiches dans les coins détente, près des machines à cafés de tous les étages. Ensuite ils entreprirent de passer entre les bureaux pour rappeler à tous les employés de voter pour eux. Ils distribuaient des petits bonbons et stylos à l'effigie du syndicat socialiste qu'ils représentaient et expliquaient en quelques mots l'importance du vote. Jan tenait son discours en néerlandais, et Paulo en français.

– Demain, dès huit heures, n'oubliez pas ! Vous devez élire vos délégués syndicaux, ce sont eux qui seront votre porte-voix en cas de problème dans l'entreprise. Si vous votez pour moi vous ferez le bon choix. Je suis Paulo Dalavecci, retenez ce nom.

Paulo remarqua un nouveau visage au sein de la comptabilité. Une jeune fille aux cheveux longs, assise dans un coin près d'une armoire regardait d'un air absent ce défilé électoral. Il eut l'impression de voir sa Lisa avec dix ans de plus. Troublé, il s'immobilisa. Lorsqu'elle posa ses grands yeux tristes sur lui, il fut touché par sa fragilité apparente et s'approcha d'elle comme si un aimant l'y avait attiré.

– Tu es nouvelle ?

– Oui, répondit-elle en baissant le regard, depuis hier.

– Bienvenue…

– Alexia. Je m'appelle Alexia.

– Enchanté. Moi c'est Paulo. Je suis délégué syndical pour les employés francophones, et mon collègue que tu vois là s'occupe des néerlandophones.

Elle opina timidement sans rien répondre. Il posa quelques bonbons sur son bureau et lui offrit un stylo, dessinant un léger sourire sur son visage. Elle avait les yeux noisette, presque dorés mais ils brillèrent à peine quelques secondes.

– Mais Paulo, qu'est-ce que tu fais ? C'est une externe, elle ne vote pas, elle ! lui cria Jan qui l'avait vu s'attarder.

– Et alors ! répondit-il. C'est pas parce qu'elle ne vote pas qu'elle n'a pas droit à un petit cadeau !

– Merci, murmura la jeune fille.

– Intérimaire ?

La jeune fille baissa à nouveau les yeux. Gênée.

– Paulo ! Tu viens ou quoi ? lui lança Jan.

Il s'éloigna d'elle et poursuivit sa campagne.

En passant devant le bureau du chef du département ; le « Chief Financial Officer », Paulo vit la porte ouverte et y passa la tête. Il le trouva concentré sur son écran d'ordinateur. Dans la cinquantaine, les cheveux déjà gris mais toujours en forme, le C.F.O. de HAFA était un homme autoritaire mais accessible.

– Christopher ?

– Bonjour Paulo, Comment tu vas ? demanda-t-il en se levant pour lui serrer la main. Et ta campagne ?

– Bien, bien, merci…

– Qu'est-ce que je peux faire pour toi ?

Il l'invita à s'asseoir, mais Paulo refusa poliment.

– Je n'en ai que pour une minute. C'est à propos de l'incident dont je t'ai parlé lors de notre dernier conseil, au département de l'audit interne…

– Vivianne ?

– Oui, est-ce que tu as déjà pris des mesures ?

– Je comptais lui en parler ce vendredi… répondit-il en s'asseyant sur le bord de son bureau.

– Parfait. Parce que des membres de son équipe m'ont confié hier qu'en plus des remarques désobligeantes, elle chronométrait le temps qu'ils passaient aux toilettes !

– Non… fit-il incrédule.

– Si, si, il est grand temps de la calmer ! La plupart tient le coup mais il y en a deux qui sont au bord du burn out, ils n'en peuvent plus.

– Je lui donnerai un avertissement, et je lui ferai comprendre que si elle ne change pas son comportement on lui trouvera une remplaçante. Ses façons de faire sont contraires à la politique interne de HAFA. Je vais lui rappeler que ce n'est pas comme ça qu'on gère nos équipes ici. Les employés ont besoin de liberté pour être productifs...

– Il parait qu'elle travaillait pour une des plus grandes compagnies d'audit du pays ?

– C'est exact, mais si chez eux ils font pression pour obtenir les résultats, chez HAFA on est sensés dialoguer, encourager... ce n'est pas la même culture !

– C'est clair... Enfin, merci de t'en occuper, dit Paulo en lui serrant la main. Tu viens au mini-foot cette semaine ?

Le C.F.O. se leva pour le raccompagner vers la porte.

– Non, jeudi j'ai un conference call avec les U.S.A. à dix-neuf heures. Je sens que je vais passer ma soirée au bureau.

– Eh ! C'est tout le plaisir d'être le grand patron n'est-ce pas ?

– En effet ! Mais ne t'inquiète pas, je me rattraperai, rit-il en tapant dans le dos de Paulo.

– Ok. Et n'oublie pas de voter ! ajouta-t-il en s'éloignant.

Lorsqu'il termina le tour des bureaux, il était déjà midi. Paulo retourna s'asseoir à sa place, non sans remarquer qu'Ingrid consulta sa montre à son arrivée. Il soupira intérieurement. Cette fille ne se rendait décidément pas compte que tout ceci n'avait rien d'un jeu. Tous les avantages dont les employés bénéficiaient étaient le résultat de revendications pour lesquelles les syndicats s'étaient battus. Mais tant que tout allait bien, personne ne s'y intéressait.

A la fin de l'après-midi, une pluie battante s'acharnait

contre les vitres de l'immeuble. Paulo se leva et proposa à Nina de la ramener chez elle. Elle habitait près de l'école des filles, et il arrivait qu'ils fassent la route du retour ensemble. Ils prirent donc l'ascenseur pour se rendre au parking souterrain. Nina, un peu distante, scrutait la nouvelle affiche qui avait été apposée au fond de la cabine. Le lancement d'un nouveau gout parmi les limonades étant imminent, le personnel avait lui aussi droit à la campagne publicitaire. Nina eut un sourire pincé. L'équipe marketing ne manquait décidément pas d'imagination. Ce petit personnage qui décorerait les bouteilles était bien sympathique. Elle se rappela qu'ils avaient été conviés à un vote pour l'élire. Ce n'était pas celui qu'elle avait préféré, mais il était parfait dans son rôle. Tout le long de sa réflexion, Paulo ne la quitta pas des yeux. Ce n'était peut-être pas correct, mais il brûlait d'envie de l'embrasser. Il y avait si souvent pensé, et aujourd'hui, il se dit que rien ne l'empêchait de concrétiser enfin ce désir. Nina sentit le poids de son regard. Elle regarda sa bouche et se mordit la lèvre inférieure. Elle se demanda comment elle avait fait pour tenir le coup depuis si longtemps. Elle se dit qu'au fond d'elle, elle l'avait aimé dès le premier instant. Elle l'avait trouvé beau, puis s'était attaché à sa personnalité en faisant sa connaissance. Mais le fait qu'il soit marié avait créé une barrière, une limite que sa bonne conscience l'empêchait de franchir. Elle lui sourit. Les portes de l'ascenseur s'ouvrirent enfin. Alors qu'ils arrivaient près de la voiture de Paulo, il s'arrêta soudain de marcher et soupira.

– Tout va bien ? demanda-t-elle en s'arrêtant à son tour.

– Non… lâcha-t-il, énervé de ne pas trouver ses mots.

– Tu sais que tu peux compter sur moi si ça ne va pas,

je suis ton amie après tout…

– Tu es plus qu'une amie pour moi Nina, lui dit-il en prenant sa main.

Nina se rapprocha, le souffle presque bloqué par l'annonce de ce qu'elle avait si souvent espéré entendre.

– Ça fait des mois qu'on se fréquente, poursuivit-il, on passe toutes nos pauses ensemble, on s'est confiés l'un à l'autre, tu connais mes secrets et je connais les tiens…

– Oui, c'est vrai…

– Ce que j'essaye de te dire, c'est que j'ai des sentiments pour toi…

– Des sentiments ? répéta-elle, presqu'incrédule.

– Ce que je ressens pour toi va bien au-delà de l'amitié, ça fait un moment maintenant, mais ça n'aurait pas été correct de ma part de te le dire alors qu'Eleanor habitait encore à la maison…

– Moi aussi je tiens beaucoup à toi, je pense que tu le sais… dit-elle en souriant.

Il rit car il comprit qu'elle faisait allusion au soir où elle l'avait embrassé, quelques jours auparavant. Elle s'était laissé emporter par son élan, et s'était excusée aussitôt. Aujourd'hui, c'était à lui de faire le pas, de répondre à ce baiser. Il avait gardé en mémoire le souvenir de ses lèvres, si douces. L'odeur de ses cheveux noirs, un parfum de lavande apaisant. Pendant ces nombreuses nuits en solitaire, il avait pensé à elle, sans pouvoir le lui dire. Lentement, il caressa sa joue de la main droite et plongea dans ses yeux sombres. Elle le regarda, la bouche légèrement ouverte, pleine de sensualité. Elle semblait ne pas croire que ce moment était réel. Il approcha son corps du sien et glissa ses doigts dans sa nuque. Enveloppé par cette odeur de lavande, son cœur battit à lui en rompre les côtes alors qu'il atteignit ses lèvres. Elle laissa tomber le sac qu'elle portait à bout de bras et l'enveloppa de ses bras. Leur étreinte fut débordante de tendresse, et longue, pleine de vérité. Elle fut la démonstration de cette promesse qu'ils rêvaient de se faire depuis leur rencontre. Le bruit d'un moteur les ramena à la réalité. Ils descellèrent leurs bouches et sourirent, heureux. Ils entrèrent dans la voiture et se donnèrent encore un baiser plus court.

– J'imagine que tu veux prendre un peu de temps avant de débuter une relation ? risqua Nina malgré sa crainte d'une réponse affirmative.

– Nina, ça fait bien un an que c'est fini entre Eleanor et moi… tu le sais… tout ce que nous avons partagé ces derniers temps ce sont des disputes, ou des silences. Tu connais les raisons pour lesquelles je n'ai pas quitté la maison… Elles n'ont rien à voir avec mes sentiments pour elle…

– Je sais, mais la rupture n'est officielle que depuis peu… je ne voudrais pas que tu te précipites et que tu regrettes ensuite… dit-elle en tortillant ses doigts.

– Je sais ce que je veux ! affirma-t-il en lui prenant la main. J'y pense depuis un bon moment. Je veux être avec toi !

– Moi aussi, sourit-elle.

Le mois suivant, Nina passait la majorité de son temps avec Paulo et ses filles. Il l'avait déjà invité à s'y installer mais elle préférait attendre que son divorce soit prononcé, fin mai. Hasard ou pas, Eleanor était presqu'aussitôt réapparue dans leur vie. En attendant de passer devant le juge, les ex-époux s'étaient accordés sur une garde partagée d'une semaine sur deux.

Ce soir-là, Nina se trouvait dans la cuisine à préparer le repas du soir. Après avoir regardé l'heure plusieurs fois de suite, elle avait finalement décidé de se mettre aux fourneaux pour eux quatre. Son téléphone coincé entre le menton et l'épaule, elle s'affairait à couper des champignons en petits morceaux en attendant que quelqu'un réponde à son appel. Après avoir versé tous les légumes dans la casserole, elle fit quelques pas en soupirant. Elle passa sa tête par l'entrebâillement de la porte et vit Paulo et sa fille ainée affalés dans le canapé devant une série de gags qui étaient diffusés à la télévision. Paulo avait l'air contrarié. Lisa se rongeait les ongles. Elle eut un léger sourire en voyant Jenny s'appliquer à dresser la table, souriante.

– Restaurant « La truffe d'or », bonsoir ! dit une voix féminine à l'autre bout du fil.

Elle referma doucement la porte.

– Bonsoir madame, je vous appelle pour annuler une réservation pour ce soir…

– Oui madame, à quel nom s'il vous plait ? demanda poliment la voix.

– Scatti…

– Bien sûr madame, souhaitez-vous une autre date ? nous avons des disponibilités à partir du mois de juillet…

– C'est dans deux mois ?

– Oui madame, jusque-là c'est complet.

– Je vous retéléphonerai plus tard, dit-elle, déçue.

– Très bien, bonne soirée madame, conclut la jeune voix qui semblait toujours sourire.

Nina raccrocha en serrant les dents. La surprise qu'elle avait planifiée depuis des semaines venait de tomber à l'eau à cause d'Eleanor. Elle tourna dans sa sauce en se consolant.

Même si ce n'était pas le genre de soirée qu'elle avait prévu, ils auraient un bon repas de famille tous les quatre. Après tout, c'était aussi une belle manière de faire la fête. Les filles adoraient cette recette, il fallait rester positif et profiter des bons moments. Lorsqu'elle ouvrit la porte pour les inviter à passer à table, elle faillit tomber à travers ses jambes en réalisant ce qu'elle voyait. Eleanor se trouvait là, installée dans le fauteuil qui faisait face à l'entrée de la cuisine, et discutait joyeusement avec Paulo. Régulièrement elle renvoyait de sa main manucurée une mèche de cheveux vers l'arrière. Sa poitrine, généreuse, se trouvait exposée dans un décolleté indécent et elle battait des cils trop chargés en mascara. Lorsqu'elle posa sa main sur le genou de Paulo, Nina s'approcha doucement d'eux et se posta derrière le fauteuil dans lequel il était installé. Par provocation, Eleanor ne releva pas sa présence et continua à raconter l'aventure qui l'avait mise en retard d'une journée entière.

– Et donc, comme il n'y avait plus de place sur le vol d'hier, j'ai dû prendre celui de quatorze heures aujourd'hui, expliqua-t-elle en feignant d'être désolée. Heureusement il faisait beau à Malte, alors j'ai pu encore profiter de la matinée…

– J'aurais apprécié que tu me téléphones pour prévenir, dit Paulo en s'efforçant de garder son calme.

Nina qui était proche de lui sentait la tension qui l'avait envahi, mais elle comprit qu'il ne voulait pas se disputer devant les filles. Elle posa sa main sur son épaule et il la caressa, appréciant son geste. Eleanor fit la grimace en voyant la tendresse qu'ils partageaient.

– Tu as déjà visité Malte, Nina ? demanda-t-elle avec arrogance.

– Non, répondit-elle sèchement.

– Moi, c'est la quatrième fois que j'y vais, déclara-t-elle fièrement. C'est pour mon travail, mais on nous laisse le temps de visiter lorsque nous sommes sur place. C'est magni-fique ! dit-elle en appuyant chaque syllabe de son dernier mot.

– Je n'en doute pas, répondit Nina en refusant d'entrer dans son jeu.

Nina était restée imperturbable, la tête haute et fière comme elle l'était toujours. Eleanor plissa des yeux, déçue de l'échec de sa provocation. Elle regarda sa montre.

– Prenez votre sac, les filles ! ordonna-t-elle. On s'en va.

Elle se leva et se dirigea vers la porte, suivie de Paulo qui l'accompagnait. Lorsque les filles eurent disparu dans la cage d'escalier, elle posa sa main sur la joue de Paulo et approcha ses lèvres rouges de son oreille. Elle lui chuchota quelques mots à l'oreille et y posa un baiser en fixant Nina du regard. Nina se concentra pour avoir l'air impassible alors qu'elle bouillonnait de l'intérieur. Elle s'imagina en train d'attraper Eleanor par ses extensions capillaires et lui cogner la tête contre le mur. Paulo eut un geste de recul, surpris par ce baiser et regarda son ex-femme avec stupéfaction puis se tourna vers Nina qui ne quittait pas Eleanor des yeux. Les deux femmes se fixaient, comme deux cow-boys prêts à dégainer lors d'un duel. Les filles redescendirent bruyamment, interrompant la scène qui risquait de dégénérer. Lisa frôla la joue de sa belle-mère en marmonnant ce qui devait être un au revoir, fit de même avec son père puis sortit de la maison en bousculant sa mère. Jenny, elle, serra Nina dans ses bras.

– J'aurais bien aimé rester, chuchota-t-elle.

– Je sais, moi aussi ma puce, répondit-elle en

l'embrassant sur le front. On se revoit dans une semaine…

Eleanor fulminait en voyant la complicité que partageaient sa fille et Nina. Jamais Jenny ne s'était blottie comme ça contre elle. Même petite, la fillette avait toujours préféré son père. Elle la rappela à l'ordre d'un claquement de langue.

– Dépêche un peu Jenny !

Nina laissa partir la petite en fixant la mère de ses grands yeux noirs. Elle vit Eleanor faire la bise à Paulo, trop amicale à son goût mais ne dit pas un mot. Elle la laissa partir sans dire au revoir, retenant presque sa respiration jusqu'à ce que la porte ne se referme. Paulo s'approcha d'elle et voulut la prendre dans ses bras.

– Enfin seuls, murmura-t-il.

– Qu'est-ce qu'elle t'a dit dans l'oreille toute à l'heure ? demanda-t-elle en reculant pour éviter l'embrassade.

– Qu'elle était désolée d'avoir gâché ton anniversaire.

La mâchoire inférieure de Nina tomba. Elle regarda le sol, la porte puis Paulo et posa ses mains sur les hanches, choquée.

– Elle était au courant ?

– Je lui avais demandé d'être à l'heure pour qu'on puisse profiter de notre soirée, oui.

Nina referma sa bouche et comprit. Elle se dit que cette histoire de vol manqué n'avait été qu'un mensonge. Eleanor avait tout calculé pour gâcher ce weekend.

– Je veux qu'on déménage.

– Pourquoi ?

– Elle se sent trop chez elle ici ! Après tout c'est encore votre maison, et elle passe son temps à me le faire comprendre.

– Mais… Nina, ici nous n'avons pas de loyer à payer

puisqu'elle est déjà remboursée.

– Je préfère de loin payer un loyer ou rembourser un prêt plutôt que de me sentir comme une étrangère là où j'habite…

Il baissa les yeux, et s'en voulut de ne jamais avoir pensé à ce que pouvait ressentir sa compagne en vivant dans ces murs chargés d'histoire. Une histoire pas toujours heureuse d'ailleurs.

– Nous travaillons tous les deux, Paulo ! reprit-elle. Je me suis renseignée auprès de la banque… HAFA est bien réputée, et avec nos deux salaires réunis nous pourrions acheter un bien. Petit, mais au moins il serait à nous…

Paulo se rassied, comme assommé par la perspective de ce changement. Lui qui pensait en avoir fini avec les crédits hypothécaires, voilà que la femme qu'il aimait voulait l'y replonger.

– Tu as même été voir la banque ?

Nina s'installa à ses côtés et prit sa main.

– Je sais que pour toi, ça signifie recommencer des choses que tu as déjà faites… Mais moi…

Elle détourna le regard un instant pour chercher ses mots.

– J'ai trente-sept ans et je n'ai rien qui soit vraiment à moi. Parfois j'ai le sentiment de n'avoir jamais rien réalisé.

– Qu'est-ce que…

– Laisse-moi terminer, s'il te plait. Mes parents m'ont appris à toujours rechercher la sécurité, et c'est ce que j'ai fait. J'ai eu le même boulot dans la même entreprise depuis que j'ai fini l'école supérieure, et si elle n'avait pas fait faillite, j'y travaillerais sans doute encore.

Elle soupira avant de plonger ses yeux dans les siens.

– Je n'étais jamais tombée amoureuse avant de te

rencontrer… J'avais bien trop peur ! Je me suis contentée d'une relation dans laquelle je ne m'épanouissais pas du tout, et ce n'est même pas moi qui y ai mis fin ! J'avais trop peur d'être seule. Et pourtant regarde, suite à ces changements que je n'aurais jamais osé provoquer j'ai enfin trouvé le bonheur. Toi, les filles, c'est plus que je n'aurais osé espérer de la vie.

Paulo passa sa main dans ses cheveux, ému par cette déclaration.

– Je veux construire avec toi Paulo. Même si ça me fait peur, je veux prendre le risque.

– Moi aussi je veux construire avec toi Nina, tu me rends heureux. Plus heureux que je ne l'ai jamais été…

– Alors… tu me comprends ?

– Bien sûr, mais tu dois réaliser que je n'avais jamais envisagé reprendre un crédit à mon âge… Quelle serait la durée de ce prêt ? Quinze ans ?

– Ils acceptent vingt ans, mais ce serait plus intéressant de faire quinze en effet.

– Et tu as déjà vu une maison ou un appartement dans notre budget ?

– Est-ce que ça veut dire que tu acceptes que je cherche ?

– Ça veut dire que je ferai ce qu'il faut pour que tu sois heureuse…

– Alors ?

– Alors oui.

Le regard de Nina s'illumina.

– Peut-être qu'il n'est pas trop tard pour récupérer notre table au restaurant, je les rappelle tout de suite, déclara-t-elle en bondissant du fauteuil.

– Tu avais réservé ?

– Oui, la truffe d'or.

– Moi aussi ! Les grands esprits se rencontrent !

– Ben… on y va alors ? rit-elle.

– On y va !

*

* *

– Alors ? demanda Nina, sautillante d'impatience.

– Alors… répéta sa mère qui ne savait pas quoi répondre.

Elle jeta un regard interrogateur au père mais ce dernier lui tourna le dos et continua à inspecter la maison que sa fille venait d'acheter. La maman se rapprocha de la fenêtre de la cuisine.

– Vous avez une très jolie vue d'ici…

– C'est vrai, tu as vu ces grands arbres ? C'est magnifique.

Le père revint vers elles, le visage fermé.

– C'est lui a eu l'idée d'acheter cette maison ?

– Non papa, c'est moi ! répondit Nina, agacée par la moue de son père.

Il souleva son chapeau de toile pour éponger son crâne qui transpirait à cause de la chaleur écrasante du mois d'aout.

– Il y a encore beaucoup de travail… Vous allez faire revenir l'entrepreneur ?

– Non, on va le faire nous-même.

Le père leva ses gros sourcils et refit un tour d'horizon du regard.

– Il est bricoleur l'autre ?

– Paulo. Il s'appelle Paulo.

– Oui bon, soit.

– Non, mais il va apprendre.

– Nina, soupira son père en s'approchant d'elle avec un air désolé. Ce n'est pas si facile…

– Tu peux nous aider, toi. Tu t'y connais en rénovation.

– Ah non ! C'est votre maison ! Je ne vais pas m'en mêler moi.

– Salvatore… l'implora la mère.

– Est-ce qu'ils m'ont demandé mon avis avant de l'acheter ? s'agita-t-il. Non. D'ailleurs, est-ce qu'il est même venu se présenter l'autre ? Vous voulez faire vos propres choix, n'est-ce pas ? Alors allez-y !

Nina ne put cacher sa déception et sortit de la pièce. Heureusement que Paulo n'était pas venu. Il avait sans doute pressenti la réaction critique qui venait de tomber. Comme première rencontre avec ses parents, cela n'aurait pas été très agréable. Elle s'adossa contre un mur et se sentit vraiment seule tout à coup. Elle avait l'impression d'être la seule à voir la beauté de cette maison. Elle s'y projetait et l'imaginait entièrement rénovée. Ils y arriveraient, petit à petit. Elle avait envie d'y croire.

*

* *

C'était un mercredi. Debout depuis six heures, Paulo et Nina prenaient leur petit déjeuner dans la nouvelle cuisine qu'ils venaient de faire installer. Elle était magnifique. Ses meubles brillants lui donnaient un côté moderne mais le choix du blanc, classique permettait à Paulo de s'y sentir à l'aise. C'était surtout cette jolie pierre marbrée sur l'îlot central qui les avait fait craquer. Elle leur rappelait l'Italie, leur pays d'origine à tous les deux. Les filles étaient chez leur mère jusqu'à la fin de cette semaine, et ils savouraient le calme de leur nouvelle demeure. Elle était bien plus modeste que celle que Paulo occupait auparavant, mais au moins c'était la leur. Jamais Nina n'aurait cru que son rêve se réalise aussi vite. Ils avaient eu de la chance. Enfin, en quelque sorte. Il s'agissait d'un héritage dont les bénéficiaires voulaient se débarrasser au plus vite. Une petite maison de trois chambres à un prix bien inférieur à la moyenne du marché. Malheureusement, le prêt que la banque leur avait consenti ne permettait pas de rénover toute la maison. Ils avaient pu installer le chauffage central et remplacer les vieux châssis des fenêtres, indispensables rénovations pour pouvoir y habiter. Avec ce qu'il restait comme argent, ils avaient choisi de faire de la cuisine une belle pièce à vivre. Les murs du reste de la maison criaient leur besoin d'être rafraichis mais devraient attendre. Malgré l'aspect un peu misérable du reste de la maison, ils étaient ravis de leur projet commun. Ils se sentaient confiants en l'avenir. D'ici quelques mois, grâce à la prime de fin d'année, ils rénoveraient le salon et les chambres. Encore du café ? demanda-t-elle en souriant.

– Non merci mon cœur, on va bientôt se mettre en route…

– Déjà ? s'étonna-t-elle en regardant l'heure.

– Oui, il y a le conseil d'entreprise extraordinaire ce matin.

– Ah… oui, c'est vrai.

Elle reposa la cafetière et débarrassa la table. Elle savait qu'il était inutile de poser des questions, et n'insista pas.

Les sujets traités aux réunions syndicales étaient confidentiels, et elle savait que son compagnon était homme de principe. D'autre part, ils avaient déjà discuté deux jours auparavant du possible motif de cette réunion. Ce n'était jamais bon signe lorsque le mot « extraordinaire » s'invitait dans le titre. La dernière fois, c'était pour annoncer une restructuration ; une bonne partie de leur travail avait été transféré en Pologne. Elle secoua la tête et rit tout haut.

– Qu'est-ce qui te fait rire ?

– Je me disais que la dernière restructuration m'avait porté bonheur puisqu'elle m'a permis de te rencontrer…

Attendri, il vint se mettre derrière elle et l'entoura de ses bras. Il posa ses lèvres sur sa nuque et huma son parfum de lavande. Il la respira comme si elle était l'air dont il avait besoin pour vivre, son oxygène. Si son ex-femme lui avait brisé le cœur, Nina l'avait réparé c'était certain. Elle avait fait de lui un homme nouveau, fort et heureux.

– Je t'aime, chuchota-t-il.

– Moi aussi je t'aime, lui répondit-elle en se retournant pour lui faire face.

Tendrement, elle l'embrassa, pour qu'il comprenne à qu'elle point elle pensait les mots qu'elle venait de prononcer.

– Ne t'inquiète pas, lui dit-il. Je pense aussi qu'il y aura restructuration, je suis lucide… vu les e-mails que j'ai vu passer, des têtes vont sûrement tomber. Mais ça m'étonnerait que ce soit chez nous. Il y a peu de chances que notre département soit touché deux fois de suite en si peu de temps.

Pour toute réponse, elle posa un baiser sur ses lèvres et ils se mirent en route.

Il était sept heures quart. L'immeuble de HAFA était pratiquement vide. Au deuxième étage, seule Ingrid était déjà là. Une fois de plus, elle avait quitté la maison en laissant le soin à son mari de s'occuper de leur fils de deux ans. Elle tenait à arriver la première au bureau. C'était pour elle un message non verbal qu'elle envoyait à son département. Elle était la responsable et voulait voir à quelle heure chaque membre de l'équipe arrivait. Elle aimait le fait qu'ils travaillaient tous en « open space office », à l'américaine. Cela lui permettait de passer entre les tables et de voir les écrans d'ordinateur de chacun, elle les surveillait de près et pensait ainsi affirmer son autorité. Johan, son mari, à présent sans emploi ne disait rien mais n'en pensait pas moins. Elle en faisait trop, et ne se rendait pas compte à quel point elle manquait à son fils. A peine arrivée, Ingrid s'installa à son bureau et commença par vérifier si les tâches attribuées la veille avaient été correctement exécutées.

Les premiers employés arrivèrent et s'installèrent à leur bureau. Alexia en faisait partie, son bureau se trouvait devant celui d'Ingrid, sa supérieure. Elle la salua poliment en passant et s'assied. Indépendante, Alexia était déterminée à ne s'attacher à personne. Elle avait l'habitude de changer d'employeur. A chaque fois, elle avait créé des liens qui avaient été rompus. Elle soupira. Cette fois-ci, elle ferait son travail, c'est tout. Pas de sentiments. Hors de question de se faire des amis. Elle pensait encore que l'on pouvait contrôler ce genre de choses.

Un autre collègue, Tom, arriva à son tour et posa sur l'armoire basse un gros paquet d'une boulangerie bruxelloise bien connue.

– C'est mon anniversaire ! déclara-t-il. J'ai apporté le petit déjeuner !

– Félicitations ! dit Marc en se levant pour lui faire la bise. Quel âge ? Vingt-cinq c'est ça ? demanda-t-il en plaisantant.

– Non, quarante-quatre déjà ! répondit l'autre sérieusement.

– Tu es tout jeune ! reprit Marc. Mais tu travailles ici depuis quand encore ?

– Vingt et un ans déjà, dit-il d'un air pensif.

– Comme le temps file…

– Et oui ! s'exclama-t-il en ouvrant l'emballage en carton. C'était mon premier job ici…

« Vingt et un ans », se répéta Alexia pour elle-même. En cinq ans de vie professionnelle, elle avait déjà connu quatre restructurations. Aujourd'hui il était rare de faire plus de deux ans d'affilée chez le même employeur. Que ce soit volontaire ou non. Les temps avaient bien changé… D'ailleurs, trois de ses amies, avec qui elle avait suivi les cours à l'université avait également changé plus de deux fois en moins de six ans. Elle sourit en voyant la joie de partager de Tom. Dès le premier jour, elle avait été touchée par sa gentillesse. Elle avait appris qu'il avait été manager du département avant Ingrid, mais que la direction l'avait invité sur un autre projet quatre ans auparavant. Du coup il avait été mis un peu à part. Cependant, il ne manquait jamais d'inviter ses anciens subalternes à prendre un café pour discuter quelques minutes, comme il le faisait lorsqu'il était leur manager. Tous regrettaient cette époque et appréciaient beaucoup le petit Tom, comme certains l'avaient surnommé à cause de sa petite taille. Néerlandophone, il avait été le seul à faire l'effort de lui parler français. « J'aime bien le français » disait-il, « mais il faut que je m'exerce n'est-ce pas ? ». Alexia sourit faiblement et opina de la tête pour saluer Tom à distance. Il répondit à son salut. Il avait remarqué la discrétion d'Alexia et mettait ça sur le coup de la timidité. Les autres employés s'attroupèrent autour des viennoiseries et félicitèrent Tom à leur tour. A part Ingrid, qui s'inquiétait de ne pas les voir se mettre au travail, ce matin-là, tous étaient de bonne humeur et partageaient la convivialité d'un petit déjeuner ensemble, comme à chaque anniversaire d'un membre de l'équipe.

Il était à peine huit heures, et ils étaient loin d'imaginer qu'au rez-de-chaussée de l'immeuble, une dizaine de personnes se réunissaient autour d'une table pour prendre une décision qui allait changer le cours de leur vie.

3

Paulo fut l'un des premiers arrivés dans la salle de réunion. Il se servit un café et alla s'asseoir à côté de Jan, l'autre délégué syndical de HAFA.

– Tous les dirigeants de la division Europe sont invités, lui dit ce dernier avec son fort accent néerlandais.

– Sérieusement ?

– Ja… Je crois que ça va faire mal.

Paulo voulut rester positif, mais en voyant leur C.F.O. debout devant le tableau et perdu dans ses pensées, il eut une drôle d'impression. C'était un homme énergique et toujours souriant. Et là, il affichait un air grave. Son assistante qui avait déjà branché le projecteur était assise, elle aussi le regard triste. Cela lui donna le pressentiment qu'une mauvaise nouvelle allait tomber ce matin même.

*

* *

Ce mercredi-là, à huit heure trente, Joana qui avait pris congé déposait son fils à l'école maternelle. C'était sa première année, et il était encore un peu timide. Arrivés devant la grille, elle s'agenouilla devant lui et lui fit ses dernières recommandations :

– Sois bien sage d'accord ? Maman viendra te chercher à midi, quand l'école sera finie.

– Reste avec moi s'il te plait... gémit-il.

– Maman ne peut pas rester Milo chéri, car ce sont les enfants qui vont à l'école... Regarde, dit-elle en montrant du doigt un groupe d'enfants, les copains t'attendent pour jouer.

Elle le serra dans ses bras et, voyant qu'il était rassuré, l'approcha des petits camarades qui lui faisaient signe. La cloche sonna et les enfants se mirent à courir, surexcités. Souriant, il envoya des bises à sa mère qui s'éloignait le cœur gonflé d'amour. Une fois derrière la grille, elle l'observa jusqu'à ce que son rang entre dans le bâtiment. Son bébé était devenu un petit garçon. Pourtant c'était hier qu'elle lui donnait le biberon. « Le temps file », se dit-elle. « C'est décidé, je vais l'envoyer cette demande de travail à temps partiel ». Elle se réjouit rien qu'à cette idée. « Ce serait merveilleux de pouvoir le déposer ainsi tous les mercredis... à mon aise... D'après les RH ce serait possible à partir de Janvier si je fais ma demande maintenant... ». Puis elle se ressaisît. Avec son mari, ils hésitaient car depuis l'achat de leur appartement, leurs finances leur permettaient juste le nécessaire. Selon lui, ce n'était donc pas le moment de diminuer son temps de travail et leurs revenus. Il avait trouvé il y a peu de temps une place de professeur à l'université mais devait construire son ancienneté pour être vraiment à l'aise. « Attends que je sois nommé », disait-il. « Mais c'est maintenant qu'il a besoin de sa mère... », répondait Joana. Ne valait-il pas mieux gagner un peu moins au profit de temps de qualité avec leur enfant ? De plus ils n'avaient pas de famille ici, personne d'autre qu'eux deux ne pouvaient le récupérer à l'école. Joana n'aimait pas l'idée qu'il passe toutes ses soirées à la garderie de l'école. En s'éloignant de l'école, elle repesait les arguments qui l'aideraient à convaincre son mari. Elle ne se doutait pas que ce mercredi allait être cité dans les journaux comme une date importante dans l'histoire de l'entreprise qui l'employait.

*

* *

Dans la salle de réunion qui avait été réservée depuis lundi, les vice-présidents de chaque entité européenne faisaient leur entrée. Paulo sourit en se disant qu'ils étaient tous impeccables. Leur démarche, leur port de tête, même leurs chaussures brillaient comme des sous neufs. Une attitude irréprochable avec des sourires calculés et des poignées de main bien mesurées. Y avait-il une école pour vice-président ? Il semblait qu'ils ne laissaient rien au hasard. Après tout, ne représentaient ils pas la marque à chacun de leur déplacement ? Ils étaient une belle vitrine en effet. Paulo haussa les épaules. S'il avait fait l'effort de mettre une chemise, il était hors de question qu'il porte une cravate ou un de ces pantalons à pinces. Il n'aurait pas été à l'aise, il n'aurait pas été lui-même. Fidèle à son jeans, il refusait de se travestir sous prétexte que du beau monde serait présent aux réunions. Une fois installés, le personnel de la cafétéria remplit la tasse de café qui se trouvaient posé devant eux et proposèrent une bouteille d'eau minérale à chacun.

Le C.F.O. prit la parole. Son visage était à nouveau serein et souriant, comme si l'arrivée de son public l'avait remis dans son rôle de chef d'entreprise.

– Tout d'abord, merci à tous d'être présents. Si nous avons convoqué ce conseil extraordinaire, c'est parce qu'une décision importante doit être prise aujourd'hui.

Il cliqua sur sa télécommande pour lancer la projection de la présentation tant attendue. Le premier slide montrait les chiffres de ventes du dernier trimestre, qui, bien qu'inférieurs à l'année précédente à la même période, étaient très bons. Ensuite il présenta la comparaison des chiffres réels au budget.

– Nos volumes de vente sont en dessous de nos prévisions…

Il expliqua de nombreux faits, montra plusieurs graphiques. L'assemblée des dirigeants opina de la tête.

« … en tant que leader, nous ne pouvons pas nous permettre de décevoir nos actionnaires… » poursuivit-il. « Dès lors, comme il est difficile d'augmenter notre volume de vente, il nous faut agir sur les coûts et les réduire au maximum… »

Paulo sentit la nouvelle arriver. Quelle meilleure façon de réduire les coûts si ce n'est en renvoyant du personnel ? On y était, et il s'impatientait d'entendre le C.F.O. tourner autour du pot. Il n'eut pas à attendre trop longtemps cependant. Après avoir démontré à force de graphiques le coût exorbitant des travailleurs belges, il fut présenté en comparaison le coût de la main d'œuvre dans d'autres pays d'Europe de l'est. La Bulgarie offrant des employés formés dans de bonnes universités pour bien moins cher, elle était favorite parmi les choix proposés. Le salaire moyen y était environ de quatre cent euros. Le calcul était vite fait. Il fallait délocaliser le département pour maximiser les bénéfices.

– Vous constaterez sur ce dernier graphique qu'en optant pour cette solution, nous nous resituerons en haut à droite. Ce qui est notre objectif et le souhait de nos actionnaires.

Paulo avala son café de travers. Un petit point rouge en haut à droite. Voilà ce à quoi la vie d'une cinquantaine de personnes était réduite. Un graphique basique venait de décider de leur sort. Les dirigeants qui étaient dans la pièce s'enthousiasmèrent en voyant le chiffre impressionnant du bénéfice annoncé. Ils ne voyaient que le nombre élevé de zéros ! En effet, cette décision permettrait à leur entreprise d'engranger des millions dont ils toucheraient une petite partie sous forme de bonus. C'était clair, oui, le choix de délocaliser était plus qu'évident.

Paulo se leva et prit la parole.

– Vous savez que si les volumes de ventes ont chuté c'est à cause de la crise que vit l'Europe en ce moment. Les gens consomment moins nos produits parce qu'ils achètent l'essentiel, et les boissons sucrées font partie des articles dont ils peuvent se passer… Votre raisonnement va peut-être gonfler les bénéfices quelques temps, mais les ventes ne vont pas remonter de sitôt… Ne pensez-vous pas que cette solution est valable à court terme uniquement ?

– C'est la meilleure solution, répondit fermement le C.F.O.

– Mais… s'emporta Paulo, avez-vous conscience qu'au sein du département, il y a de nombreuses personnes qualifiées, qui sont là depuis quinze, vingt ans ? Je pense qu'il serait bon d'envisager de garder ces personnes dont le savoir est très utile au bon fonctionnement de l'entreprise.

– J’entends ce que vous dites, mais nous avons déjà observé via un bureau d’études les possibilités qui se trouvent en Bulgarie, et il y a un réel potentiel. Je ne pense pas que nous aurons du mal à remplacer notre personnel.

Paulo se rassied, sous le choc, la loyauté que certains employés avaient mis au service de l’entreprise n’avait aujourd’hui plus aucun sens. De plus, la direction et les managers étaient visés aussi, il se dit qu’il y avait peu de chance de faire changer la direction d’avis. « Personne n’est irremplaçable », c’était la leçon du jour.

– Vous aviez dit ça lors de la délocalisation en Pologne, dit son collègue, et résultat : on s’est retrouvé avec des bouchers pour faire des entrées comptables… ils n’y comprenaient rien du tout, ça a été un désastre !

– Nous avons su rectifier le tir depuis, ils font les tâches opérationnelles, et les indicateurs sont bons. Nous sommes dans le vert à ce niveau-là.

Paulo ricana, si ils étaient dans le vert comme il disait, c’était parce que les employés belges passaient derrière pour corriger les erreurs, encore bien trop fréquentes. Mais bien entendu, lorsque la société d’outsourcing rendait son rapport mensuel, elle se gardait de préciser que sa performance avait été biaisée par quelques corrections.

– Prenez le cas d’Ixev qui est un producteur de boissons comme nous, relança son collègue. Ils ont essayé de délocaliser leur finance. Résultat : ça a été un fiasco ! Ils ont fait marche arrière et réengagé du personnel ici en Belgique.

– Nous avons bien étudié la question et prendrons garde de ne pas répéter les mêmes erreurs qu’eux. Notre choix n’est pas de confier le travail à une société externe comme Ixev, nous allons former des personnes diplômées qui ont du potentiel. Elles seront soigneusement sélectionnées par un bureau de recrutement réputé…

– « Nous allons former ? », répéta Paulo en mettant l'accent sur le « nous ».

L'assemblée de dirigeants regarda le syndicaliste, puis se tourna vers le C.F.O.

– Comment comptez-vous organiser le passage de connaissances ? insista son collègue.

– Les employés de chaque pays européen formeront leurs homonymes.

– Attendez, vous n'êtes pas sérieux là… Non seulement vous allez les virer mais en plus vous voulez qu'ils forment leurs remplaçants ?

– C'est la meilleure manière de garantir un transfert efficace, répondit le C.F.O. sur un ton résolu.

Les deux syndicalistes soupirèrent. La décision semblait déjà prise. Le débat continua entre les dirigeants sur des détails qui pour Paulo n'avaient aucune importance. Les départements finance de France, Hollande, Angleterre et Belgique étaient concernés par la restructuration. A Bruxelles, plus de cinquante personnes allaient perdre leur emploi ce matin-là. C'était tout ce qu'il retenait de ce conseil d'entreprise extraordinaire.

*

* *

Alors que les employés recevaient dans leur boite e-mail une invitation de leur C.F.O. à une réunion pour l'après-midi, Joana, elle, déambulait tranquillement dans les rayons du super marché. Son gsm sonna. Le temps de fouiller son sac à la recherche du téléphone, la sonnerie s'arrêta. Elle vit sur sa montre qu'il était déjà dix heures. Il lui fallait encore préparer le repas et récupérer Milo, aussi se hâta-t-elle de terminer de ses courses et de rentrer chez elle sans prendre la peine de regarder qui l'avait appelée. Après avoir récupéré son fils, elle mit la table et ils mangèrent paisiblement. Ravi d'avoir au menu son plat préféré, le petit ne se fit pas prier pour terminer son assiette. Ensuite, Joana le porta jusqu'à son lit et le coucha pour sa sieste.

– Doudou ! cria-t-il en se frottant les yeux.

– Je vais le chercher, tu l'as laissé dans le salon.

Elle mit la peluche toute râpée près de son visage et déposa une bise sur le front.

– Il faudra qu'on donne un bain à doudou tu ne penses pas ? demanda-t-elle en touchant son nez. Il ne sent pas très bon…

– Si, il sent bon ! Et puis d'abord il aime pas les bains, lui.

Elle rigola en lui caressant les cheveux. Il ne tarderait pas à s'endormir. Elle s'éloigna doucement et quitta sa chambre. A peine avait-elle passé le pas de la porte que le téléphone fixe sonna. Elle se dépêcha de décrocher pour que la sonnerie ne dérange pas Milo.

– Allo ?

– Allo Joana c'est moi, tout va bien ?

– Bien sûr, ça va pourquoi ? sourit-elle en reconnaissant la voix de son mari à l'autre bout du fil.

– Mon collègue a vu sur internet que « HAFA » va renvoyer beaucoup de gens, tu es au courant ?

– Non, rit-elle, mais ça m'étonnerait que ce soit notre département, c'est la finance quand même. Ils viennent à peine de tout centraliser… Et puis qu'est-ce qu'ils feraient sans nous ?

– Oui… tu as sans doute raison, dit-il sans conviction. Il s'agit peut-être d'ouvriers dans les usines ou d'un autre service…

– Mais oui, ne t'inquiète pas…

– Maman, c'est qui ? demanda Milo depuis son lit.

– Je dois te laisser, le petit doit faire sa sieste… dit-elle avant de raccrocher.

– C'était papa, il te fait des gros bisous. Fais dodo maintenant.

Après avoir refermé la porte de la chambre du petit, Joana resta immobile quelques secondes, la main sur la poignée. « Et si c'était vrai ? » pensa-t-elle. Elle sentit sa gorge se serrer rien qu'à cette idée. Jamais ils ne s'en sortiraient avec le seul salaire de son mari. C'était ça, l'angoisse sous entendue dans sa voix toute à l'heure. Joana secoua la tête. Après tout, ce n'était qu'une rumeur. Elle se retourna et fit un tour d'horizon de leur pièce à vivre. Un vieux canapé récupéré des anciens locataires, une table et quatre chaises basiques… On aurait dit l'appartement de deux étudiants. Cela ne l'avait jamais dérangé, car la perspective de jours meilleurs lui permettait de rester positive. Mais si la situation devait s'empirer… Elle mit sa main sur son ventre et ferma les yeux.

Assis à leur bureau et concentrés dans leur travail, les employés n'avaient aucun soupçon quant au sujet de cette réunion. Ils en avaient à peine parlé lors de la pause de midi. Ils s'étaient juste étonnés du caractère urgent de l'invitation. Il était rare qu'on leur annonce une réunion du personnel si peu de temps à l'avance. Le gsm de Nina sonna, c'était une de ses amies.

– Alors ? J'ai appris la nouvelle…

– Quelle nouvelle ?

– Tu n'as pas vu sur le site de la R.T.B.F. ? Ils annoncent que HAFA va délocaliser son département finance…

– Non… répondit-elle en pianotant l'adresse du site en question sur internet.

Le gros titre lui fit l'effet d'une gifle. « HAFA : cinquante emplois à la trappe ».

– Je l'ai trouvé, je te rappelle plus tard, dit-elle en raccrochant.

L'article du site était on ne peut plus clair, ils annonçaient une restructuration. Les finances de « HAFA » allaient être dirigées depuis l'Europe de l'Est. Nina pensa à Paulo, le conseil extraordinaire devait se terminer à l'instant. C'était donc cela qu'ils comptaient annoncer ce matin. Elle aurait préféré l'apprendre autrement. Le lire ainsi dans la presse lui donnait un sentiment de trahison, comme si l'entreprise n'avait pas mesuré l'importance de la nouvelle. Comment cette information était-elle parvenue aux journaux avant que les employés concernés ne soient mis au courant ?

Un brouhaha naquit sur le plateau, au fur et à mesure que la nouvelle se répandait. Ils comprirent alors tous l'objet de la réunion de l'après-midi, et regrettèrent de l'avoir appris par la presse. Choqués, ils se réunirent en petits groupes pour discuter et beaucoup refusèrent d'y croire. Certains temporisaient la situation en disant qu'il fallait attendre d'entendre ce que le C.F.O. avait à leur dire. Les nouvelles sur Internet pouvaient être une mauvaise fuite, il ne fallait pas s'inquiéter. Pour sa part, Alexia ne bougea pas de son bureau. Elle n'était pas sure de ressentir la même chose que les autres. Elle se demanda seulement pourquoi on l'avait engagée si c'était pour la faire quitter son poste aussi vite. Ingrid non plus ne bougea pas, emportée dans l'élan de son assiduité, elle refusa de se laisser toucher par l'émotion qui envahissait le plateau du deuxième étage.

*

* *

Alors que tout le monde quittait la pièce, Paulo, lui, resta cloué sur sa chaise. Il lui sembla que le poids de la nouvelle l'empêchait de bouger. Seuls ses yeux suivaient le C.F.O. qui rassemblait ses affaires, le visage fermé. Il le connaissait bien, et se rendait compte que cette décision avait été prise depuis un moment. Et toutes ces fois où ils avaient discuté, lors de tous ces échanges passés… Il n'avait rien laissé paraître. Il était décidément très fort. Même en ce moment, il était impossible de deviner le fond de sa pensée. Il l'observa rassembler ses notes et échanger deux trois mots avec son assistante qui sortit à son tour, ordinateur portable sous le bras. Il le vit se diriger vers la porte et ne put s'empêcher de l'interpeller.

– Christopher… murmura-t-il.

Ce dernier continua à marcher vers la sortie.

– Christopher ! cria-t-il en tapant sur la table.

Il stoppa son mouvement sans pour autant se retourner.

– Comment as-tu pu ?

– Ce n'est pas ma décision personnelle Paulo…

Paulo se leva d'un bond. Le crissement brutal de sa chaise au sol fit sursauter son supérieur.

– Paulo, murmura-t-il en le voyant s'approcher de lui. Il ne faut pas…

– Il ne faut pas quoi ? cria-t-il une fois face à lui. M'inquiéter ?

Les visages des deux hommes ne se trouvaient à présent qu'à quelques centimètres l'un de l'autre. Les poings serrés, plongé au fond de ces yeux sans expression, Paulo tentait vainement de retrouver un compagnon qu'il connaissait depuis plus de dix ans.

– Ecoute Paulo, il ne s'agit pas de ma décision, mais de celle de la société, déclara-t-il en baissant les yeux.

Paulo comprit qu'il avait en face de lui une machine rationnelle, insensible et non plus l'homme avec qui il avait eu l'occasion de partager des parties de mini-foot ou des discussions presqu'amicales.

– Caches-toi sous ta casquette de grand patron, vas-y… mais n'oublies pas que ce sont des gens dont il s'agit, pas seulement des chiffres.

Il releva la tête et fixa Paulo dans les yeux, sans émotion apparente.

– Merci pour ton conseil Paulo, on en reparlera lors de la consultation. Si tu veux bien m'excuser, j'ai une autre réunion, déclara-t-il en s'éloignant vers la porte.

Paulo tenta de calmer ses nerfs en marchant vers la sortie. Il se sentait comme un boxeur qui venait de prendre un coup dans les côtes, coincé dans les cordes. A chaque visage familier qu'il croisa dans le hall, il se dit que peut-être d'ici quelques heures il ou elle recevrait le choc de sa vie. Il fit de son mieux pour cacher ses émotions et contrôler sa respiration. Une fois dehors, il s'efforça d'inspirer profondément. Il se dit qu'il devait être fort, car le combat ne faisait que commencer.

Debout dans la salle où il attendait ses employés, le C.F.O. faisait les cent pas. La phrase de Paulo raisonnait dans son esprit. Il pensait à l'impact qu'aurait cette décision sur la vie privée de tous ces gens. Certains avaient des enfants, des prêts à rembourser… Il avait conscience que d'ici une heure beaucoup de vies allaient être chamboulées. Il s'approcha de la fenêtre et vit un camion qui chargeait des boissons pour une livraison. Les mains dans le dos, il s'immobilisa. Malgré un contexte difficile, la société tournait encore, et c'était son rôle de faire en sorte qu'elle rapporte le plus possible. Oui, parfois il était nécessaire de faire des sacrifices pour le bien de l'ensemble, pour le bien de ceux qui restaient.

« Le C.F.O. ne doit pas s'inquiéter pour les gens, il doit faire son travail », pensa t-il. Et son travail c'était de faire en sorte que la société prospère. Le directeur des ressources humaines fit son entrée et lui serra vigoureusement la main.

– Prêt ?

– Oui. Je prendrai la parole en premier pour l'introduction et ensuite je te laisserai expliquer les postes impactés.

– Ok.

Enfin, l'heure de la deuxième réunion sonna. La salle se remplit rapidement d'employés nerveux aux regards interrogateurs. Ils continuaient à se poser des questions les uns aux autres, bien qu'ils savaient qu'aucun d'entre eux n'avaient la réponse. C'était comme s'ils ne voulaient pas laisser le silence s'installer. Comme si parler les rassuraient.

Leur dirigeant fit un geste de la main pour attirer leur attention, et le silence se fit. De nombreuses gorges se serrèrent. Comme à chacun de ses speachs, le C.F.O. commença par vanter les valeurs de sa société. Dix minutes de fioritures dont l'assistance n'entendit que quelques mots : « Nous sommes attachés à notre personnel, mais nous visons l'excellence, il nous faut donc parfois prendre des décisions difficiles ». Tous s'impatientaient et le suppliaient en silence d'en venir aux faits : combien de personnes, quand, qui ? Le directeur des ressources humaines prit la parole et le public s'agaça de cette mise en scène. Il projeta quelques slides représentant l'organisation actuelle du personnel. Combien de personnes ? Le couperet tomba quinze minutes plus tard : cinquante-quatre sur soixante. Un murmure parcourut la salle. Une jeune femme éclata bruyamment en sanglots. Ce fut presqu'un cri, comme si elle l'avait retenu depuis des heures et qu'elle n'en pouvait plus. La douleur du choc, la peur de cet avenir soudain incertain, la colère… Ce que tous ressentaient en silence, elle l'exprima par ses pleurs. Sa voisine la prit dans ses bras et tenta de la calmer.

– En bref on est tous virés quoi ! cria quelqu'un.

Le C.F.O. tenta d'identifier la personne qui venait de crier afin de lui répondre.

– Ne te mets pas dans cet état, temporisa Paulo qui était dans le fond de la salle.

– Dans quel état tu veux que je sois ? s'énerva-t-il.

– Calmez-vous, dit enfin le chef. Nous allons organiser le replacement en interne d'un maximum de personnes. De plus, des nouveaux postes vont être créés…

– Combien ? demanda Tom.

– Quatre postes dans le…

La foule ne le laissa pas finir. Trois personnes quittèrent la pièce, énervées. La jeune femme qui pleurait s'effondra de plus belle dans les bras de sa collègue. Alexia sourit, sarcastique. « Une fois de plus » pensa-t-elle.

– Nous allons maintenant laisser la parole au syndicat,

dit le C.F.O. avant de quitter la pièce.

Le silence se fit pendant que Paulo se dirigeait vers le micro, car tout le monde voulait entendre ce qu'il avait à dire. Alexia remarqua qu'Ingrid n'était plus à sa place et la chercha du regard. Elle la vit sortir, juste derrière le grand patron et haussa les épaules. Elle voulait certainement lui parler en privé. C'était le genre de femme pour qui la carrière passait avant tout, elle avait refusé de se sentir concernée par le licenciement et visait déjà un des nouveaux postes qui devait être créé.

– Il ne faut pas vous faire d'illusions quant à leurs promesses de replacement en interne, annonça-t-il d'un ton sec. Dites-vous que tout le département va être délocalisé…

– Mais pourquoi ? cria une voix du fond de la salle.

– Parce que ça leur coutera moins cher, et que comme ça ils pourront maximiser leur bénéfice.

– Pourtant la société va bien, je ne comprends pas, dit un autre, sous l'approbation de ses acolytes.

– C'est vrai ! Les chiffres du dernier trimestre étaient bons, qu'est-ce que ça signifie ? murmurait-on.

– Vous avez raison, dit Paulo d'une voix forte en levant la main pour ramener le calme. HAFA fait de très beaux bénéfices, HAFA est leader de son marché… mais ils en veulent plus, toujours plus. Ils veulent être les meilleurs et le rester, être plus efficace sans que ça leur coûte plus cher… et c'est nous qui en faisons les frais.

Un silence parcourut la salle. Paulo avala difficilement sa salive avant de poursuivre :

– Le processus va se faire en plusieurs phases. La première est la phase de consultation. Nous allons nous réunir avec la direction pour revoir le projet de restructuration en détail. Vous avez surement de nombreuses questions à poser au management, transmettez-les nous, nous serons vos portes paroles. Dans un deuxième temps, Jan et moi ferons notre possible pour trouver et proposer des alternatives à ces mesures drastiques. Enfin lors de la dernière phase, nous serons là pour négocier au mieux votre package de sortie.

Pendant qu'il parlait, Paulo avait l'impression d'être en dehors de son corps. Il avait le sentiment de se voir de l'extérieur, d'entendre ses phrases si bien formulées. Comment faisait-il pour garder son calme ? Cela était-il réel ? Il voyait l'assemblée pendue à ses lèvres et réalisait à quel point tous ces gens comptaient sur lui.

*

* *

Le lendemain, Paulo et Nina arrivèrent un peu plus tard que d'habitude. La nuit avait été longue, leur discussion les avait tenu éveillés une bonne partie de la nuit. Du parking au hall d'entrée, rien ne différait des autres jours. Dans l'ascenseur, deux femmes de ménage râlaient pour une chose ou l'autre. En les voyant passer, les employés de la réception, puis ceux de la cafeteria les saluèrent en souriant. Ils croisèrent des gens du marketing qui serrèrent énergiquement la main de Paulo en lâchant une plaisanterie. Non, vraiment, rien ne différait des autres jours si ce n'était leur propre ressenti. Et ce, jusqu'à ce qu'ils arrivent au deuxième étage. Là où ils travaillaient encore hier matin dans une ambiance chaleureuse et amicale, flottait comme un brouillard dans l'air. L'atmosphère était lourde, pesante. Prise de nausées, Nina s'éclipsa dans les toilettes. Arrivé sur le plateau, Paulo comprit que le département, tout comme sa compagne, accusait le choc de la nouvelle. Des petits groupes de personnes s'étaient formés çà et là, et discutaient. Des mines défaites pour la plupart, certains visages plus fermés que d'autres. Au fur et à mesure qu'il avançait vers sa place, Paulo saluait les gens qu'il croisait.

– Bonjour Marc, comment ça va ?

– Bonjour Paulo, soupira l'autre. Ce n'est pas la grande forme ce matin. Je ne sais pas où j'ai trouvé la force de venir…

– Oui, c'est dur… Mais il faut t'accrocher.

– Je vais essayer…

– De toute façon, à l'heure actuelle, le mieux qu'on puisse faire c'est de négocier notre sortie. On a une réunion d'information demain, je vais envoyer une communication à tout le monde ce matin. Et je compte sur toi pour mettre tes questions par e-mail, on va faire en sorte d'obtenir des réponses auprès de la direction.

– D'accord, dit-il avec un léger sourire.

Paulo s'assied face à son ordinateur et décida d'envoyer tout de suite la communication qu'il avait préparé la veille avec Jan, son collègue syndicaliste.

Assise à son bureau, Alexia tentait de rester calme en regardant son gsm vibrer. L'agence lui avait déjà laissé deux messages en demandant de rappeler. Elle finit par décrocher et se leva.

– Alexia ? Peter à l'appareil, je ne dérange pas ?

– Une petite minute, répondit-elle en entrant dans une salle de réunion vide. Elle referma la porte derrière elle et s'y adossa.

– Voilà, je t'écoute.

– Comment ça va ?

– Pas trop mal compte tenu des circonstances…

– Oui, j'ai appris la nouvelle. C'est pour ça que je te téléphone. J'imagine que ça a été un choc pour toi aussi…

– Disons que j'aurais aimé que vous m'informiez avant que je ne m'engage…

– Mais nous n'étions pas au courant, j'ai reçu l'information hier en même temps que toi !

Alexia leva les yeux au ciel. Elle était persuadée que l'agence savait quelque chose au moment de l'engagement, mais qu'ils n'avaient rien dit pour qu'elle accepte la mission.

– Soit. De toute façon j'arrête.

– Ne fais pas ça, je te le déconseille ! dit-il sur un ton autoritaire.

« Il est vraiment gonflé celui-là », pensa-t-elle. Elle ne voulait pas rester dans cette ambiance, elle connaissait le scénario par cœur. Elle y avait réfléchi pendant la nuit et était décidée à changer de mission.

– Ah oui ?

– Si tu fais ça, je te préviens, ça va être très difficile de retrouver une autre mission. Il y a très peu d'emplois sur le marché.

– Peut-être…

– Tu ne peux pas laisser tomber maintenant ! dit-il, menaçant.

– Mais je ne vois vraiment pas ce que j'ai à gagner en restant ici ! répliqua-t-elle, énervée par ce chantage inutile.

Quelques secondes de silence ponctuèrent l'instant. Elle fit quelques pas dans la pièce en essayant de respirer calmement.

– C'est parce que tu ne regardes pas les évènements du

bon point de vue, reprit-il, plus calme. C'est vrai, c'est triste pour ces gens, mais c'est aussi une grande opportunité pour toi...

Alexia serra les dents. Ce Peter n'avait vraiment aucun tact.

– Ecoute, poursuivit-il, j'ai parlé à la direction et ils ont des projets pour toi. De belles choses vont se réaliser pour ta carrière...

– Il me semble que lors de notre entretien j'avais précisé vouloir ralentir au niveau carrière... Je voulais changer... N'est-ce pas toi qui m'as dit que cette mission était ce qu'il me fallait ?

– C'est exactement ce qu'il te fallait, ce n'est pas le moment pour toi de changer.

Elle n'en revint pas. Comment pouvait-il se permettre de décider ainsi à sa place ? Elle le trouva plus autoritaire que jamais. Bien sûr, il avait intérêt à la convaincre, il prenait un pourcentage sur ses revenus à chaque mission ou nouveau projet. Face au mur, elle y posa son front et ferma les yeux.

– Alexia ? Tu m'entends ?

– Oui... soupira-t-elle.

– Ce n'est pas le moment de craquer, ok ? J'ai parlé pour toi, et je sais que ça va bien se passer. Tu vas pouvoir faire ce que tu fais de mieux.

– Je dois raccrocher, dit-elle, agacée.

– A bientôt.

Elle raccrocha. « Ce que je sais faire de mieux, conneries ! », pensa-t-elle en tapant du poing contre le mur. « Je déteste ce job ». Elle sortit de la pièce et retourna s'asseoir à son bureau. Des petits bruits attirèrent son attention. Jeannette, qui était assise à côté d'elle reniflait à intervalles réguliers. Ne la connaissant que très peu, Alexia hésita à s'approcher, mais tendit son bras et posa sa main sur l'épaule de sa voisine.

– Jeannette, ça ne va pas ?

– Si, ça va, dit-elle sans se retourner. C'est juste que…

Elle éclata en sanglots et ne put terminer sa phrase. Tentant de cacher son visage entre ses deux mains, elle faisait régulièrement glisser vers l'extérieur de son visage les larmes qui coulaient entre ses doigts. Ses yeux étaient rouges, il semblait qu'elle avait pleuré toute la nuit. Ne sachant quoi lui dire, Alexia eut envie de la serrer dans les bras mais n'osa pas. Elles n'étaient pas assez proches pour se permettre ce geste. Et pourtant, c'était la meilleure réponse qu'elle pensait pouvoir donner. Jeannette se leva, gênée de ne pas arriver à maîtriser ses émotions. Elle s'éloigna, bousculant Ingrid qui revenait s'asseoir.

– Qu'est-ce qu'elle a ? demanda-t-elle sur un ton agacé.

Alexia se retint de lever les yeux au ciel en entendant cette question dénuée de sensibilité. Ingrid l'avait posée comme si l'annonce de la veille n'avait pas eu lieu, comme si rien de spécial ne s'était passé ces derniers jours.

– Elle pleure Ingrid. Tu n'as pas remarqué ?

– A quoi ça sert de pleurer ? dit-elle en haussant les épaules et en reprenant sa place.

Les sourcils froncés, Alex ne répondit pas. En faisant un tour d'horizon du plateau, elle remarqua que très peu de personnes étaient assises face à leur écran. Quelques intérimaires, et Ingrid. La plupart des autres chefs d'équipe s'étaient levés, et tenaient des petites réunions informelles dans les couloirs que formaient les rangées de bureaux. Il semblait qu'Ingrid était la seule pour qui l'approche d'une restructuration n'était pas un sujet valable de discussion. La seule qui estimait ne pas avoir à rassurer son équipe. Elle manquait décidément de cœur. Enervée, Alexia décida de faire un tour du plateau. Elle tomba sur un groupe de trois femmes, dont Joana faisait partie, qui débattaient devant la machine à café.

– C'est vraiment dégoutant ! On est bien placés pour savoir que les affaires de la société vont bien, on s'occupe de leurs comptes ! Je n'arrive pas à croire qu'ils fassent ça… dit l'une d'entre elles en s'agitant.

– Moi non plus… dit Joana, hier j'étais en congé, et je disais encore à mon mari que ce n'était pas possible qu'ils nous renvoient, que tout allait bien… je me sens vraiment bête aujourd'hui ! J'avais confiance en HAFA…

– Oh faut pas te sentir bête, on était tous comme toi ! On est tombés de haut, c'est sûr.

Alexia prit un jus de fruits dans le frigo et retourna à sa place, où un e-mail du syndicat l'attendait. La phase d'information allait débuter. Elle se dit que les employés avaient de la chance de pouvoir compter sur ces gens pour défendre leurs intérêts. Dans d'autres entreprises, il n'existait pas de réel interlocuteur en cas de problèmes ou d'abus.

Nina sortit du cabinet, barbouillée. Elle rinça son visage à l'eau claire puis posa ses mains de part et d'autre du lavabo. L'eau coulait encore du robinet, imperturbable. Elle s'échappait par le trou d'évacuation, s'en allait loin d'ici. Les yeux fixés sur le filet d'eau, Nina se dit qu'elle aimerait elle aussi partir, loin, très loin d'ici. Elle se sentait piégée. Avec ce contrat de prêt à peine signé, Paulo et elle s'était endettés pour les vingt ans à venir. Comment allaient-ils faire pour rembourser ce prêt sans salaire ?

« Mon Dieu », pensa-t-elle, « nous allons tout perdre… ». Elle s'en voulut d'avoir entrainé Paulo dans cette aventure. « C'est moi qui l'ai poussé à faire une offre pour la maison, pourquoi me suis-je précipitée ainsi ? Qu'est-ce qu'on va devenir ? ». Des larmes perlèrent au coin de ses yeux. Cela ne faisait pas si longtemps qu'elle avait été licenciée par son ancien employeur, et elle avait déjà connu ce sentiment bizarre qui vous envahit lorsqu'une société se sépare de vos services. Mais le choc d'hier n'avait pas été atténué pour autant. On ne se fait décidément pas à ces choses-là. Surtout qu'à l'époque, il s'agissait d'une faillite, l'usine avait fait de son mieux pour tenir le coup mais n'y était pas arrivée. Après une longue bataille, le patron ne sachant plus payer les salaires avait été obligé de se séparer de son personnel. Ils se connaissaient tous dans la petite fabrique, et Nina, qui travaillait comme comptable dans ses bureaux avait bien vu son patron faire des efforts pour les garder. Elle se souvint qu'il avait eu les larmes aux yeux et la voix tremblante lorsqu'il avait pris la parole devant eux tous. Elle n'avait pas pu lui en vouloir. En entrant chez Hafa, elle avait intégré un grand groupe, puissant et connu de tous. Elle pensait sincèrement que cette notoriété était synonyme de sécurité. Oui, elle pensait être à l'abri. Quelqu'un entra dans les toilettes. Surprise, elle ferma le robinet et essuya ses larmes d'un revers de main.

– Bonjour, dit poliment la dame qui venait d'entrer.

– Bonjour, répondit Nina en tirant une serviette du distributeur.

Elle s'essuya les mains, se regarda une dernière fois dans le miroir pour vérifier qu'elle avait essuyé les traces de son chagrin et sortit. Elle reprit l'air fier qu'on lui connaissait, et fit si bien semblant que tous ceux qui la regardèrent passer pensèrent qu'elle allait bien.

En retournant vers sa place, elle croisa un des directeurs. Celui-ci avait l'air fort concerné et ne la salua pas. Nina se dit qu'il jouait bien son rôle d'hypocrite. « Comme si tu n'avais pas été informé avant nous… me fais pas croire que tu n'as pas assuré tes arrières… », pensa-t-elle en fronçant les sourcils.

– Votre attention s'il vous plait ! Je voudrais voir tous les intérimaires, et consultants envoyés par l'agence « Best » dans mon bureau, dit-il d'une voix forte en s'adressant à la zone où était assise Alexia.

Les quatre intérimaires se levèrent et le suivirent, curieux de savoir ce qui allait leur être annoncé. Il y avait deux autres filles, dont une grande blonde, et un garçon, longiligne. Ils entrèrent dans le bureau du directeur. Sur un des murs était accrochée une grande photo de ce dernier recevant un prix pour avoir été le meilleur dans l'un ou l'autre domaine. Deux autres personnes souriantes figuraient sur la photo. A côté de cette photo un tableau haut en couleurs rappelait que la société avait pour valeur de respecter ses employés, leur offrir le meilleur et qu'ensemble, ils visaient l'excellence. Sarcastique, Alexia sourit.

– Je vous ai réunis pour faire le point sur votre situation. J'ai déjà entendu des bruits de couloir, et plutôt que de laisser des mauvaises informations circuler, je préfère vous parler face à face. Le responsable de votre bureau de recrutement m'a également demandé de vous rassurer.

Il s'assied et posa les coudes sur sa table.

– Tout d'abord, sachez que nous sommes tous dans le même sac, je suis impacté par la restructuration comme tout le monde ici. Ensuite, il faut que vous sachiez que le processus va prendre du temps et que nous avons besoin de vous, il n'est donc pas question de mettre fin à vos contrats.

– Nous savons qu'il reste du travail, mais n'allez-vous pas faire appel à des consultants pour la transition ? demanda une des filles.

Tous se tournèrent vers elle, trouvant sa question pertinente. Elle portait ce voile dont les femmes musulmanes recouvrent leurs cheveux. C'était la seule à le porter, dans tout l'immeuble.

– Non, répondit le directeur. Le but de la restructuration est de faire des économies, et les consultants sont chers… ça m'étonnerait qu'on fasse appel à eux.

Les intérimaires se regardèrent entre eux, perplexes. Cette discussion avait sans doute pour objectif de les rassurer, mais ce n'était pas le cas. Ils savaient de par leur contrat qu'ils pouvaient sauter d'une minute à l'autre, sans indemnités, et le contexte qui s'installait sous leurs yeux n'annonçait rien de bon. Aussi, lorsque le directeur demanda s'il y avait d'autres questions, ils les gardèrent pour eux, en se disant que les réponses ne seraient pas forcément honnêtes. On voulait les convaincre de rester, et on leur aurait promis n'importe quoi pour ça. En s'éloignant du directeur, une des intérimaires s'agita :

– Ils nous prennent vraiment pour des imbéciles ! Je serais prête à parier que d'ici un mois, la moitié des employés sera déjà remplacée par des consultants.

– Pourquoi dis-tu cela ?

– Parce que beaucoup d'employés vont démissionner maintenant qu'ils savent qu'il n'y a plus d'avenir ici. Tous ceux qui ont moins de cinq ans d'ancienneté n'ont pas un grand intérêt à rester. Et les consultants au moins, ils offrent la garantie de rester jusqu'au bout de la transition !

– Ah ben ça ! Au prix auquel ils se font payer je veux bien croire qu'ils restent ! s'exclama le seul garçon du groupe.

Alexia avala sa salive de travers, mal à l'aise.

– Ils doivent se réjouir chaque fois qu'ils apprennent qu'une société vire des gens. Je suis sûre qu'ils sont déjà occupés à faire des offres à HAFA. De vrais vautours…

– Je pense aussi que beaucoup d'employés vont démissionner, avança la fille voilée, ramenant tout le monde vers le sujet initial de la conversation. Et c'est compréhensible, qui a envie de rester dans un climat pareil ?

– Exactement, appuya la blonde. Moi en tout cas c'est décidé, je m'en vais, dit-elle de façon déterminée. J'ai été licenciée par mon ancien employeur pour les mêmes raisons : outsourcing. Et je suis restée un an à attendre la fin de mon préavis. Je peux te dire que la deuxième moitié de l'année je me suis tourné les pouces… On n'avait plus rien à faire ! Tout le travail était parti vers un sous-traitant en Inde… la plupart des collègues a craqué et démissionné avant la fin. Au début, ils attendaient pour avoir le package de sortie, mais vers la fin ils déprimaient tellement qu'ils ont préféré partir. J'ai tenu le coup avec trois autres collègues, alors que notre équipe comptait dix personnes au départ.

– Wow, s'exclama le garçon… T'as eu de la patience…

– Oui, mais je ne le referai pas, plus jamais ! déclara-t-elle.

L'heure du midi sonna, et le petit cérémonial habituel eut lieu. Chaque manager se levait, et, poussé par ce leadership qu'on avait tenté de leur inculquer lors de leur formation, cette capacité à rassembler les gens qu'ils pensaient tous avoir, posait la question à son équipe : « Lunch ? ». L'équipe, ne voulant pas contrarier son leader, se préparait alors à raconter l'une ou l'autre chose à table, rien de trop personnel, et descendait à la cafétéria. Certains semblaient avoir créé de vrais liens parmi les autres employés du plateau, mais dans le cas de l'équipe d'Ingrid, c'est avec beaucoup d'hypocrisie que le groupe suivait. Tout le monde descendit donc déjeuner. Enfin, presque tout le monde. Alexia ainsi que la jeune femme voilée, restèrent à leur bureau, comme tous les midis.

– Tu ne descends pas non plus ? lui demanda la fille.

– Moi ? répondit Alex, surprise qu'on lui adresse la parole. Non… je préfère rester seule.

– Je te comprends, en plus toute ton équipe est néerlandophone, ça doit pas être évident…

– Exactement, dit-elle en riant. Au moins quand je reste ici, j'ai une vraie pause, c'est calme.

Alexia replongea sur internet, en mâchant ses tartines.

– Qu'est-ce que tu vas faire ? Tu restes ? lui demanda l'autre.

– Non, je vais chercher autre chose… et toi ?

– Je n'ai pas trop le choix, je suis enceinte… alors retrouver un autre poste maintenant ça va être difficile car ça commence à se voir…

– Ah félicitations !

– Merci… En plus tu sais c'est important pour moi de pouvoir garder mon foulard au bureau, mais tous les employeurs n'acceptent pas, faut du temps pour trouver, et avec mon ventre qui va grossir, c'est encore plus compliqué…

– Oui c’est clair…

– Mais si j’étais toi, je partirais, ajouta-t-elle.

*

* *

Ingrid, la jeune manager, s’approcha d’Alexia et l’invita à la suivre dans une petite salle de réunion. Elle ferma la porte derrière elle, la fit s’asseoir puis fit le tour de la table, trop lentement, et en silence. Lorsqu’elle se trouva à côté d’elle, toujours debout, elle murmura une phrase que seules elles deux pouvaient comprendre.

– Le malheur des uns fait le bonheur des autres…

Alexia recula sa chaise, en sursautant. Elle était à deux doigts de quitter la pièce, quitter l’immeuble sans se retourner, partir en courant et tout laisser tomber. Ingrid posa doucement sa main sur son épaule pour lui faire comprendre qu’elle ferait mieux de rester là. Elle fit les derniers pas qui la séparaient du siège qu’elle visait, celui qui se trouvait juste en face d’Alexia. Elle s’assied et la regarda dans les yeux comme un inspecteur de police regarderait un suspect.

– Je voudrais savoir quels sont tes plans… lâcha-t-elle enfin.

– Comment ça, « mes plans » ? répondit Alex, agacée.

En public, Alexia, qui connaissait bien Ingrid, jouait le jeu de l’employée soumise. Mais vu qu’elles n’étaient que toutes les deux, il était hors de question qu’elle supporte ce petit cérémonial.

– Peter m’a téléphoné… siffla Ingrid en regardant ses ongles.

– Ah, je vois… soupira Alexia en levant les yeux au ciel. Et ?

– Il m'a dit que tu envisageais de nous quitter ?

– Et tu ne trouves pas ça logique ? répliqua-t-elle sans cacher son énervement.

Ingrid lui parlait comme si elle venait d'une autre planète sur laquelle il n'y avait aucun souci. Ce n'était plus la jeune fille insouciante qui ne pensait qu'à sortir en boite de nuit qu'elle avait rencontrée cinq ans auparavant.

– Ecoute, si ce sont des garanties dont tu as besoin…, poursuivit Ingrid, toujours dans son rôle de supérieure.

– Quelles garanties est-ce que tu peux me donner ? Sérieusement ! On est tous virés ! Faut pas se faire d'illusions…

– Pourquoi est-ce que tu t'énerves ? Ce n'est quand même pas ma faute…

– Je suis énervée parce que lorsqu'on a fait l'interview, tu ne m'a pas dit la vérité toi non plus…

– Mais je ne savais pas, répondit-elle d'un air faussement innocent.

– Tu devais au moins te douter de quelque chose. Tu es manager quand même ! dit-elle en tapant sur la table.

Ingrid sursauta, impressionnée par la force dont venait de faire preuve sa collègue. « Il faut se méfier de l'eau qui dort », pensa-t-elle.

Elle fronça les sourcils et s'efforça de rester concentrée sur son objectif.

– Peu importe que j'ai été au courant ou non, dit-elle fermement. Tu sais comme moi que des situations comme celles-ci sont idéales pour ressortir du lot.

Alexia regarda Ingrid comme si elle la découvrait pour la première fois. Elle avait en face d'elle un être au sang-froid, aveuglé par sa réussite personnelle. Quelqu'un qui ne pensait qu'à gravir les échelons, quoi qu'il arrive.

– Ça t'a bien réussi à toi... ajouta Ingrid. Tu as...

– Tu ne sais pas de quoi tu parles, l'interrompit Alexia en fronçant gravement les sourcils.

– Alex...

– C'est ça le projet que tu m'avais promis ? l'interrompit-elle, la transition ?

Ingrid baissa les yeux, et fit la moue, avouant par ce geste qu'elle avait raison. Alexia se leva et se dirigea vers la porte, décidée à clore cet entretien. Cinq ans auparavant, Alexia avait été engagée pour réorganiser le département dans lequel Ingrid effectuait son premier job. Au début de sa mission, afin d'observer les différents éléments de l'équipe, Alexia s'était fondue dans la masse. Si bien qu'Ingrid, croyant se lier d'amitié avec une nouvelle collègue, s'était laissé aller à faire quelques confidences. Jusqu'au jour où elle avait été licenciée sur les conseils de celle qu'elle avait pris pour son amie. « Tu fais vraiment un sale boulot... tu rends des gens malheureux, tu le sais ça ? », lui avait-elle lâché, en larmes. « Le malheur des uns fait le bonheur des autres », avait froidement répondu Alexia. Et là, contre toute attente, elle l'avait admiré. Ce charisme, cette absence de sentiments, ce professionnalisme. Elle savait qu'Alexia serait parfaite pour l'aider dans la mission qu'elle venait de s'octroyer.

– J'ai besoin de ton expérience... murmura Ingrid.

Alexia s'arrêta à un mètre de la porte. Dos à son interlocutrice, elle pinça ses lèvres et sentit son cœur se serrer. Elle n'était plus la consultante qu'Ingrid avait gardé en mémoire. Mais ça, personne ne voulait le savoir. Ingrid regarda par la vitre. La vue donnait sur l'autoroute et de nombreux camions commençaient à s'embouteiller. Elles avaient changé toutes les deux. Pendant ces cinq années qui s'étaient écoulées, l'une avait acquis l'ambition et l'autre l'avait perdu. L'une était devenue plus forte et l'autre plus faible. Mais Ingrid, têtue, ne voulait pas lâcher son plan et restait persuadée que son ancienne copine devait à tout prix rester à ce poste.

– Je peux t'obtenir un contrat, dit-elle le regard sérieux fixé sur le dos de sa proie. Je n'ai qu'un mot à dire à Christopher.

Il était clair qu'Ingrid ne lâcherait pas le morceau. Alexia se gratta le front et prit une profonde inspiration. Après tout, elle avait besoin d'argent.

– Quelles conditions ? demanda-t-elle en se retournant.

– Comme les autres employés...

– C'est-à-dire ?

Elle croisa les bras, imitant le sérieux du jeune manager.

– Eh bien... dit-elle en se rendant compte qu'elle ne s'était pas bien renseignée avant de s'avancer. Tu auras des jours de congé payés, les avantages pour les boissons,... et tu auras la certitude d'avoir du travail jusqu'à une date fixée...

– Quelle durée, le contrat ?

– Six mois ?

– Non, répondit Alex en se retournant, six mois ça ne vaut pas la peine.

Elle avança vers la porte en secouant la tête. Ingrid était vraiment une débutante.

– Un an ! tenta Ingrid en se levant à son tour. Est-ce que tu accepterais pour un an ?

– Peut-être, répondit-elle en se retournant, mais pas question de revoir mon salaire à la baisse, je garde mon statut d'indépendante et tu prends mes assurances et mes frais en charge. Fais-moi une offre par écrit.

Lorsqu'Alexia sortit de la pièce, Ingrid ne put réprimer un sourire. Cette force de caractère qu'elle enviait à Alexia était toujours présente. Bien sûr, la rage de grimper les échelons avait disparu, mais elle n'en était pas moins restée une fine négociatrice. Cette petite démonstration de force conforta Ingrid dans l'idée qu'elle avait pris la bonne décision en l'engageant. Alexia connaissait le job, avait l'expérience qui fallait, peu importe ses états d'âme actuels. Ingrid avait besoin d'elle pour faire une transition efficace. De cette manière, elle pourrait démontrer ses propres capacités et se faire remarquer par le haut management. Elle pourrait les convaincre qu'elle méritait un nouveau poste dans la société.

4

Après les premières réunions de la phase de consultation et information qui les avaient menés à la mi-octobre, il apparut que le management se montrait avare en réponses. Beaucoup d'incertitudes planaient encore sur les conditions de licenciement, et le syndicat décida de manifester son mécontentement. Paulo et Jan parcouraient le plateau en essayant de convaincre le personnel de se joindre à eux.

– Demain, dès sept heures, on se rassemble devant l'entrée principale ! annonça fermement Paulo. Le syndicat régional envoie une délégation pour nous soutenir. Il faut qu'on soit le plus nombreux possible.

Le petit groupe d'employés qui s'était rassemblé autour de lui le regardait avec perplexité. Ils semblaient se demander d'où il pouvait tirer cette énergie et cette envie de se battre alors que tout semblait déjà perdu.

– Ce sera sans moi ! dit enfin Guy, un des employés.

Petit de taille et déjà dégarni, lui qui d'habitude était si calme semblait à bout de nerfs. Il se tenait en avant du groupe, fâché. Les autres s'étonnèrent d'entendre tout haut ce qu'ils pensaient tout bas. Ils n'avaient pas voulu contrarier leur collègue syndicaliste et étaient restés muets jusqu'alors. Ils guettèrent la réaction de Paulo.

– Si personne ne se bouge et qu'on est trois devant la porte, ça n'aura aucun effet… dit Paulo d'une voix étrangement calme.

– Qu'on soit trois ou cent cinquante, ça n'aura aucun effet ! s'exclama Guy, visiblement remonté. Tu le sais aussi bien que moi. Leur décision est prise, et ce n'est pas un rassemblement qui va changer quoi que ce soit.

– Tu te trompes, on peut changer les choses !

Guy voulut s'éloigner mais Paulo le rattrapa par le bras. Le petit public retint son souffle. Guy regarda la main que Paulo avait posée sur lui puis le fixa de ses yeux rouges. On pouvait voir qu'il avait beaucoup pleuré. Paulo en fut troublé.

– Lâche-moi, marmonna-t-il entre ses mâchoires serrées.

– Ne baisse pas les bras, murmura Paulo en le relâchant.

– Je ne baisse pas les bras, au contraire, ce que j'ai de mieux à faire c'est de continuer à faire mon boulot et postuler pour un des nouveaux postes qui va être créé.

Paulo ne put empêcher un sourire moqueur d'atteindre ses lèvres. Il avait compris dès l'annonce que les nouveaux postes et les promesses de replacement en interne n'étaient qu'une carotte pour mieux attirer le personnel dans le gouffre de leur licenciement. Les tenir dociles jusqu'au coup de grâce.

– Et vous feriez bien de tous faire attention à votre comportement, dit Guy en regardant les autres. Après tout, ils n'ont pas encore donné tous les noms.

– C'est tout le département qui est renvoyé, et il n'y aura que quatre nouveaux postes…

– Eh bien alors ? Qu'est-ce que tu espères avec ton petit rassemblement ? ricana-t-il.

– On va peut-être se faire virer, mais on peut agir sur les conditions dans lesquelles ça va se passer. On doit leur montrer qu'on a le pouvoir. Leur plan est définitif, c'est vrai, mais ils ont besoin de vous tous pour le mener à bien…

D'autres employés s'approchèrent en l'entendant parler. Ils écoutaient en acquiesçant. Ils commençaient à comprendre le rôle qu'ils pouvaient jouer.

– … Que s'ils ne nous respectent pas, poursuivit Paulo en les regardant, il n'y aura pas de transition. Imaginez que vous refusiez de former vos remplaçants, la direction ne pourra plus rien faire ! Vous avez ce pouvoir, cette possibilité de leur mettre la pression ! On partira d'ici, ça, c'est déjà décidé, mais si on veut le faire la tête haute et avec une belle enveloppe dans la poche, c'est maintenant que ça se joue.

– On sera là, dirent plusieurs personnes. Compte sur nous !

– Super les gars ! N'oubliez pas que c'est pour vous qu'on se bat, leur répondit-il en leur distribuant des tracts et en les saluant.

Lorsqu'il arriva près de Guy, il lui tendit un tract. Ce dernier ne sortit pas ses mains des poches.

– Tu perds ton temps, soupira-t-il avant de retourner vers sa place.

Paulo s'efforça de garder son calme. Il fallait qu'il continue à parler au reste du plateau. Il alla se placer entre deux rangées de tables où s'affairaient quelques comptables de l'équipe d'Ingrid et prit la parole.

– … C'est pourquoi, demain matin, je vous invite tous à bloquer les portes d'entrée.

– A quoi bon ? marmonna Jeannette sans lever les yeux de son ordinateur.

Elle essuya du revers de la manche les quelques larmes qui glissaient sur ses joues. Ses cheveux semblaient encore plus gris qu'avant et ses yeux étaient gonflés de chagrin. Elle n'arrivait pas à cacher à quel point la nouvelle de son licenciement l'avait bouleversé. Elle se leva en s'excusant. Paulo serra les dents. Pendant que certains, comme cette femme se montraient résignés sur leur sort, les autres prenaient l'air réellement occupés et s'affairaient comme si de rien était. Ils agissaient comme si ils n'étaient pas concernés. Pourquoi refusaient-ils de voir la réalité en face ? Ingrid se leva gracieusement et s'approcha.

– Ecoute, Paulo, dit la manager un peu embarrassée en se plaçant debout devant lui. On apprécie ce que tu fais, mais on a du travail. Alors si tu pouvais nous laisser…

– Du travail ? Mais vous êtes tous renvoyés ! Vous n'avez pas suivi les informations ou quoi ? s'énerva Paulo.

– Nous n'avons pas encore la date, ni les noms, répondit-elle avec un air hypocrite. En attendant nous sommes tenus de remplir nos tâches, ajouta-t-elle d'une voix plus forte pour que ses employés l'entendent. Je suis certaine que ceux qui continuent à s'appliquer seront récompensés et replacés en interne.

Elle faisait glisser ses yeux inquiets entre le syndicaliste et les six membres de son équipe. Il était dans son intérêt que ses employés restent dociles et aveugles, qu'ils remplissent leurs objectifs car cela la ferait briller, elle. Cela augmenterait ses chances d'obtenir un nouveau poste. C'était tout ce qui comptait et elle espérait que le syndicaliste comprenne son langage non verbal et la laisse continuer à mener ses moutons vers l'abattoir. Après tout, lorsque les bêtes se font achever, le berger, lui, compte les billets de sa paie. Paulo comprit tout ce que la jeune femme ne dit pas. Il savait aussi que tout cela n'était qu'un baratin qu'on lui avait enfoncé dans le crâne pour la tenir tranquille. Elle ne se rendait pas compte, mais elle aussi était manipulée. Ce replacement en interne était selon lui une vaste blague. Il vit aussi que les employés n'osaient pas la contrarier et levaient à peine les yeux de leurs écrans. Il s'approcha tout de même d'eux et posa des tracts sur leurs bureaux.

– Au plus on sera nombreux, au plus on aura de pouvoir aux négociations, murmura-t-il. C'est pour vous qu'on fait ça les gars. C'est pour vous…

Puis il s'éloigna en sentant le regard de la jeune manager peser sur son dos. Une inquiétude camouflée par de la fierté et de l'arrogance. Un mépris qui glissa sur sa carapace.

Le soir, alors qu'il dinait avec Nina et les filles, Nina, assise en face de Paulo avait déposé ses couverts et le fixait. Il était temps d'annoncer la nouvelle aux filles. Cela faisait plusieurs semaines qu'ils avaient gardé leur licenciement secret, mais ils ne pouvaient pas garder se taire éternellement. Le lendemain, des caméras filmeraient la manifestation et ces images seraient diffusées à la télévision. Il ne fallait pas risquer que les filles l'apprennent de cette manière. Paulo sentit sur lui le regard de sa compagne et releva la tête. Il comprit immédiatement ce qu'elle attendait de lui. Il avala ce qu'il avait en bouche et se lança :

– Lisa, Jenny… Nina et moi avons quelque chose d'important à vous dire.

– Vous allez vous marier ? demanda Jenny, enthousiaste.

Lisa qui faisait mine de ne pas écouter roula des yeux, agacée par la naïveté de sa petite sœur.

Non ma puce, répondit Paulo. Ce n'est malheureusement pas une bonne nouvelle.

Il regarda Nina afin de trouver le courage de dire les choses. De ses yeux sombres et chaleureux, elle lui sourit et lui fit signe de poursuivre.

– Nina et moi, nous avons été licenciés.

– Et ça veut dire quoi ? Pourquoi tu nous dis ça maintenant ? demanda Lisa pleine de hargne.

– Cela veut dire que dans quelques mois, nous n'aurons plus de travail.

– Et que nous allons devoir changer nos habitudes, ajouta Nina.

– Ben… pourquoi vous ne cherchez pas un autre travail ?

– Nous ne savons pas combien de temps il va nous falloir pour trouver un autre emploi, alors on doit se préparer. Limiter nos dépenses.

– Vous n'avez plus d'argent ? demanda Jenny, inquiète.

– C'est ce qui risque d'arriver, alors nous devons faire attention, et faire des économies… dit doucement Paulo qui avait pris sa petite main.

Il prit une grande inspiration puis conclut :

– J'avais promis d'aménager et faire la déco de vos chambres en Janvier mais…

– Mais quoi ? fit Jenny, inquiète.

– Nous n'allons pas pouvoir le faire.

– Attends t'es sérieux là ? s'exclama Lisa, indignée.

– Lisa, je pense que tu es en âge de comprendre alors n'en rajoute pas.

– Tout ça parce que vous avez décidé d'acheter cette baraque pourrie !

– Lisa ! cria Paulo.

– Non, Papa. Vous avez fait une belle connerie ! Et comme à chaque fois c'est nous qui payons les pots cassés !

Lisa recula bruyamment sa chaise et quitta la table en râlant. Nina mit sa main sur celle de Paulo pour le calmer. Il baissa les yeux. Il s'attendait à un éclat de la part de son ainée. Il n'était pas surpris. Simplement, il aurait voulu ne jamais avoir eu à lui annoncer ça. Nina commença à rassembler les assiettes afin de débarrasser. Elle n'avait qu'une envie, se retrouver seule afin de laisser couler ces larmes qui menaçaient de s'échapper. Elle prit la pile de vaisselle et y posa bruyamment les couverts puis s'éloigna vers la cuisine. Une fois de dos, elle ouvrit le robinet et laissa couler l'eau ainsi que son chagrin. Qu'arriverait-il s'ils ne retrouvaient pas de travail ? Il leur serait impossible de rembourser leur maison. L'idée de tout perdre l'angoissait, et surtout, le poids de la culpabilité pesait de plus en plus sur ses épaules. Nina n'avait pour ainsi dire jamais pris de risque dans sa vie adulte. Même dans ses relations, elle avait toujours évité de ressentir des choses trop fortes. Elle avait choisi la sécurité, pour ne pas être blessée. Avec Paulo tout avait changé, elle n'avait pu réfréner ses sentiments. Bien qu'elle se soit répété sans arrêt qu'il ne fallait pas, qu'il était marié, elle était tombée amoureuse de lui très vite. Et cette maison… Elle l'avait voulue si fort. Un lieu à eux, un endroit où démarrer leur histoire. En voyant qu'elle était à vendre, elle avait prié pour que la banque accepte de leur prêter la somme nécessaire et dès qu'ils avaient eu la réponse, tout était devenu clair. Cette maison leur était destinée. Elle avait convaincu Paulo… Pour une fois, elle avait voulu aller au bout de son désir, elle avait voulu vivre.

« Tout est de ma faute », pensa-t-elle. « Je n'ai pensé qu'à moi… » Assaillie par de nouveaux sanglots, elle dut se retenir au bord de l'évier.

Le lendemain matin, un groupe de personnes se trouvait devant l'entrée principale de l'immeuble H.A.F.A., certains vêtus de rouge et d'autres en vert. Les couleurs des deux grands syndicats belges. Beaucoup d'employés se demandèrent s'ils pourraient accéder à l'intérieur. En se rapprochant ils comprirent qu'il ne s'agissait pas d'un piquet de grève, l'entrée n'était pas bloquée. Les membres du syndicat distribuaient des tracts pour informer le personnel de ce qui se passait au département finance.

– Ça peut vous arriver aussi, ouvrez les yeux ! criaient les militants. Vous n'êtes que des numéros aux yeux de HAFA, et ils vous mettront à la porte si ça peut leur permettre de gagner plus d'argent. Il n'y a que ça qui compte aujourd'hui : le profit maximum, la satisfaction des actionnaires…

Si la plupart acceptèrent le petit document et écoutèrent ce qu'on leur expliquait, d'autres se montraient moins sensibles et s'agaçaient d'être retardés par la foule. Ils soupiraient à l'idée de devoir traverser cette masse de gens, refusaient les tracts qu'on leur tendait. Paulo repéra le début d'une altercation entre un employé et son camarade syndicaliste.

– Non seulement ce que vous faites ne sert à rien, mais

en plus vous mettez en retard ceux qui ont encore leur boulot… s'énerva l'homme. Vous voulez qu'on se fasse tous virer c'est ça ?

– Comment tu peux dire que ça ne sert à rien ? Répliqua Jan. Leur décision est prise, ok, mais les conditions ne sont pas définitives. C'est pour ça qu'on est là…

– Vous perdez votre temps !

– Et quand ce sera ton tour de te faire virer, tu ne crois pas que tu seras content qu'on négocie ta sortie ?

– Je ne me ferai pas virer, mon département est indispensable au bon fonctionnement de la société. On n'est pas du tout menacé !

– Mais j'hallucine ! Dans quel monde tu vis ? Réveille toi mon vieux. Ce sont les comptables, les analystes financiers qui sont concernés aujourd'hui… Et tu crois que toi tu es intouchable ?

L'employé, ne sachant que répondre, bouscula le syndicaliste. Les deux hommes s'étaient dangereusement rapprochés l'un de l'autre, leurs visages crispés par la colère. Paulo intervint en posant sa main sur l'épaule de son camarade.

– Ne t'énerve pas va, ça n'en vaut pas la peine. S'ils ne veulent rien savoir, c'est leur choix…

L'autre se détourna et s'éloigna de l'employé qui continuait à chercher l'embrouille, persuadé d'avoir raison. Il se dit que décidément, tant que l'on n'était pas touché soi-même par ce genre de drame, on ne pouvait pas comprendre. Bien qu'il ait déjà milité pour d'autres personnes qui avaient besoin d'aide, et bien qu'il en ait déjà eu le cœur gros par empathie, jamais il n'avait imaginé à quel point cela pouvait être douloureux. Vingt ans au service de la même société, autant d'années d'investissements en ayant l'impression d'être reconnu à sa juste valeur… la vérité lui avait été révélée avec l'effet d'une baffe en plein visage. Il n'avait été qu'un pion utile dans une stratégie. Changement de stratégie, donc changement de pions. Il se sentit plus énervé que triste, et se rappela qu'il était là pour aider ses collègues. Il penserait à lui plus tard. Une caméra s'approcha de lui, et une journaliste l'aborda :

– Monsieur s'il vous plait, pouvez-vous commenter la situation actuelle de HAFA ?

Paulo hésita. Sa première pensée fut que son visage risquait d'être vu par beaucoup trop de monde. Quelle image donnerait-il de lui à un futur employeur s'il apparaissait dans cette position au journal télévisé ? Il chercha Jan du regard, mais ne le vit nulle part. La journaliste lui fit signe de parler en lui montrant que la caméra tournait déjà. Il prit la parole :

– Nous avons eu les premières réunions d'information avec la direction, et beaucoup trop de nos questions restent sans réponses. Nous ne pouvons continuer dans ces conditions et exigeons plus de clarté sur les projets de restructuration entamés par HAFA.

– Connaissez-vous le nombre exact de personnes qui seront impactées ? HAFA parle d'une petite partie de son département finance…

– Cette petite partie, comme vous dites, représente une soixantaine de personnes. Il s'agit des trois quart de la finance, et d'un sous département entier. Donc je dirai que HAFA minimise l'impact quand elle utilise le mot « petite ».

Paulo opina de la tête. Voilà qui était clair et précis. Il

se félicita d'avoir utilisé ces termes, il était correct sans cacher la vérité. Les mots étaient venus d'eux-mêmes et la journaliste le remercia pour cette interview.

Le soir, assis devant leur poste, Nina et lui attendaient le journal télévisé national avec impatience afin de voir le reportage dans lequel Paulo devait apparaître.

– Si seulement les gens pouvaient se rendre compte… soupira Nina.

– De quoi ?

– Que ce sont des salauds, s'exclama-t-elle en montrant l'écran de télévision sur lequel passait une publicité du Hafa-cola. Regarde-moi ça : ces sourires… Tout le monde il est beau, tout le monde il est gentil… leur logo en fond d'écran, comme un message subliminal… On dirait que leur boisson est une potion magique qui rend heureux !

– Avec tout le sucre qu'ils y mettent, c'est normal que ça fasse rire les gens, non ? plaisanta-t-il.

– Je suis sérieuse, Paulo. Tu ne trouves pas qu'ils sont très forts au niveau de leur image ?

– Si, bien sûr, c'est pour ça qu'on essaye d'avoir les médias de notre côté…

– J'aimerais tellement que leur clientèle se rende compte que ce ne sont que des capitalistes sans cœur. Ils passent leur temps à déclarer qu'ils se soucient du bien-être de leurs travailleurs, de l'environnement, à mettre en avant toutes leurs bonnes actions alors que dans la réalité tout ça ce n'est que du marketing ! s'énerva-t-elle.

– Je le sais Nina, ce n'est pas par hasard si ils sont numéro un des ventes de sodas, tu vois…

Le présentateur du journal télévisé interrompit leur conversation.

– Mesdames et Messieurs, bonsoir. A la une de ce journal, une nouvelle qualifiée de scandaleuse par les syndicats chrétiens, un coup dur pour la région flamande…

Paulo leva les sourcils, étonné, HAFA était situé en région bruxelloise, comment pouvait-il se tromper ainsi ?

– C'est ce matin, lors du conseil d'entreprise extraordinaire que la fermeture de l'usine de voitures Fart Genk a été annoncée, confirmant ainsi les nombreuses rumeurs qui circulaient à ce sujet depuis des mois. La direction locale, qui avait maintes fois démenti propose aujourd'hui une restructuration, un licenciement collectif et la fermeture complète du site d'ici un an. Nathalie Proliou était sur les lieux depuis ce matin.

L'image montra une jeune reporter visiblement émue, avec à l'arrière-plan des groupes de personnes aux mines défaites rassemblés près de ce qui semblait être des pneus en feu.

– Oui, bonsoir Jean-Michel, répondit la reporter. Inutile de vous dire que l'ambiance ici est très tendue depuis ce matin. De nombreux travailleurs sont restés devant la porte de l'usine toute la journée, apprenant les nouvelles bouleversantes au compte-goutte. Beaucoup ont pleuré, certains se sont énervés, et ce soir nombreux sont ceux qui sont restés autour des feux que les délégations ont allumé. Ils ont encore le regard dans le vide, perdu, et c'est, je dois vous le dire très émouvant. La tension, la tristesse et le désarroi sont palpables, encore à l'instant. Je vous propose d'entendre les propos du président du syndicat socialiste, enregistré ce matin à la sortie du conseil. Ainsi qu'un ouvrier de l'usine.

« Lorsque les rumeurs ont commencé il y a cinq ans,

dit le président, nous nous sommes rendus à la maison mère à Cologne. A l'époque, la direction nous avait assuré alors que le site de Genk resterait ouvert. Encore une fois, ils n'ont pas tenu leur parole, c'est révoltant. C'est une véritable catastrophe pour de nombreuses familles… »

« Je travaille dans l'usine depuis que j'ai dix-huit ans », dit un homme d'une quarantaine d'années. « Mes parents et mon épouse aussi travaillent ici depuis toujours. Avec mon épouse, on a un prêt hypothécaire, si on perd notre emploi je vois pas ce qu'on va faire. Il n'y a pas d'autre usine qui fabrique des voitures dans la région et nous c'est tout ce qu'on sait faire. On pourra même pas demander de l'aide à notre famille… »

L'homme fut interrompu par ses sanglots et la reporter reprit la parole.

– Comme vous pouvez le constater, c'est un sentiment de désarroi qui domine ce soir à Genk, mais de colère aussi. J'ai eu l'occasion de discuter avec quelques personnes concernées par cette restructuration et beaucoup en veulent à leur direction, non seulement pour leurs mauvaises décisions en termes d'investissement mais également parce que de nombreuses promesses n'ont pas été tenues. En résulte aujourd'hui un véritable drame social. Pour mieux comprendre l'ampleur de la catastrophe, je donne la parole à Monsieur Geerts, délégué syndical présent lors de l'annonce ce matin.

– Ce qu'il faut comprendre, c'est que ce sont dix-mille emplois directs et indirects qui sont menacés avec cette fermeture. Nous craignons notamment pour l'usine de métaux dont Fart est le client principal, il y a un grand risque d'effet domino, un danger pour la région toute entière.

– Merci Monsieur Geerts. Vous l'avez entendu, Jean-Michel, il s'agit donc de dix-mille emplois, raison pour laquelle le premier ministre a tenu à rencontrer la direction locale de l'usine cet après-midi vers treize heures. Il faut savoir que la direction a dû être escortée sous protection policière, tant le ressentiment à leur égard est grand. De cette réunion n'est finalement sorti rien de concret sinon que le gouvernement souhaite essayer de trouver une alternative à cette décision dont les conséquences sociales et économiques risquent, vous l'imaginez, d'être désastreuses.

– Merci Nathalie, reprit le présentateur.

Nina avait pris la main de Paulo et la serrait entre ses doigts. Lorsque le présentateur changea de sujet, il ferma les yeux. Le journaliste n'avait pas dit un mot de HAFA. Autant il avait espéré qu'ils en parlent ce soir, afin de mettre plus de pression sur sa direction, autant il comprenait l'ampleur du drame qui venait d'être annoncé à l'instant. Dix-mille postes. Comment était-ce possible ? Cet automne s'annonçait décidément maussade. Il se dit qu'au moins chez HAFA, les postes supprimés concernaient des gens avec une formation dans un domaine financier. Avec un peu d'aide, ils pourraient retrouver une fonction similaire dans une autre entreprise. Mais tous ces ouvriers spécialisés… Il regarda Nina. Elle avait les larmes au bord des yeux. Il se rapprocha d'elle.

– C'est donc ça la crise ? Demanda-t-elle sans le regarder.

– Oui… murmura-t-il, je suppose que oui.

*

*   *

– Je veux qu'on améliore le modèle des prévisions ! ordonna Ingrid en posant ses deux mains jointes sur la table avec l'attitude d'une impératrice.

Assises face à face dans une petite salle d'entretien, les deux femmes se fixèrent pendant quelques secondes. Alexia avait compris ce qu'Ingrid avait derrière la tête. Comme elle voulait obtenir un des nouveaux postes, elle faisait tout pour démontrer son engagement. Elle se faisait bien voir en posant des questions intelligentes aux réunions, envoyait ses e-mails avec les directeurs en copie… bref, elle faisait sa campagne. Tel un homme politique elle promettait de tout améliorer dans les meilleurs délais, se montrait dévouée à la société malgré les circonstances… mais pour le faire elle avait besoin d'aide.

– Il est déjà très bien fait.

– Ce n'est pas assez précis ! Je veux qu'on implique les credit collectors.

– Je ne pense pas que ce soit une bonne idée…

– Pourquoi ça ?

– Parce que demander à des gens qui ont été renvoyés de fournir du travail supplémentaire, c'est plutôt gonflé tu ne crois pas ?

Alexia se leva et remit sa chaise en place. Les membres de cette équipe étaient ceux qui avaient le plus d'ancienneté, et ils n'avaient jamais accepté l'autorité d'Ingrid.

– Ecoute Ingrid, je comprends ce que tu essayes de faire, mais…

– C'est toi qui va le faire ! l'interrompit-elle. Organise une réunion. Prépare une présentation pour leur expliquer l'importance de ces prévisions. Ça les sensibilisera. Et si c'est toi qui parle ils écouteront.

Agacée par l'obstination d'Ingrid, et coincée par les obligations de son contrat, Alexia quitta la pièce en soupirant. Elle ne pouvait pas se permettre de désobéir à son manager. Même si elle désapprouvait ses idées, elle n'avait pas le choix. Elle avait besoin de ce salaire. En s'asseyant à sa place, elle regretta d'être là. Elle se sentait très fatiguée, depuis quelques mois, elle accomplissait ses tâches, mais aussi plusieurs rapports et analyses pour Ingrid qui lui transmettait beaucoup de requêtes. Parce qu'elle aimait le travail bien fait, elle restait souvent plus tard que les autres afin de terminer ce qu'il fallait. Mais le lendemain, d'autres tâches arrivaient et il fallait recommencer. Récemment, les USA avaient décidé de changer de logiciel de gestion et avaient eu besoin de quelqu'un en Europe pour coordonner le projet. Ingrid s'était proposée et avait ensuite imposé à Alexia de le faire en son nom. La maison mère agissait comme si l'annonce de licenciement n'avait pas eu lieu. Elle transmettait ses exigences, déterminée à améliorer ses procédures. Elle s'accouda à son bureau et prit sa tête entre les mains. Améliorer, simplifier… Tout cela avait un lien avec la restructuration. Ce qu'elle faisait permettrait de renvoyer ses collègues belges en bonne et due forme. Elle sentit sa respiration devenir douloureuse, sa gorge rétrécir. Elle se dit qu'elle n'aurait pas dû accepter ce travail, qu'elle était en train de faire une erreur. Puis elle pensa à ses dettes, à sa mère, elle ne pouvait pas laisser tomber. Elle attrapa son sac qui gisait au pied de sa chaise et en fouilla nerveusement l'intérieur. Des comprimés, il lui fallait prendre quelque chose pour arrêter cette crise d'angoisse qui s'annonçait. Elle trouva le tube et avala rapidement un comprimé. Elle s'adossa et inspira profondément. Jeannette qui était assise à côté, avait regardé Alexia du coin de l'œil. Elle avait remarqué le comportement étrange d'Ingrid, surtout vis-à-vis de sa nouvelle collègue. Elle était à son poste depuis bien plus longtemps que sa supérieure, et la savait incapable de gérer une équipe.

– Tu as un problème avec Madame ? demanda-t-elle en désignant Ingrid du menton.

– Elle veut tout changer…

– Comment ça ?

– Le modèle des prévisions, elle veut que je le recommence.

– Pfff… Il est très bien ce modèle ! Et puis… déjà que les USA nous imposent un nouveau logiciel, qu'il faut qu'on forme les indiens, et elle qu'est-ce qu'elle fait ? J'aimerais bien le savoir ! dit-elle en s'énervant. En plus je sais qu'elle ne comprend pas mon travail… ça pour moi ce n'est pas un manager. Et elle le sait, elle n'osera pas m'embêter parce que si je m'en vais elle sera incapable de se débrouiller.

Alex sourit à l'attitude révoltée de Jeannette habituellement calme et de bonne humeur.

– J'ai l'impression qu'elle se comporte différemment avec toi, ajouta-t-elle plus doucement. Il ne faut pas te laisser faire !

– Ne t'inquiète pas. Je connais Ingrid…

Elle s'interrompit, consciente qu'il valait mieux en dévoiler le moins possible.

– Tu la connaissais avant de travailler ici ?

– Oui, elle a travaillé dans mon équipe à une époque… c'est moi qui l'ai formée.

– Ah oui ?

– Mais elle a bien changé… C'est dommage, elle était très sympa avant.

Jeannette put presque voir les souvenirs d'Alexia, tant

elle y pensait fort. Elle était un peu intriguée par sa voisine. Elle savait par Tom qu'elle avait déjà beaucoup d'expérience, et le fait qu'elle travaille pour Ingrid la dépassait. Selon elle, Alexia aurait fait une bien meilleure chef.

La réunion eut lieu le vendredi de la même semaine.

Alexia fut la première à s'installer à la table, suivie de près d'Ingrid qui choisit de s'asseoir en face d'elle. Le reste de l'équipe arriva, visiblement de mauvaise humeur. La tension qui s'installa dans la pièce était presque palpable tant elle était forte. Paulo et Nina s'installèrent en bout de table, et comme le reste de leur groupe, croisèrent les bras. Ingrid fit signe à Alexia de prendre la parole, impatiente. Alexia avala difficilement sa salive, et s'apprêta à demander une collaboration en laquelle elle ne croyait pas elle-même.

– Bonjour à tous et merci d'être venus. Vous savez sans doute que les USA souhaitent améliorer nos standards. Récemment, ils ont fait l'acquisition d'un nouveau logiciel qui est en cours d'implémentation dans les bureaux HAFA de tous les pays. Il est donc logique que nous adaptions certains de nos rapports en conséquence.

Paulo se racla la gorge, l'air sérieux, et Alexia sentit qu'il les attendait au tournant. Elle alluma le projecteur et continua ses explications, en tentant de leur montrer à quel point leur participation serait utile. Elle termina en les remerciant pour leur attention et leur demanda s'ils pouvaient effectivement participer à la collecte d'informations nécessaires. Ils la regardaient tous calmement, et semblaient apprécier sa diplomatie. Ils en étaient presque plus apaisés qu'à leur arrivée dans la salle de réunion.

– Merci pour ta présentation Alexia, dit Ingrid. Paulo ?

– Il n'est pas possible pour nous d'obtenir des données

aussi précises à l'heure actuelle, déclara-t-il fermement. Ce qui signifie que pour vous aider dans votre nouveau projet, il va nous falloir fournir du travail supplémentaire ; faire des recherches, mettre au point de nouvelles méthodes. Et ça, il est hors de question que nous le fassions.

– Comment ça du travail supplémentaire ? s'agita Ingrid. Vous les avez ces informations !

– Ecoute Ingrid, ricana-t-il. Au cas où tu l'aurais oublié, on a tous été renvoyés. Dans quelques mois on s'en va. Alors je te le répète : nous ne fournirons pas de travail supplémentaire.

« Et certainement pas pour te permettre de lécher les bottes aux américains », pensa-t-il.

– Nina ? tenta-t-elle.

– Je n'ai pas accès à ces informations, répondit-elle innocemment en regardant Ingrid dans les yeux. Je ne peux pas vous aider.

Ingrid leva les yeux au ciel, et passa nerveusement la main dans ses cheveux blonds. Elle rageait et tentait maladroitement de dissimuler ce qu'elle ressentait. Appuyée contre son dossier, elle évitait de croiser le regard d'Alexia qui lui ferait comprendre qu'elle l'avait bien prévenue. Le ton monta en une fraction de seconde. D'autres membres de l'équipe prirent la parole pour se plaindre de l'affront qu'on venait de leur faire. Non seulement ils étaient mis à la porte, devaient rester pour former leur successeurs et en plus on voulait qu'ils facilitent la tâche à ces derniers ? Car ils n'étaient pas dupes, leurs managers cherchaient à améliorer les méthodes non seulement pour se faire bien voir, mais aussi pour permettre aux bulgares d'apprendre plus rapidement et d'être plus efficaces. N'était-ce pas ça le but de toute la manœuvre ? Un centre de service plus rentable qu'eux tous. Certains mirent en avant le fait qu'ils n'avaient pas eu droit à toutes les formations qu'on promettait aujourd'hui à leurs successeurs. La question fut posée : pourquoi tous ces efforts n'avaient pas été faits pour les employés belges ? Pourquoi avaient-ils du apprendre sur le tas, s'améliorer tout seuls. Une forme d'injustice venait d'être dénoncée. Ingrid se leva et quitta la pièce discrètement, comme une lâche. Alexia sourit, sans joie. Elle avait prédit ce qui se passerait. Elle s'excusa de devoir quitter la réunion, et demanda à l'équipe de fournir ce qu'ils pouvaient. Elle ajouta qu'elle comprenait leur opposition, qu'il n'était pas question de leur imposer une charge supplémentaire. Qu'ils lui transmettent ce qu'ils avaient, et elle ferait avec. Ils s'apaisèrent et lui promirent de l'aider autant que possible.

Dans le hall du palier, Ingrid attendait l'ascenseur en tapant nerveusement du pied, les bras croisés. Peu habituée à autant de résistance, elle était presque tremblante et refusa encore de regarder Alexia en face. Les yeux fixés sur les chiffres illuminés de l'ascenseur, elle marmonna simplement :

– Ils mentent, je suis sure qu'ils ont des informations.

– La question n'est pas là Ingrid, répondit Alexia en soupirant. C'est le moment qui est mal choisi…

– Tu as vu comment il m'a parlé ce Paulo ? s'énerva-t-elle en regardant enfin Alexia. Il a presque crié sur moi !

Alexia vit les pupilles dilatées, les mains tremblantes d'Ingrid et comprit qu'elle avait été vivement impressionnée par la force de caractère de Paulo. Elle se dit que c'était une bonne leçon.

– Pour qui il se prend celui-là… termina Ingrid en

s'engouffrant dans l'ascenseur.

Alexia mordit sa lèvre pour s'empêcher de secouer sa comparse. Décidément elle ne comprenait rien aux rapports humains.

– J'ai oublié mon téléphone dans la salle de réunion, dit-elle en s'éloignant.

En revenant sur ses pas, Alexia s'agrippait fermement à son pc comme à une bouée. L'attitude d'Ingrid l'énervait au plus haut point. Arrivée dans le couloir, elle s'adossa contre la cloison et ferma les yeux. Puisqu'Ingrid n'écoutait pas se conseils, elle ne lui en donnerait plus. Elle trouverait bien un moyen pour créer ce rapport amélioré, avec ou sans l'aide des credit collectors. Il valait mieux éviter les conflits. La porte de la salle de réunion s'ouvrit, faisant sursauter Alexia, et le groupe en sortit bruyamment. Ils passèrent tous devant elle sans la considérer. Quand ils furent tous passés, elle souffla en laissant tomber ses épaules qui s'étaient crispées et baissa la tête. Elle posa une main sur ses paupières et les massa légèrement.

– Je n'ai rien contre toi, dit une grosse voix.

Alex rouvrit les yeux et vit une paire de jolies chaussures italiennes. Elle remonta jusqu'au visage de leur propriétaire. Il s'agissait de Paulo. Il se trouvait face à elle les deux mains sur les hanches, le regard compatissant.

– Moi non plus, murmura-t-elle en souriant doucement.

Il sourit également, et ses yeux pétillèrent comme une mer ensoleillée. Elle avait l'air si jeune qu'avec ses longs cheveux bruns elle lui fit penser à sa fille ainée.

– Je lui avais dit que ce n'était pas une bonne idée, poursuivit-elle, mais elle a insisté. Elle est vraiment têtue…

– Je sais, je connais le spécimen. Elle a les dents

longues… personnellement je la trouve ridicule.

Alexia pouffa de rire et replaça une mèche de cheveux derrière son oreille.

– On peut dire que tu l'as impressionnée en tout cas !

– Ah bon ?

– Elle est sortie de la réunion en tremblant…

– Tant mieux ! répondit-il, satisfait. Comme ça elle sait à qui elle a à faire. C'est moi qui ai dit à toute l'équipe de ne pas coopérer, et ils me suivent. C'est déjà assez cruel de nous demander de rester pour former ceux qui nous remplacent ! s'exclama-t-il sur un ton autoritaire. Puis, d'une voix plus calme : je suis désolé si ça complique ton travail.

– Je comprends, souffla-t-elle en baissant les yeux.

– Tu as vraiment besoin de ces chiffres ? demanda-t-il, soudain attendri par la simplicité de la brune.

– Non, répliqua-t-elle en relevant son visage. Ne t'inquiète pas. La requête D'Ingrid est inutile, il n'y a qu'elle qui ne le comprend pas. Je vais me débrouiller.

Il fit un geste élégant de la main pour l'inviter à quitter le couloir. Elle sourit, apaisée. Ils se dirigèrent vers l'ascenseur en continuant leur échange.

– C'est assez rigolo de voir le fossé qui se creuse entre ceux qui vont rester et les autres. Ils sont encore pleins de motivation… Mais ils oublient que pour nous c'est fini…

– Tu dis « ceux qui vont rester »… la décision a déjà été prise ?

Paulo ne dit rien mais sourit d'un air complice en entrant dans l'appareil qui venait d'ouvrir ses portes devant eux. Elle le suivit. Alexia comprit ce qu'il pensait. Il était plus que sûr que le choix des heureux élus avait déjà été fait, il n'avait simplement pas encore été communiqué à tout le monde. Ingrid n'aurait pas fait tant d'efforts sans promesse. Elle se dit que c'était une manière intelligente de garder les gens motivés, enfin, une bonne partie en tout cas. Dans l'espoir d'être gardé, certains donnaient encore le meilleur d'eux-mêmes. Quelle jolie tactique. Une carotte pour tirer quelques ânes vers l'avant, jusqu'à ce qu'on ait plus besoin d'eux. Mais quelle serait leur réaction en apprenant que tout cela n'était qu'une parodie ? Alexia secoua sa tête pour la vider de ces pensées déprimantes. Elle avait de plus en plus l'impression de voir les choses autrement et en était perturbée. Ce système pour lequel elle s'était dévouée lui révélait des facettes qu'elle n'aimait décidément plus.

– Tu veux manger avec nous ? demanda-t-il en constatant qu'ils étaient arrivés au niveau de la cafétéria. Je te vois toujours seule dans ton coin…

– Non, merci… répondit-elle mal à l'aise. C'est gentil mais je dois retourner à mon bureau.

– Ok, une autre fois ?

– Oui, une autre fois, répondit-elle en pressant nerveusement le bouton du deuxième étage.

Elle avait été touchée par l'invitation, mais pour une raison irrationnelle, avait refusé. Le « non » avait atteint ses lèvres de façon automatique, poussé par ce réflexe de survie qui la poussait à ne pas s'attacher. Ne pas se faire d'amis, pour ne pas regretter de les quitter. C'est ce qu'elle se répétait encore en arrivant à son bureau.

Paulo retrouva Nina, qui s'était déjà installée à table avec le reste de leur bande.

– Tu en as mis du temps ! Je t'ai déjà pris un sandwich.

– Merci. Désolé de t'avoir fait attendre. J'ai croisé Alexia dans le couloir…

– Elle est bizarre… très renfermée comme fille, non ?

– Non, je pense qu'elle se protège, répondit-il d'un air pensif.

Il avait remarqué l'aisance d'Alexia dans sa prise de parole. Cette petite savait de quoi elle parlait. Par contre, il y avait dans ses grands yeux une fragilité qui l'avait touché. Qu'avait donc été l'histoire de la jeune fille avant qu'elle ne se retrouve dans ces bureaux ? Pourquoi fuyait-elle ainsi le contact des autres ? Il eut envie de l'aider, sans savoir encore comment. « Je dois avoir du sang de Saint Bernard, cette envie de sauver tout le monde ! » rigola-t-il intérieurement.

– A quoi tu penses ? lui demanda Nina qui avait remarqué ses yeux rieurs.

– A cette manie que j'ai de vouloir aider les gens !

– C'est une belle qualité, dit-elle d'une voix tendre. C'est quelque chose que j'ai toujours admiré chez toi : ton grand cœur.

Elle avait caressé sa main en terminant sa phrase et il lui rendit son sourire. La situation n'était pas facile à vivre, mais ils avaient la chance d'être ensemble. Il se dit que la peine qu'il avait ressentie quelques jours auparavant avait été apaisée grâce à l'amour et la présence de Nina. Il se sentit privilégié d'avoir pu compter sur elle.

Lorsqu'il retourna à l'étage à la fin de sa pause, il s'étonna de voir Alexia sortir du bureau du C.F.O. Il s'immobilisa et l'observa. D'une voix assurée, elle salua leur supérieur en le remerciant de sa confiance. Elle referma la porte et se dirigea vers une petite salle de réunion vide. Elle y entra après avoir vérifié que personne ne l'avait vue. Paulo, intrigué, s'approcha de cette porte. Il entendit la jeune femme sangloter et ne put s'empêcher de passer sa tête. Elle se trouvait assise à une table, une plaquette de comprimés bleus devant elle et une bouteille d'eau à la main. Elle venait visiblement d'en avaler quelques-uns.

– Alexia ?

Elle sursauta et tenta de cacher ses médicaments, les mains tremblantes.

– Oui ? répondit-elle en s'essuyant les yeux.

Il entra dans la pièce.

– Ça ne va pas ?

– Si, si, ce n'est rien…

– Je peux ? demanda-t-il en désignant une chaise.

– Je t'en prie.

– Ce sont des calmants ?

Alexia força un sourire mais une larme vint la trahir en glissant sur sa joue.

– On ne peut rien te cacher, murmura-t-elle en remettant les médicaments dans son sac.

Paulo la regarda, plein d'empathie et de douceur.

– Je… j'ai des crises d'angoisse assez régulièrement, confia-t-elle.

Ne voulant pas l'interrompre, il se contenta d'opiner de la tête, pour lui montrer qu'il était à l'écoute.

– J'ai fait un burn out il n'y a pas longtemps…

– C'est très sérieux… As-tu pris le temps de te soigner ?

– Je ne sais pas, est-ce que deux mois d'arrêt maladie, ça suffit ? demanda-t-elle sur un ton ironique.

– Ça ne me parait pas très long, quand on sait dans quel état on peut se retrouver après un truc comme ça… c'est dur…

Alexia s'étonna silencieusement. Paulo semblait réellement savoir de quoi il parlait. En dehors de son médecin, c'était la première fois qu'elle était face à quelqu'un qui comprenait ce mal.

– Qu'est-ce qui s'est passé ?

– Harcèlement moral, dit-elle sèchement.

– Tu as porté plainte ?

Elle haussa les épaules.

– Figures-toi que la personne de contact en cas de harcèlement, celle qui était sensée m'écouter et transmettre ma plainte à la hiérarchie était justement celle qui me harcelait…

– Il n'y avait pas de syndicat ?

– Non, la société faisait partie d'un grand groupe international mais c'était une toute petite filiale en nombre d'employés. C'était lui, le chef. Tout le monde le trouvait brillant, gentil, respectable…

Alexia écrasa encore deux grosses larmes avant qu'elles ne coulent.

– Lorsqu'il m'a engagée, il m'a promis une belle ascension. C'était le genre de personnage qui connait du monde… alors moi… j'ai foncé ! Je voulais faire carrière. Mais petit à petit, il a essayé de me casser. Il me répétait sans arrêt que je devais être plus forte, plus agressive. Ce que je m'efforçais d'être… En fait, dit-elle en levant les yeux comme si elle regardait ses pensées, je faisais tout ce qu'il me demandait tant je voulais qu'il soit fier de moi. Pourtant, avant de le rencontrer, j'étais plutôt du genre à contredire mes supérieurs, à taper du poing sur la table et dire ce que je pensais.

Elle renifla, laissant finalement couler ses larmes. Paulo lui présenta un mouchoir.

– J'arrivais la première, souvent à sept heures et parfois je quittais le bureau à vingt-deux heures.

Paulo releva les sourcils, impressionné par tant d'investissement.

– Il me confiait de plus en plus de responsabilités. Et moi je prenais ça pour une marque de confiance… Mais souvent, il approuvait mes choix stratégiques lorsque nous n'étions qu'à deux. Puis lorsque je les présentais en réunion, il remettait tout en question devant les autres. Il me ridiculisait…

Alexia releva la tête, un peu gênée.

– Je suis désolée de tout te déballer comme ça… murmura-t-elle en se levant.

– Tu n'as pas à être désolée.

Elle l'observa en silence l'espace de quelques secondes. Il y avait quelque chose chez lui de serein, de paisible.

– Puis-je te poser une question ? demanda-t-il.

– Bien sûr, répondit-elle en se rasseyant.

– Quand tu as réalisé qu'il te malmenait… Pourquoi tu es restée ?

– Je ne sais pas vraiment. Je suppose que je me croyais assez forte pour supporter ça. Et puis, c'était super bien payé…

Il opina du chef en joignant ses mains sur la table.

– Un jour, poursuivit-elle, il m'a demandé de participer à un séminaire de trois jours à l'étranger. Apparemment, notre plus gros client avait insisté pour que je sois présente. Nous avions été présentés lors d'un diner et… Je pense que je lui avais tapé dans l'œil. Bref, quand j'ai compris que j'allais devoir partager sa chambre j'ai refusé d'y aller. Et là, les choses se sont encore empirées : il passait son temps à me rabaisser en public, à me traiter d'incapable…

– Ce type est un malade !

– Pervers narcissique…

Paulo eut l'air étonné.

– C'est ce que la psy que j'ai consulté m'a dit lorsque je me suis confié à elle… précisa-t-elle. En tous les cas, j'ai fini par craquer. Un matin, je n'ai pas réussi à sortir de mon lit. Je tremblais rien qu'à l'idée de le voir. Je n'arrivais plus à respirer, je pleurais… J'étais pétrifiée.

Alexia fixait la table qui se trouvait devant elle, le dos courbé. Elle sembla glisser lentement vers la tristesse.

– Il faut du temps pour se remettre d'une telle expérience, dit Paulo. D'après ce que j'ai déjà entendu, certaines personnes ont besoin d'une année entière, et d'autres plus… Est-ce que tu consultes encore la psychologue ?

– Non…

– Mais…

– Je ne pouvais pas rester sans travail, Paulo, dit-elle en relevant la tête, les yeux mouillés.

– Je comprends. Mais il n'y a rien de plus important que ta santé, alors si tu ne vas pas bien, il vaut mieux prendre une pause qu'avaler ces cochonneries.

– J'ai une nouvelle mission, et il est hors de question que je laisse tomber, répondit-elle sur la défensive.

– Je ne te dis pas de laisser tomber, mais de te ménager…

Elle soupira. Elle avait le sentiment que si elle s'arrêtait pour prendre soin d'elle, elle ne se relèverait pas.

– Je te remercie pour ton écoute Paulo… dit-elle en se levant.

– Je t'en prie…

Il se leva à son tour, comprenant qu'elle mettait fin à leur entretien.

Lorsque quelques semaines plus tard, il entra dans la

salle de réunion, il fut surpris d'y voir Alexia. Assise à côté de Christopher, le dos droit, elle semblait jouer un rôle tant elle était différente de celle qu'il avait rencontrée. Il la salua en lui serrant la main, comme il le fit avec les autres personnes présentes dans la pièce. Lorsque tout le monde fut installé, le C.F.O. prit la parole.

– Le premier point à l'agenda concerne les indemnités de sortie, annonça-t-il. Vous trouverez dans le document devant vous notre proposition. Il s'agit d'un package standard qui respecte les règlementations en vigueur. Les indemnités sont calculées avec la grille Claeys…

Pendant qu'il terminait ses explications, les deux syndicalistes parcouraient le dit document des yeux. En constatant que le montant était légèrement supérieur au minimum légal, Jan fut soulagé et opina de la tête. Paulo lui montra du doigt un paragraphe qui le dérangeait et lui fit comprendre qu'ils pourraient obtenir mieux.

– Avez-vous des remarques ? interrogea le C.F.O.

Paulo leva son bras. Malgré les protestations silencieuses de Jan, il prit la parole.

– Il faudrait revoir les indemnités. Je pense qu'étant donné les conditions dans lesquelles les employés vont devoir poursuivre leur travail jusqu'à leur licenciement, vous pouvez faire mieux. Et pour le calcul, notamment pour ceux qui en sont à quatre ans et demi d'ancienneté, arrondissez à cinq. On a pas mal de personnel dans cette catégorie là, ce ne serait pas juste qu'ils soient pénalisés à quelques mois près.

L'ambiance se tendit. Tous guettèrent la réaction du patron en silence. Jan lui-même, qui savait qu'ils en avaient discuté avant de venir à cette réunion ne quitta pas sa feuille des yeux en espérant que Paulo n'ait pas poussé le bouchon un peu trop loin. Il fallait encore négocier la prime, et il savait le sujet sensible. Il aurait peut-être mieux valu y aller doucement pour ne pas risquer de tout perdre.

– Je ne suis pas sûr de pouvoir faire cela, dit le C.F.O. Après tout, nous proposons également une prime de sortie conséquente. Voyez page cinq.

Paulo et Jan tournèrent les pages du document jusqu'à la page concernée, regardèrent le montant puis échangèrent un regard. Jan sembla lui dire que le montant était raisonnable.

– Nous préférons que vous augmentiez le montant de l'indemnité par année d'ancienneté comme demandé plutôt que d'y rajouter cette prime qui va être surtaxée.

Jan tira la manche de son compagnon pour lui chuchoter à l'oreille.

– Qu'est-ce que tu fous ? On en a discuté hier…

– Tu sais comme moi que s'ils font passer ça en bonus, on va perdre soixante pourcent du montant Jan !

– Nous supprimons la prime alors ? demanda Christopher.

– Non, dit précipitamment Jan. Il faut revoir les indemnités et maintenir la prime, mais ce que nous souhaitons c'est une prime à la formation, ou dite « de transition », avec d'autres modalités, une sorte d'encouragement pour les employés. C'est indispensable si vous voulez qu'ils tiennent le coup et forment leurs remplaçants.

Jan sortit un document que Paulo et lui avaient rédigé la veille avec leurs exigences et en distribua une copie au C.F.O., au directeur ainsi qu'aux deux consultants. Ils observèrent les différentes pages en diagonale et prirent quelques notes.

– Etant donné que ce point nécessite une consultation avec les Etats-Unis, je vous propose d'y revenir lors de notre prochaine réunion. Point suivant ?

– Le planning, répondit Jan. Quand est-ce que la transition va débuter ?

– Comme nous l'avons expliqué lors de notre annonce officielle, répondit Christopher, ce sont les départements finance à travers toute l'Europe qui seront réorganisés ; la France, la Grande-Bretagne, la Hollande et la Belgique. Un premier planning a été dressé et la majorité des dirigeants européens estime que nous pouvons être les premiers à sauter le pas, dès le début de l'année prochaine. Nous avons les meilleurs résultats et cela devrait…

– Ah, pour le coup, là on a des bons résultats, marmonna Paulo. Pourtant on est tous virés…

– Pardon ?

Jan donna un coup de coude à Paulo qui se racla la gorge avant de reprendre la parole.

– Nous avons une objection à passer en premier, déclara-t-il d'une voix forte. Le passage de connaissance, on sait ce que c'est, mais à cette échelle c'est sûr qu'il va y avoir des ratés. Nous avions déjà évoqué ce point lors de la première consultation.

– C'est quelque chose qui a déjà été discuté par le conseil, et…

– Eh bien il va falloir rediscuter, dit-il sèchement. Nous ne servirons pas de rat de laboratoire.

– Vous n'avez pas l'air de comprendre…

– J'ai tout à fait compris, au contraire, ricana-t-il. J'ai très bien compris qu'il s'agit de l'avenir de l'entreprise, et que c'est un passage obligé pour satisfaire nos actionnaires, etcetera, etcetera. Mais ce que vous, vous devez comprendre, dit-il en s'adressant à la direction, c'est qu'il s'agit de personnes avec des familles.

– Je le sais très bien Paulo, répondit le C.F.O. Mais la question n'est pas là…

– Non, bien sûr, la question est : comment est-ce qu'on va prouver à notre président et à ses petits amis friqués qu'on est le meilleur dirigeant d'Europe…

– Paulo… lui fit Jan en prenant son bras.

– On connait tous la vérité, alors pourquoi faire semblant ? s'exclama Paulo en dégageant son bras.

Il parcourut l'assemblée du regard, seule Alexia le fixait avec ses grands yeux tristes. Les autres faisaient mine d'étudier le document qui se trouvait devant eux.

– Je vais te donner un tuyau Christopher, ajouta-t-il d'une voix trop calme en fixant son supérieur. En ce moment tes employés sont encore sous le choc et tu n'en tireras rien de positif. Donne-leur le temps de se remettre et laisse tes supers consultants faire leurs premières erreurs. Je te garantis que tout le monde en sortira gagnant.

Christopher chipotait nerveusement son stylo. Beaucoup d'émotions le traversaient au même moment. Un orgueil de chef un peu blessé par la démonstration du syndicaliste, de la compassion pour tous ces gens à qui il s'efforçait de ne pas penser afin de pouvoir continuer à bien jouer son rôle, de la colère… envers Paulo qui avait raison, envers lui-même qui aurait dû y penser, envers ce système qui le mettait sous pression.

– Je ne suis pas non plus enthousiaste à passer en premier Paulo, je sais que ça signifie que notre département va devoir subir les maladies d'enfants, mais tous les autres dirigeants ont voté en ce sens…

– Tu as toujours prétendu te soucier des gens…

– C'est le cas !

– Alors prouve-le…

– Ce n'est pas aussi simple…

– Si tu te plies à la décision des autres C.F.O., tu sais très bien qu'on va se casser la figure…

Parmi tous ceux qui se trouvaient à table, seuls Jan et Alexia suivaient attentivement le débat entre les deux hommes. Les autres arboraient un air absent, un peu gênés par ce bras de fer. Ces deux hommes se connaissaient bien, il ne s'agissait pas là d'une discussion entre un syndicaliste et son supérieur, le ton était bien trop familier. Les consultants et directeur présents étaient mal à l'aise car la tension atteignait un niveau à peine supportable.

Jan tenta de rajouter un argument pour plaider leur cause.

– Vous affirmez vouloir replacer un maximum d'employés n'est-ce pas ?

– Oui, soupira le C.F.O.

– Alors dites-vous qu'au plus nous aurons du temps, au plus les employés auront de chances d'être replacés. Ça aura un impact évident sur leur moral, et donc sur leur efficacité.

– Fais les changer d'avis, ajouta Paulo en regardant Christopher dans les yeux.

Ils restèrent quelques longues secondes à se regarder en silence. Le C.F.O. savait bien qu'il ne fallait pas se précipiter, et au fond, il partageait l'opinion des syndicalistes. Mais il comprenait aussi les arguments des autres dirigeants. Arriverait-il à les faire revenir sur leur décision ?

5

– Bon, je vais faire mon possible, dit-il simplement en griffonnant quelques mots sur la feuille qui se trouvait devant lui.

Paulo fut soulagé. Ils avaient été entendus et il ne doutait plus que leur C.F.O. plaiderait leur cause lors du prochain conseil.

– Il y a cependant une chose sur laquelle nous ne pourrons revenir, dit Alexia. Cela concerne l'équipe du « lease management »…

Le C.F.O. se pencha vers elle et elle lui chuchota quelque chose à l'oreille. Après avoir acquiescé de la tête, il lui fit signe de poursuivre.

– Il est prévu que la gestion du parc automobile ; véhicules du personnel cadre et des commerciaux, ainsi que les camions de livraisons soit reprise par une société externe, poursuivit-elle en se levant, et le contrat a déjà été signé.

– A partir de quand ? demanda Jan la gorge serrée.

– Décembre de cette année.

Un murmure de protestation se fit entendre parmi les

participants à la réunion. Nous étions en Octobre. Une dizaine de personnes étaient concernées et Jan en faisait partie.

– Et… il n'y a pas de période de transition ? demanda-t-il d'une voix tremblante. Je veux dire, comment va s'effectuer la transmission de nos dossiers… il leur faudra quelques explications non ?

– La transmission se fera par voie électronique. Comme tous vos dossiers se trouvent sur une base de données accessible via le web, il suffira de leur donner les accès.

– Mais… bégaya Jan.

Il se rappela de ce grand projet mis en place quelques mois auparavant, ils avaient beaucoup travaillé à l'informatisation de leur base de données. C'est Alexia elle-même qui avait donné un coup d'accélérateur afin de terminer cette réorganisation. Il réalisa qu'elle avait touché à divers projets depuis son arrivée. Elle l'avait intrigué, certes, mais jamais il n'avait pensé que… Il ferma les yeux et se rappela son aisance lors de leur collaboration, c'était une vraie professionnelle de la gestion du changement. C'est lui qui n'avait rien voulu voir. Il rouvrit les yeux et la regarda comme si elle venait de retirer son masque. Elle lui avait semblé si calme, si discrète… jamais il n'aurait pensé qu'elle préparait leur sortie. Il se donna une claque sur le front et s'enfonça dans son siège. Ils s'étaient tous réjoui de cette amélioration en se disant que leurs tâches s'en étaient trouvées facilitées, ils n'avaient même pas pensé un instant que ce changement n'était qu'un prélude à la transition actuelle.

– En d'autres termes, toute l'équipe recevra son « C4 » avant la fin de l'année, et c'est non négociable, termina

Alexia en se rasseyant.

Paulo observa Alexia en essayant de retrouver la jeune femme fragile qu'il avait rencontrée auparavant, sans succès. Elle s'était fermée, le regard vide.

– Le point suivant concerne le programme de replacement, reprit Christopher. Corinne ?

– Oui, un programme de replacement sera proposé par notre agence, RPL, aux employés de plus de quarante ans. Ce programme consiste en un accompagnement ; une aide à la recherche d'emploi que ce soit en interne ou en externe, des formations si nécessaire et ce tout au long de la transition. Nous proposons des séances en groupe et d'autres individuelles…

Paulo regarda Jan afin de connaître son opinion mais ne vit rien dans ses yeux. Il semblait s'être éteint, et Paulo comprit qu'il devrait terminer cette négociation sans l'appui de son compagnon.

– Nous voulons que le programme de replacement s'applique à tous les employés impactés, quel que soit leur âge, déclara Paulo.

– Vous savez, se permit la consultante, c'est déjà une très belle offre…

– Aussi belle soit-elle, ça ne changera pas le marché de l'emploi. Aujourd'hui, même un jeune a du mal à se trouver un job. Alors il faut les aider aussi, et proposer des formations à ceux qui le désirent.

– Là, nous nous écartons de ce qui est légalement prescrit, HAFA n'a aucune obligation d'offrir cela, trancha le C.F.O.

– Exact, mais je suis certain qu'elle en a les moyens. N'oublies pas que tous ces gens que tu as renvoyés n'ont aucune obligation de rester, dit Paulo en pointant

Christopher du doigt. Il y en a quelques un que le montant des indemnités ne retiendra pas. Or ils ont des postes clés, opérationnels certes mais indispensables. Il te faut avancer d'autres arguments pour garder cette catégorie jusqu'au bout. Formation plus aide au replacement en externe.

Paulo se repositionna sur son siège, et croisa les bras en attendant une réaction. Le C.F.O. regarda les consultants qu'il avait convoqués pour obtenir leur opinion.

– C'est faisable, dit timidement l'un d'entre eux pour répondre à la question silencieuse du patron. Je referai le calcul et vous soumettrai une offre dès ce soir.

Ce dernier soupira en gardant les yeux baissés. Paulo l'observait. S'il voulait jouer le grand jeu il allait falloir en payer le prix. Paulo était bien décidé à ne pas plier. Le C.F.O., sentant son regard peser sur lui le fixa à son tour, agacé de devoir lui faire face.

– Ok, nous confirmerons ce point.

– Merci, dit Paulo en décroisant les bras.

– Et pour ce qui est du replacement en interne, est-ce que la règle énoncée lors du dernier conseil vous convient ? demanda le consultant.

Paulo tourna quelques pages du document. « Si le profil de l'employé impacté correspond à septante pourcent au poste à pourvoir et que les trente pourcent restant peuvent être acquis par une formation, l'employé impacté aura la priorité par rapport à un employé non impacté ou un candidat externe ». Cela semblait correct. Mais Paulo se dit qu'il valait mieux miser sur une nouvelle carrière en dehors de HAFA, et ce pour tous ceux qui étaient impactés.

– Oui, c'est bon, dit-il en relevant doucement la tête.

– Très bien, conclut le C.F.O. en se levant. J'ai un « conference call » avec les Etats-Unis demain soir, donc je serai en mesure de confirmer tous les points en suspens lundi prochain. Mon assistante vous enverra le memo ainsi que l'invitation à la prochaine réunion. Merci à tous.

Chacun rassembla ses notes et quitta lentement la pièce. Jan sortit avec une allure de somnambule, le regard vide. Paulo voulut le suivre mais en remarquant qu'Alexia restait seule dans la pièce, il se dit qu'il le rejoindrait plus tard.

Alexia se trouvait devant la fenêtre et observait ses mains tremblantes en tentant de les raisonner. Bien qu'elle n'avait rien laissé paraître, elle avait eu des palpitations tout au long de la réunion.

– Pourquoi tu ne m'a pas dit que tu travaillais pour Christopher ?

Elle se retourna et vit Paulo assis à la table. Il avait refermé la porte derrière le dernier sortant et s'était remis à sa place. Pendant quelques minutes, il avait observé la jeune femme qui lui tournait le dos en se demandant si c'était la colère ou la déception qu'elle lui inspirait. Lorsqu'elle lui fit face, il remarqua ses yeux mouillés et vit qu'elle se tordait les mains.

– Pourquoi te l'aurais-je dit ? Est-ce que je te dois un rapport d'activités à toi aussi ? demanda-t-elle en faignant l'arrogance. Elle s'approcha de la table et commença à rassembler ses affaires.

– Je me trompe rarement sur les gens, murmura-t-il en se levant, je pensais que tu…

– Eh bien comme quoi tout arrive… dit-elle en posant nerveusement son sac sur la table.

– Est-ce que tu pourrais me regarder dans les yeux et

me dire que la femme qui était assise ce matin à cette table, c'était vraiment toi ?

Alexia s'immobilisa. Cette femme dont il parlait, cette consultante au sang-froid… elle n'avait plus rien à voir avec elle.

– Est-ce que c'est pour ça que tu as été engagée ? depuis le début ?

Elle passa nerveusement ses mains dans ses cheveux en fixant la table. Elle n'aurait pas su soutenir son regard. Elle n'aurait pas pu lui mentir.

– L'agence ne m'avait pas dit… Au départ je devais simplement renforcer l'équipe d'Ingrid et ensuite ils m'ont mis sur différents projets… Et puis… quand il y a eu l'annonce… Enfin bref, ils m'ont fait une offre…

– Mais pourquoi toi ? Tu es analyste… pourquoi…

– Parce que c'est ce que suis Paulo ! Ça fait plus de cinq ans que le fais…

– Tu n'étais pas une intérimaire alors ?

– Non, je suis consultante. Et ma spécialité… enfin les analyses que je fournis… disons qu'elle ne tiennent en compte que la santé financière de l'entreprise. L'optimisation, ricana-t-elle. C'est ça ma spécialité. J'ai contribué au licenciement de beaucoup de gens… et de cette façon j'ai réussi à faire gagner des millions à trois gros clients et c'est ce que HAFA attend de moi alors je le fais.

Il était sous le choc. Lorsqu'il l'avait écouté se confier la première fois, il l'avait comprise, avait eu mal au cœur pour elle. Tout cela était-il un mensonge ?

– Alors quoi, tu m'as menti pour que je ne me doute de rien ?

– Bien sûr que non…

Elle porta ses mains à son visage et il vit qu'elle tremblait.

– A aucun moment je ne t'ai menti… Mais je dois faire mon travail. J'ai essayé d'en changer, mais c'est ce qu'on attend de moi.

– Et pour ne pas décevoir qui que ce soit, tu es prête à aller contre ce en quoi tu crois ?

Elle prit ses affaires et les enfourna dans son sac.

– J'ai besoin d'argent Paulo…

– Au point de bousiller ta santé ? Tu connais ces symptômes, ne fais pas semblant de ne rien voir…

– Ça suffit ! cria-t-elle en se levant.

Elle se dirigea vers la porte d'un pas rapide mais il retint son bras lorsqu'elle fut à sa hauteur. Elle le regarda, les yeux pleins de larmes.

– Tu ne peux pas sauver tout le monde, murmura-t-elle en se dégageant de son emprise.

Il la lâcha et fit un pas en arrière, touché par ses mots. Il avait senti sa souffrance au plus profond de lui-même, et son regard avait été comme une décharge électrique. Il ne lui en voulait plus. Il savait qu'elle agissait contre sa nature, et qu'elle n'était pas guérie. Il savait qu'elle se mettait en danger. Mais elle venait de lui faire comprendre qu'elle ne voulait ni de son aide ni de sa compassion.

*

* *

Après avoir garé sa voiture dans le parking « visiteurs » de HAFA, une femme s'apprêtait à ouvrir sa portière mais interrompit son geste. C'était un matin de novembre pluvieux. Le souvenir de sa réunion de la veille lui était soudain revenu en mémoire, troublant. Elle posa ses mains sur ses tempes et les massa, comme pour diluer cette mauvaise sensation. Chaque séance était différente, et il était impossible de prédire comment les choses se passeraient. Elle passa ses mains dans ses cheveux, dérangeant sa mèche et s'adossa contre son siège. Cette femme, prénommée Corinne, ferma les yeux et inspira profondément, puis souffla. Elle se laissa emporter par ce souvenir.

A peine entrée dans la pièce où les employés d'une grande banque belge l'attendaient, elle avait senti un poids lui tirer les épaules vers le bas. L'atmosphère était lourde, tendue. Ils discutaient entre eux, leurs visages étaient fermés, leurs traits tirés. Elle avait remarqué que certains avaient pleuré et avait compris que cette séance serait difficile.

– Je ne comprends pas leur décision, avait dit le premier jeune homme à qui elle avait donné la parole. Je connais leurs chiffres et rien ne justifie le licenciement de septante personnes.

Après le tour de présentation, Corinne avait commencé à noter des choses sur le tableau blanc, mais en se retournant elle avait réalisé qu'aucun d'entre eux n'était attentif. Ils regardaient tous ailleurs et certains continuaient à parler entre eux.

– Jamais je n'aurais pensé que la banque nous ferait ça… avait murmuré une dame de la quarantaine en sanglotant. Et j'ai un prêt à rembourser, je vis seule avec mes deux enfants, je ne sais pas comment je vais faire…

– Et encore si ce n'était que ça ! avait dit un homme assez mur qui portait la moustache. Non seulement ils nous foutent à la porte, mais en plus ils nous torturent.

Corinne s'était rapprochée du petit groupe qui parlait.

– Vous avez vu ce qu'ils ont organisé dans le hall de la gare ?

– Jean… lui dit la dame en faisant signe de parler moins fort.

– Quoi ? Tu trouves ça normal peut-être ? lui avait-il craché en se levant de sa chaise.

– Monsieur, asseyez-vous s'il vous plait, avait tenté Corinne.

– Pourquoi tu fais ça ? c'est inutile ! avait clamé le jeune homme. Et Yvonne n'y est pour rien. On est virés, point. Il faut que tu t'y fasses.

– Toi ta gueule, le fayot !

– Tu vas te calmer oui ? avait crié le jeune homme en s'approchant nerveusement de lui. Vas passer tes nerfs ailleurs si t'as un problème !

Ils se trouvaient face à face, le visage à quelques centimètres l'un de l'autre et semblaient prêts à se battre. La dame avait eu un mouvement de recul et s'était remis à pleurer de plus belle.

Corinne avait senti son cœur battre de plus en plus fort. Il y avait là dix personnes plus exaltées les unes que les autres. Impossible d'aborder la réunion telle qu'elle était prévue. Il lui avait fallu vite reprendre le contrôle avant que la situation ne lui échappe.

– Je vois que vous êtes très affectés par la situation et je le comprends, avait-elle dit d'une voix douce et presque inaudible.

Le groupe de personnes qui avait commencé un débat s'était arrêté pour l'écouter.

– Ce qui vous arrive n'est pas facile, avait-elle poursuivi. Ce qu'on ressent lors de la perte d'un emploi est comparable à la perte d'un être cher, il y a tout un travail à faire pour aller mieux. Je suis là pour vous aider à faire ce travail.

Ils avaient opiné de la tête en silence. Sauf un.

– C'est inhumain ce qu'ils nous ont fait ! Il n'y a pas d'autres mots ! avait crié le moustachu.

– Je ne peux pas changer la situation, avait dit Corinne en s'efforçant de parler doucement et de garder son calme. Mais je peux vous écouter, prendre note et m'engager à transmettre vos plaintes à vos supérieurs.

L'homme à la moustache s'était rassis, les sourcils froncés. Il y avait eu quelques secondes de silence, puis il avait repris la parole.

– Ce matin, la plupart d'entre nous est passé par le hall de la gare comme nous venons travailler en train, raconta-t-il plus calmement. Et ce que nous avons vu nous a mis en rogne.

Il avait pris une grande inspiration et regardé ses collègues avant de poursuivre.

– Il y avait là un cheval mécanique de rodéo, et des hôtesses proposaient aux passants de l'essayer. Si les participants tombaient, ils étaient remerciés. Et ceux qui arrivaient à tenir sur le cheval sans tomber pendant une minute… on leur proposait de postuler pour un job.

Son visage s'était assombri et Corinne avait pu lire toute la rage ressentie à cet instant, dans ce hall de gare habituellement si anodin.

– Je me suis rapproché par curiosité, et c'est là que j'ai vu que la société qui organisait cette séance de recrutement… eh bien c'était notre banque. Celle qui vient de nous licencier…

Il avait dû s'arrêter, sa voix s'encombrant de sanglots. Il avait baissé la tête et soupiré lourdement. Corinne s'était mis à noter frénétiquement ce qu'elle venait d'entendre, cachant derrière sa mèche de cheveux ses yeux embués de larmes. Elle avait compris et partageait la colère et l'indignation de ces employés. Déjà qu'ils se sentaient dévalorisés par leur licenciement, cette campagne de recrutement leur donnait le message que non seulement on ne voulait plus d'eux, mais qu'il était clair que ce n'était pas une question de budget puisqu'ils engageaient de nouvelles personnes. Face à tant d'émotions, elle avait proposé au groupe des entretiens individuels. Afin qu'ils parlent, qu'ils racontent ce qu'ils avaient sur le cœur, avant de pouvoir commencer le travail de deuil.

Assise dans sa voiture, Corinne avait mal au ventre. Quelques minutes plus tard débuterait sa première séance chez HAFA et elle la redoutait. Elle frottait ses mains moites sur son pantalon en priant que tout se passe bien. Elle le savait, il ne fallait pas espérer débuter le travail dès la première rencontre. Elle devait avant tout les écouter. Après avoir pris une grande inspiration, elle sortit de la voiture et entra dans le bâtiment.

Au milieu de la matinée, les quelques francophones du plateau se levèrent pour se rendre au workshop auquel ils avaient été conviés par les ressources humaines. Paulo passa près du bureau de Joana et lui fit comprendre par un geste que l'heure était arrivée. Lorsque Joana se leva, elle fut interpellée par Ingrid.

– Où allez-vous ? demanda-t-elle de façon hargneuse.

– Au workshop de réorientation professionnelle, murmura Joana.

– Pourquoi ?

– Parce que nous y avons droit, c'est offert par la société ! répondit Paulo sur un ton sec. A toute à l'heure, ajouta-t-il en s'éloignant avec ses collègues.

Ingrid haussa les épaules et replongea sur son écran.

Sans trop savoir à quoi s'attendre, ils se rendirent dans la salle de réunion où ils avaient été conviés. Une dame que personne ne connaissait se tenait debout près de la porte. Elle salua poliment les employés un à un, les invita à prendre place et à inscrire leur nom sur les cartons qui se trouvaient sur les tables. Nina s'assied à côté de Marc.

– Qu'est-ce qui t'est arrivé ? demanda-t-elle, intriguée par le bandage qu'il portait à la main gauche.

– J'ai cassé un verre.

– Comment ça ?

– Eh bien… j'étais énervé et j'ai serré le verre un peu trop fort, murmura-t-il en baissant la tête. Il s'est brisé dans ma main.

– Marc… soupira-t-elle en posant sa main sur son avant-bras.

Lorsque tout le monde fut assis, la dame prit la parole :

– Bonjour à tous ! Je vous propose de démarrer par les présentations. Je commence : mon nom est Corinne. J'ai trente-six ans, je suis consultante pour l'agence R.P.L. et je vais vous aider dans le cadre de votre replacement. Je travaille pour cette agence depuis maintenant cinq ans, avant quoi j'étais consultante indépendante en ressources humaines pendant six ans. Je sais que c'est un moment difficile pour vous, et je suis là pour vous aider à passer le cap. Nous travaillerons ensemble sur votre avenir professionnel. Aussi je vous demanderai de me préciser si vous souhaitez être replacé en interne ou externe.

Elle regarda l'assemblée pour voir si quelqu'un voulait prendre la parole, mais personne ne le fit. Elle finit par désigner l'homme situé à la première table à sa gauche, et l'invita à se présenter.

– Bonjour, je m’appelle David. Je travaille pour HAFA depuis dix-huit ans. C’est la troisième restructuration que je vis au sein de cette société, dit-il d’un air blasé en grattant sa barbe naissante et négligée. Je dois dire que j’en ai un peu marre. Je ne veux pas être replacé en interne. J’ai vraiment l’impression que ça ne ferait que reporter mon départ d’un ou deux ans, jusqu’à la prochaine réorganisation.

– Merci David, dit doucement Corinne, troublée par la rougeur de ses yeux. Marc ? interrogea-t-elle en s’adressant au suivant dans l’ordre des aiguilles d’une montre.

– Oui ? fit-il d’un air distrait.

Marc avait les traits marqués. Il semblait épuisé.

– Peux-tu te présenter ?

– Oui, pardon. Comme c’est écrit sur le carton, je m’appelle Marc. Je travaille pour HAFA depuis dix-sept ans. Personnellement c’est la deuxième restructuration pour moi. La première fois seule une partie de mon travail avait été délocalisée, donc je ne l’ai pas vécu de la même manière… Aujourd’hui…

Il s’arrêta et inspira profondément en regardant le plafond comme s’il voulait empêcher des larmes de couler. L’assemblée fut touchée par son émotion et chacun détourna le regard.

– Aujourd’hui… poursuivit-il, la voix tremblante, je suis complètement perdu. J’ai cinquante-deux ans et je crains que personne ne veuille m’engager à mon âge.

– Je comprends votre sentiment, commenta Corinne. C’est normal. Mais ce qu’il faut vous dire, ajouta-t-elle en regardant l’assemblée, c’est que votre âge représente aussi une belle expérience. C’est un atout grâce auquel vous pourrez vous vendre lorsque vous vous présenterez chez un nouvel employeur. Pas un handicap.

– Oui, peut-être… répondit-il sans conviction.

– On va travailler sur ça Marc, ne vous inquiétez pas.

Il se tourna vers sa voisine de gauche et lui sourit faiblement pour lui passer la parole.

– Je m'appelle Nina, j'ai trente-huit ans. Je travaille pour HAFA depuis quatre ans et demi. Je suis profondément révoltée contre mon employeur, déclara-t-elle en posant le point sur la table. Puis, d'une voix plus faible : je suis aussi pleine d'incertitudes. Mais il est hors de question que je reste.

– Merci Nina, dit Corinne. Paulo ?

– Moi c'est Paulo, j'ai quarante-deux ans. Cela fait vingt-quatre ans que je travaille ici…

L'assemblée entière opina de la tête en signe d'admiration. « Vingt-quatre ans ». Tout le monde le connaissait. Toujours souriant, à l'écoute, il avait été très actif pendant ces derniers mois et inspirait la reconnaissance.

– … J'ai commencé à l'usine, avec un petit diplôme de section professionnelle informatique, poursuivit-il. Je suis passé d'un projet à l'autre, j'ai suivi une formation pour travailler dans les bureaux, j'ai réussi. Ensuite c'est moi qui ai donné des formations aux autres, dit-il d'un air pensif. Une vraie carrière à l'américaine. Je ne serais jamais arrivé à mon poste actuel dans une autre boite…

– Paulo, s'exclama Nina, c'est toi qui a saisi les opportunités ! Je veux dire… t'as travaillé pour ! La boite ne t'a jamais fait de cadeau. Aujourd'hui t'as vu le résultat ?

– Je comprends la révolte de Nina, dit-il en posant sa main sur la sienne. Il baissa les yeux et prit une longue inspiration avant de poursuivre : Je la partage en partie parce qu'il est vrai que HAFA est une société qui se porte bien, et que la seule raison qui justifie cette opération… eh bien c'est le profit, toujours plus de profit. Mais je comprends aussi leur décision…

– Quoi ? l'interrompit-elle, énervée en retirant sa main. Tu ne vas pas me dire que tu cautionne ce genre de chose. Ils se foutent complètement de nous ! Ils passent leur temps à dire qu'ils placent le bien-être de leurs employés avant tout… Quand je pense à tous ces gens qui ont sacrifié des soirées, parfois des weekends parce qu'ils devaient voyager au nom de la société… Et voilà comment on les remercie ?

– Nina, calme toi…

– Non, Paulo !

– Ecoute, t'énerver ne sert à rien. Il faut voir les choses en face, poursuivit-il en s'adressant à tous. C'est ça le monde d'aujourd'hui ! Les sociétés doivent réagir rapidement…

Corinne le laissa parler, et l'écoutait attentivement, impressionnée par son charisme.

– Si une société ne réduit pas ses coûts, elle se fait dépasser par son concurrent qui lui, l'aura fait. Et si elle est moins performante, elle risque de toute façon de devoir renvoyer du monde.

– Paulo a raison, intervint Corinne, et toi aussi Nina. Le monde du travail est en pleine mutation, nous aurons l'occasion d'y revenir plus longuement.

– Donc vous trouvez ça normal ? demanda Nina en fixant Corinne de ses grands yeux sombres. Qu'on soit considérés comme des numéros qu'on remplace aussi facilement ?

– Je ne dis pas que c'est « normal ». Mais si l'on veut

approcher le marché du travail de manière efficace, il faut être conscient qu'il a fort changé, dit-elle en se plaçant au debout au milieu d'eux. Il y a quinze ou vingt ans, on entrait dans l'entreprise avec un contrat à durée indéterminée, et on pouvait être tranquille. La plupart des gens faisaient toute leur carrière chez le même employeur. Aujourd'hui ce n'est plus le cas, la notion de « durée indéterminée » est à revoir. Le climat étant de plus en plus incertain, on constate que les sociétés veulent de moins en moins se lier. Elles veulent être flexibles et capable de réagir rapidement. Elles attendent la même chose de leurs employés. Si vous voulez pouvoir vous replacer sur le marché, il y a un mot clé : l'adaptation.

Un silence se fit dans la salle. Ce dernier mot avait été comme une révélation. Jusqu'à l'annonce, ils pensaient être en sécurité, avaient des projets et ne pensaient plus au monde du travail. Ils réalisèrent qu'ils allaient devoir reprendre contact avec ce dernier, apparemment devenu hostile.

– Paulo, je ne t'ai pas demandé si tu souhaites un replacement en interne ou externe ?

– Externe, je ne pourrais plus m'investir ici. Trop de déception.

– Je comprends, répondit Corinne, et j'en prends note.

Elle donna la parole à la voisine de Paulo. Avec ses cheveux noirs coupés au carré, et son tailleur, elle aurait pu avoir l'air d'une femme d'affaire sure d'elle, mais elle était tout le contraire. Discrète et silencieuse depuis le début de la réunion, son regard fuyant trahissait un terrible manque de confiance en elle.

– Je m'appelle Joana. Je suis venue de Roumanie il y a déjà seize ans. J'ai étudié à l'université là-bas. Je suis ingénieur en économie. Mais mes diplômes n'étaient pas reconnus en Belgique et je ne parlais pas bien français à l'époque. Alors j'ai commencé par faire des ménages, pour me payer des cours du soir, j'ai tout recommencé à zéro.

– Tu as repris des études ici ?

– Oui, j'ai fait la comptabilité.

Corinne fit de son mieux pour cacher son étonnement. Cette femme avait dû faire huit ans d'études au total et effectuait aujourd'hui un travail en dessous de ses compétences.

– C'est vrai que quand j'ai appris que je perdais mon emploi j'ai eu un choc, poursuivit Joana. J'ai eu peur de ne pas retrouver un autre travail, je me suis rappelée comme ça avait été difficile pour moi avant que HAFA ne me donne ma chance…

– Joana, intervint Paulo, tu as un cv génial, tout ce qu'il faut c'est que tu croies en toi. Je suis persuadé que tu pourrais avoir un poste plus élevé que ce que tu as aujourd'hui…

– Non, je ne pense pas… mais merci quand même.

Ils sourirent, Joana était le genre de personne à qui on pouvait toujours poser une question ou demander un coup de main, elle était toujours disponible. Et bien que toute l'équipe ait remarqué son potentiel, elle n'avait jamais osé postuler à des postes dignes de ses connaissances.

– Ceci dit, poursuivit-elle de sa petite voix douce, après tout ce que j'ai traversé, je pense que je vais y arriver. Il ne faut pas avoir peur, dit-elle en regardant les autres. Il faut être positif. Moi je veux rester positive.

– Merci, dit Corinne. Très beau message. Et félicitations pour ton parcours.

– Et pour le replacement ?

– Je ne sais pas encore… répondit-elle timidement.

Corinne dessina un schéma sur le tableau blanc, avec pour titre : Gestion du changement. Elle s'appuya ensuite sur une des tables.

– Lorsqu'on perd son emploi, ce que l'on ressent est comparable à la perte d'un être cher. On se sent abandonné, et on ressent une grande incompréhension. Ce sentiment est d'autant plus fort que le sentiment d'appartenance à la société était grand. C'est le cas dans des grandes compagnies américaines comme HAFA car leur stratégie est axée sur le sentiment d'appartenance à une grande famille. Ces sociétés font un véritable lavage de cerveau à leurs employés pour obtenir leur dévotion. Et ça marche.

– C'est vrai, murmura David, ils ont tout fait pour qu'on ait envie de s'investir. Qu'on ait le sentiment d'être important.

– En effet, poursuivit Corinne, il y avait autour de vous une véritable campagne de marketing interne.

– A propos de marketing, dit Nina. Il y a quelque chose que je trouve particulièrement difficile, c'est de voir le logo de HAFA partout. Dans la rue, à la télévision, au restaurant… Et si ce n'est pas ça, ce sont les gens qui en parlent. Ils aiment tous le Hafa-cola, et si vous essayez de leur expliquer ce qui se passe à l'intérieur de la société, ils refusent d'y croire. Ils veulent rester accrochés à cette image de…

– L'image de la « Happy Factory », compléta Paulo…

– Oui c'est ça…

– C'est leur dernière campagne en effet, poursuivit Corinne, et je me rappelle qu'ils avaient publié des images de l'intérieur des bureaux il n'y a pas si longtemps. Un reportage qui renvoyait une image très positive de leur politique interne. En parallèle avec leur message publicitaire de leur boisson phare, c'était un coup de génie.

– Comme si leurs colas contenaient du bonheur en bouteille…

– Exactement ! ponctua Corinne. Partout où vous allez, quelque chose ou quelqu'un vous rappelle HAFA, et c'est difficile à supporter.

– Ce que vous essayez de nous expliquer, c'est pourquoi nos sentiments sont aussi à vifs ?

– C'est bien cela. Au plus vite vous comprendrez ce que vous ressentez, au plus vite vous pourrez passer à autre chose, dit-elle en se levant. Vous allez devoir effectuer un travail de deuil.

Le mot prononcé par Corinne résonna dans les esprits des participants. Le terme n'était pas exagéré. Ils sentaient au fond de leur cœur autant de tristesse que lors d'un décès, et certains, comme Marc avaient l'impression que c'était de leur propre mort qu'il s'agissait. Corinne s'approcha du tableau blanc et commença son exposé.

– Lors d'un grand changement, on passe par différentes phases, différents stades d'émotions qui sont représentées ici sur ce schéma d'Elizabeth Kübler-Ross : Le cycle du deuil.

La première phase par laquelle on passe lorsque survient un changement comme une perte est le déni ; l'individu se dit que tout va bien et agit comme si il ne s'était rien passé. Il ne réalise pas qu'il est dans le déni.

Ensuite, arrive une phase de colère ; l'individu se demande « pourquoi moi ? », et se révolte contre la situation qu'il trouve injuste. Il peut aussi être fâché contre lui-même. Il est sous le choc. Dans cette phase, il faut s'exprimer, se libérer.

La troisième phase est celle de la dépression. L'individu se résigne, il se dit « A quoi bon continuer ? Il n'y a rien à faire ». Il se rend compte qu'il n'est pas apte à supporter le changement et les émotions négatives prennent le dessus. Acceptez ce coup de mou si vous passez par là, vous avez le droit de vous sentir mal. Demandez de l'aide autour de vous. Je suis moi-même disponible si vous avez besoin d'en parler. Et si vous avez des collègues dans cette phase, accompagnez-les.

En quatrième phase, on trouve le marchandage. L'individu fait du chantage, revient en arrière en pensant qu'il va diminuer les pertes. Ce qu'il essaye de faire inconsciemment, c'est de ne pas ressentir la douleur de la perte. Or accomplir le travail de deuil, c'est justement accepter la perte qu'on a subie. Aussi douloureuse soit-elle.

C'est là la dernière étape : l'acceptation. L'individu accepte le changement et se dit que ça va aller. Il fait face aux évènements.

Pendant qu'ils écoutaient religieusement l'exposé, chacun essayait de repérer dans quelle phase il se trouvait. Paulo se rappela le comportement insensé de tous ces employés qui lui en avaient voulu lors de la manifestation. Ils agissaient comme si ils avaient peur de perdre leur emploi alors que c'était déjà le cas. C'était surement cela le déni. Nina, elle, était clairement en colère, et Marc semblait déjà en dépression. Quant à lui-même, il n'en était pas sûr. Il ne lui semblait pas encore être passé par ces phases, avait-il déjà accepté ce grand changement ? Ou était-il encore en train de se convaincre que tout allait bien ? Un coup de coude de Nina le sortit de ses pensées.

– Tu viens ?

– C'est fini ? demanda-t-il, étonné.

– Oui, rit Nina.

Paulo remarqua qu'à part Corinne, ils étaient les derniers encore dans la pièce. En passant près d'elle, il tint à lui serrer la main.

– Merci, lui dit-il. Je pense que ça a fait du bien à tout le monde de pouvoir s'exprimer aujourd'hui.

– De rien, répondit Corinne. Je sais ce que c'est. Mon mari s'est fait renvoyé par HAFA il y a quatre ans, alors...

– La restructuration du département informatique ?

– Oui, quand ils ont transmis le travail en Inde...

– Je m'en rappelle.

– Ça n'a pas été facile...

– Et il va bien ?

– Très bien, il a retrouvé un poste d'informaticien dans une petite société et est très content de ne plus rien à voir avec HAFA ! rit-elle.

– Tant mieux, dit-il d'un air à la fois soulagé et soucieux.

– Vous verrez, vous en ressortirez gagnants, murmura Corinne en comprenant son inquiétude. On va vous donner tous les outils pour ça.

Sa voix calme et son sourire léger avaient réussi à apaiser Paulo. Il acquiesça de la tête, soupira et s'éloigna.

C'était un jeudi, à la fin du mois de novembre, et la deuxième séance d'accompagnement du groupe de francophones venait de débuter. Les participants affichaient une petite mine, au moins aussi grise que le ciel. Cependant, ils étaient ravis d'être là et non assis à leur bureau.

– Vous avez tous reçu une invitation pour faire un test de personnalité en ligne sur notre site internet, je vous remercie d'avoir joué le jeu. Cela nous indiquera vers quelle profession vous pourriez vous diriger. Puisque vous devez aujourd'hui changer, autant que ce soit pour un poste qui vous convienne. Nous allons découvrir les résultats aujourd'hui.

– C'était long, fit remarquer Nina. Et les questions n'avaient ni queue ni tête…

– La raison pour laquelle vous ne voyiez pas où le test voulait en venir, c'est que le test parle à votre inconscient. L'idée c'est que sans vous en rendre compte, vous révéliez ce qui vous intéresse réellement dans un job, qui vous êtes, et quel environnement de travail vous convient le mieux.

Une jeune fille qui arriva en retard l'interrompit en entrant discrètement.

– Excusez-moi, dit-elle doucement. Je m'étais trompée de salle.

– Carole ? Qu'est-ce que tu fais là ? lui demanda Marc, surpris. Tu n'es pas impactée quand même…

– Si, maintenant je le suis, répondit-elle en s'asseyant à côté de lui.

– Mais enfin… c'est quoi cette histoire ?

– J'ai changé de poste, et maintenant je suis renvoyée moi aussi.

Corinne, qui avait été prévenue de l'ajout d'une nouvelle participante continua la séance en dessinant un diagramme au tableau.

– Tu es renvoyée ? Mais tu ne faisais pas partie du département finance… Ne me dis pas que…

– Si, j'ai échangé mon poste avec Sofie. Du coup elle reste.

Incrédule, Marc secoua la tête. Corinne les rappela à l'ordre en demandant le silence.

– La fois passée, nous avions partagé sur la difficulté à accepter la nouvelle. Comment est-ce que vous vous sentez aujourd'hui ? Marc ?

– Moi personnellement je n'ai pas encore avalé la pilule… j'ai vraiment du mal à me lever le matin et à venir au bureau.

– Je crois que c'est encore difficile pour tout le monde, dit Carole. On est sous le choc…

– Qu'est-ce que tu peux en savoir toi ? demanda Nina pleine de méfiance. Tu ne peux pas comprendre ce que ça nous a nous a fait !

– Bien sûr que si, je peux comprendre, se défendit Carole. Tu penses que la restructuration est moins difficile pour ceux qui restent ?

– Bien sûr que c'est plus facile ! cria Nina en levant les bras au ciel.

– Tu te trompes ! reprit la petite qui ne se laissait pas démonter. Tous mes collègues s'en vont la semaine prochaine. J'ai des amis parmi eux, et parmi vous aussi… Alors si tu crois que ça me fait plaisir de rester dans des conditions pareilles, si tu crois que c'est gai de vous voir partir et qu'on est content de continuer à travailler ici… tu as tout faux.

– Mesdames, calmez-vous, s'il vous plait. Nous sommes là pour discuter et partager, c'est vrai, mais pas pour nous agresser. Quel est le sujet de cette dispute ?

– Je pense qu'on a du mal à comprendre la jeune fille ici présente qui n'était pas impactée et qui a choisi de l'être, dit Marc.

– Tu as demandé à être renvoyée ?

– En quelque sorte, répondit-elle un peu gênée suite à l'accueil qui lui avait été réservé. Suite à la dernière réorganisation, je suis devenue assistante du « fleet », et ils sont tous virés sauf moi. Tout ça parce que mon contrat de base a été signé dans le département marketing… Alors, même si dans les faits je travaillais avec eux, je ne faisais pas officiellement partie de leur équipe.

– Je vois, ponctua Corinne.

– Je pense qu'ils auraient préféré que je parte de moi-même… en me demandant d'être assistante dans un département fantôme… j'allais me tourner les pouces toute la journée…

– C'est vrai que c'est une pratique malheureusement courante dans les entreprises ; mettre des gens sur des voies de garage et attendre qu'ils craquent et démissionnent…

– Comme Tom, chuchota Paulo.

– Vous dites ?

– On a un collègue, enfin, notre ancien manager… Il a été démis de sa fonction il y a quelques années, soi-disant pour travailler sur un projet. Mais il ne peut rien faire, il y a toujours quelque chose ou quelqu'un qui le bloque. Le pauvre… mais il a tenu le coup. Et il doit encore tenir un an…

– C'est horrible, lâcha Carole. Alors vous comprenez pourquoi j'ai demandé à être licenciée avec vous ?

– Etonnant, chuchota Marc, incrédule. Très étonnant.

– Et bien ma foi, dit Corinne, tant mieux pour toi si tu as pu entrer dans le plan social. Je pense que tu as bien fait de négocier. Je comprends que vous soyez encore émotionnels. Vous êtes encore sous le choc. Voulez-vous en parlez ?

– On est tous un peu sur les nerfs… dit Paulo. Il y a la nouvelle qui a du mal à passer, l'équipe du fleet qui s'en va dans quelques jours et par-dessus le marché, il y a nos supérieurs qui voudraient nous donner du travail en plus.

Corinne s'assied et prit un stylo afin de prendre des notes.

– Ecoutez, je ne peux pas changer les choses, mais si vous le souhaitez je peux noter vos plaintes et les transmettre à votre management, dit-elle.

Elle laissa quelques secondes de silence s'écouler.

– Vous disiez avoir reçu du travail supplémentaire ?

– On nous a demandé d'effectuer des changements dans plusieurs rapports, alors qu'ils sont très complets et rien ne justifie les modifications qu'ils demandent, soupira Nina.

– Enfin… si, intervint Paulo, les modifications permettront à nos successeurs bulgares de moins réfléchir. En gros, ils veulent qu'on leur mâche le travail. Mais nous, ça nous demandera des heures supplémentaires et ça il n'en est pas question.

– Il est évident que le moment est mal choisi pour vous demander une telle chose commenta Corinne.

– Ce qu'on ressent aussi, c'est le décalage entre ceux qui veulent rester, nos managers, qui font tout pour marquer des points auprès de la direction et nous autres. Eux, ils sont motivés. Sans doute parce qu'on leur a promis un autre poste en interne, mais ils oublient que nous, on a strictement rien à gagner à ce petit jeu de frotte manche, ajouta-t-il.

– Vous pensez que certains managers sont assurés d'être replacés ?

– Bien sûr, ça se sent, ils n'agiraient pas comme ça

sinon. Je suis certain qu'ils ont été contactés de façon officieuse. Il y a une liste de ceux qui vont rester.

– Vous savez, Paulo, des règles ont été établies pour le replacement en interne, en fonction des compétences, il n'y a pas de liste pré-établie.

– Oui, ça c'est la version officielle… Mais on en reparlera dans quelques mois.

Corinne comprit qu'il était inutile d'essayer de convaincre Paulo. Elle remarqua l'air absent des participants et se dit qu'ils n'étaient plus concentrés. Elle décida de recentrer la séance et prit un paquet de feuilles dans sa valisette.

– Bon, avant de nous quitter, voici les résultats de votre test.

Elle déposa un document devant chaque participant.

– Ce test révèle ce que l'inconscient des participants recèle. En croisant leurs aptitudes, le milieu dans lequel ils se sentiraient à l'aise, les situations dans lesquelles ils sont le plus efficace et les choses qu'ils aiment faire. En tête de liste se trouve le métier qui vous convient le mieux.

– Joana, est-ce que tu veux partager ton résultat ?

– Oui, je veux bien : comptable, répondit-elle en riant.

– C'est ta fonction actuelle n'est-ce pas ?

– Exact…

Choqué par le résultat de son test, Paulo n'écoutait plus ce dont le groupe parlait. Il venait de lire, écrit noir sur blanc et en tête de liste, le nom d'un métier dont il avait rêvé à dix-huit ans. Un métier qu'il n'avait pas osé entreprendre. Il eut soudain trop chaud. Il n'entendait plus ce qui se passait autour de lui. La seule voix qui lui parvenait était une voix nasillarde imaginaire, un éclat de rire moqueur qui lui disait qu'il n'était pas à sa place. Il se leva et chiffonna le papier que Corinne lui avait rendu puis quitta la pièce.

– Excusez-moi, dit-il d'une voix faible. Je ne me sens pas très bien.

Son départ créa un court silence. Puis la discussion reprit de plus belle, le groupe étant enchanté par l'activité du jour. Des sentiments opposés s'emparèrent de lui. D'une part il se dit que finalement, il se connaissait assez bien à l'époque où il avait été attiré par ce métier. De l'autre, il se demanda ce qu'il avait fait de sa vie jusqu'ici puisqu'il n'avait pas suivi sa vocation. S'était-il trompé depuis le début ? « Des choix », pensa-t-il. « J'ai fait des choix, et on ne peut pas revenir en arrière ».

Une fois qu'ils étaient tous partis, Corinne ramassa le papier que Paulo avait jeté à terre. Elle le déplia doucement et regarda le résultat du test : « Instituteur » était écrit en haut de la liste. Elle sourit. Elle comprenait le trouble qui avait touché le syndicaliste. Ce métier était si différent de sa fonction actuelle. Elle avait déjà observé ce type de rejet suite au test. Ce morceau de papier montrait une vérité, parfois difficile à accepter.

*

* *

Ce matin-là, Paulo avait le cœur lourd. A l'heure où la majorité des gens se préoccupaient d'organiser leurs fêtes de fin d'année, d'autres allaient perdre leur emploi avec effet immédiat. Il avait eu l'air absent depuis le petit déjeuner, et Nina n'avait pas cherché à l'interrompre dans ses pensées. Elle savait qu'aujourd'hui une page allait se tourner. Une dizaine de personnes emballerait leurs affaires et disparaitrait du paysage de HAFA. Parmi elles, Jan, compagnon syndicaliste et fidèle employé depuis plus de douze ans. Ils firent le trajet en silence, et une fois au bureau, s'installèrent à leurs places respectives. Sachant que Jan quitterait les lieux avant midi, Nina s'étonna de voir Paulo allumer son ordinateur comme un jour ordinaire. Elle pensait qu'il serait directement allé le voir. Cependant, il ne bougea pas d'un pouce, les yeux rivés sur l'écran de veille. Il pensait à toutes ces batailles, grandes et petites qu'ils avaient menées, lui et son compagnon syndicaliste. Qu'il s'agisse de la visibilité dans l'escalier du parking ou de sa campagne pour la protection de la minorité francophone. Il se rappela comme ils avaient réussi à imposer les réunions en anglais pour tous. Avec tous ces hauts postes occupés par des néerlandophones, la communication se faisait de plus en plus en néerlandais. Au détriment de ceux qui ne le comprenaient pas bien et en contradiction avec la politique centrale qui voulait qu'en tant qu'entreprise américaine, la langue d'usage devait être l'anglais. Il se souvint de toutes ces pauses déjeuner qu'ils avaient prises ensemble, ces formations syndicales où ils s'étaient retrouvés, ces campagnes électorales… Tout cela serait bientôt du passé. Il détestait dire adieu, mais il le fallait. Un dernier mot, quelque chose. Peu avant onze heures, il se leva brusquement et quitta le plateau pour se rendre du côté où était installée l'équipe du « fleet ». Ils s'affairaient tous à ranger leurs affaires dans des cartons. Chacun avait également reçu un sac poubelle afin de jeter ce qu'ils ne garderaient pas et un bac déchiqueteur avait été mis à leur disposition pour supprimer le reste des documents. Il trouva Jan assis à terre au milieu de piles de documents qu'il avait commencé à trier. En s'approchant derrière lui, il vit qu'il regardait la photo d'un groupe de personnes. Les mots « team finance deux-mille deux » étaient inscrits au bas de l'image. Tous ces visages familiers… à part trois ou quatre, ils étaient encore tous employés par l'entreprise. Certains avaient changé de poste, d'autres avaient grossi et étaient méconnaissables, mais ils étaient restés loyaux.

– Quel souvenirs, hein ? murmura Paulo.

– Ça fait dix ans… le week-end à la mer, répondit Jan sans quitter la photo des yeux, je n'avais pas vu cette photo depuis des années, elle était cachée sous une pile de papiers.

– Je m'en rappelle bien…

– Tu as vu ta tête ? demanda Jan en pointant un jeune homme aux cheveux noirs sur la photo. Un vrai gamin !

– Ça va, je n'ai pas trop changé, rit-il en se penchant plus près de l'image. Par contre Marianne, elle est méconnaissable.

– C'était avant qu'elle ait ses trois enfants…

– Et qu'elle se laisse aller, ajouta Paulo en ricanant.

Jan se leva, glissa la photo dans le carton qu'il avait devant lui et fit face à Paulo. Il lui sourit faiblement.

– Voilà, ça y est ! dit-il en essayant de contenir ses émotions.

– Difficile à croire, n'est-ce pas ? C'est allé si vite…

– Une vraie gifle…

– Oui… D'un autre côté, quand je vois ce qui nous attend, je me dis que t'as de la chance de partir maintenant…

– C'est vrai que vous, vous allez devoir tenir encore un an… ça va pas être facile non plus.

Les deux hommes regardèrent leurs pieds. Il n'y avait

pas une situation plus enviable que l'autre. L'un avait à peine eu le temps de comprendre ce qui lui arrivait qu'il était mis dehors et l'autre devait s'apprêter à tirer en longueur cette sensation d'abandon, d'inutilité, de frustration. Ils soupirèrent.

– Enfin… on va se revoir n'est-ce pas ?

– Bah, tu sais comment ça se passe… on se promet qu'on va s'appeler, et puis il y a d'autres choses plus importantes qui arrivent et finalement on se perd de vue…

– Ne dis pas ça, Jan !

– C'est juste la vérité…

– On va essayer au moins, on va essayer de garder le contact, ok ?

– Ok, répondit-il en relevant enfin la tête. Et toi, accroche-toi !

Paulo lui fit l'accolade pour toute réponse. Il lui tapa dans le dos, comme pour exprimer tout ce qu'il n'avait pas dit. Jan comprit et le repoussa pour le regarder dans les yeux.

– J'ai beaucoup aimé travailler avec toi Paulo.

– Pareil, répondit l'autre.

– Allez, il faut que je termine de ranger tout ça. Je dois rendre mon badge à midi.

Jan avait détourné la tête avant qu'une larme ne s'écoule de son œil. Il l'écrasa discrètement lorsqu'il tourna le dos à son compagnon.

– Au revoir, murmura Paulo en reculant.

– Oui, à un de ces jours, répondit Jan.

6

Paulo conduisait, un léger sourire aux lèvres. L'année s'était si vite écoulée, et après tous ces rebondissements, il s'efforçait de ne voir que le positif de la situation actuelle. Les négociations avaient été difficiles, mais elles avaient abouti à un accord correct. Un an plus tard, ils passeraient le flambeau à leurs remplaçants bulgares, mais repartiraient avec un beau package ; des indemnités correctes, des formations et une aide pour se replacer sur le marché du travail. Il avait Nina à ses côtés, aimante. Eleanor, elle, avait accepté la garde partagée et s'était réinstallée dans leur ancienne maison.

Les parents de Nina les avaient sûrement observé passer la grille, car ils attendaient devant la porte d'entrée. Ils habitaient une jolie fermette que son père avait rénové lui-même. Nina se rappela ce jour où elle avait espéré qu'il les aiderait pour les travaux de leur petite maison récemment acquise. Son refus lui avait fait mal. Elle avait bien compris qu'il désapprouvait leur cohabitation. Il n'avait d'ailleurs jamais voulu le rencontrer. « Est-ce qu'il vient demander ta main ? », avait-il dit la première fois qu'elle avait voulu le présenter, « Non ? Alors je n'ai aucune raison de le rencontrer… ». Il aurait préféré voir sa fille se marier plutôt que d'investir dans cette petite maison en ruines. Mais n'avait-elle pas l'âge de prendre ses propres décisions ? Elle aimait Paulo, et ne regrettait aucun de ses choix. Ainsi, lorsque ses parents l'avaient invité pour noël, elle avait insisté pour que son compagnon l'accompagne. Nina posa sa main sur le genou de Paulo et lui sourit affectueusement. Il lui rendit son sourire et se gara au bord de l'allée. Lorsqu'elle sortit de la voiture, Nina s'immobilisa quelques secondes. Elle sentit son cœur gonfler d'amour pour les siens. Ils ne s'étaient pas vus depuis plusieurs mois et elle regretta de ne pas être venue plus tôt. Paulo se dirigea vers le coffre et en sortit les sacs remplis de cadeaux de Noël. Elle le regarda encore une fois, inspira profondément puis courut et grimpa les quelques marches jusqu'au perron.

– Mia cara ! s'écria sa mère en lui ouvrant les bras.

– Mama ! répondit-elle en se blottissant contre elle.

Elle se tourna ensuite vers son père, les bras tendus. Plus distant, il bougea à peine, ses mains résolument plantées dans ses poches et lui fit une simple accolade. Elle baissa les bras et accepta cette simple bise, déçue. Elle secoua légèrement la tête comme pour se ressaisir, se rappeler que son père n'avait jamais été démonstratif. Paulo remarqua l'élan brisé de Nina et eut un pincement de cœur. Il comprit d'où venait l'attitude fière de sa compagne. Cette tête haute, ces grands yeux sombres et sévères. Elle était le portrait craché de son père. Elle se tourna vers Paulo qui était resté en bas des marches.

– Mama, Papa, voici Paulo.

– Bienvenue ! dit chaleureusement sa mère.

Paulo fit deux bises à la mama puis s'approcha du père qui n'avait toujours rien dit. Il ne savait pas grand-chose de ce dernier. Si ce n'est qu'il avait été ouvrier dans le bassin liégeois. Il portait sur le visage des rides qui en disaient long sur les difficultés que la vie lui avait imposées. Il lui tendit la main en plongeant dans le noir de ses yeux. Il y vit l'amour protecteur qu'un père porte à sa fille, mais aussi une mise en garde. Il avait toujours gardé un œil sur elle, même à distance et ne tolèrerait pas qu'on la fasse souffrir. Il fut soulagé lorsqu'il sentit enfin la poignée de main ferme et autoritaire. Puis il présenta une bouteille de spiritueux, certain que cela lui ferait plaisir. Salvatore la regarda d'un air sceptique en remettant ses mains en poche.

– Qu'est-ce que c'est que ça ?

– Euh… c'est pour vous… le vendeur m'a dit que c'était excellent, très raffiné…

– Je ne bois que la grappa, bien de chez nous, tout le reste c'est de l'industriel, du chimique, dit-il en regardant la bouteille que Paulo tenait entre les mains sans même tendre les bras pour la recevoir.

Paulo ouvrit la bouche sans qu'aucun mot ne parvienne à en sortir. Sa gorge était terriblement serrée. Il avait vraiment cherché à faire plaisir au père de sa compagne et la réaction de ce dernier l'avait décontenancé. Une jeune femme surgit sur le perron en hurlant de joie, interrompant ce tête à tête tendu et silencieux.

– Surprise ! cria-t-elle.

– Frederica !

Les deux sœurs se prirent dans les bras et sautèrent sur place pendant une bonne minute, provoquant un éclat de rire général. Frederica avait fait le déplacement pour la semaine avec son fils de sept mois. Nina lui avait déjà souvent parlé de son neveu. Combien de fois n'avait-elle pas projeté d'aller leur rendre visite en Italie ? Mais à chaque fois elle avait reporté son voyage. Nina semblait aux anges. Ils entrèrent et s'installèrent au salon. Pendant que leur mère s'affairait en cuisine, les deux filles engagèrent une conversation animée en italien. Paulo sourit en les écoutant. Cela lui rappelait des souvenirs d'enfance. Il lui semblait entendre sa mère discuter avec ses tantes. Puis son visage s'assombrit. Il regretta de ne pas avoir transmis sa langue à ses enfants. Lorsqu'il avait commencé à parler cette langue à Lisa, Eleanor l'avait découragé.

« Tu ne parles pas assez bien, tu vas lui transmettre des fautes ! », « Elle risque d'avoir des difficultés pour parler français si tu l'embrouilles comme ça ». Elle l'avait convaincu d'attendre que Lisa parle français pour commencer l'italien. Mais lorsqu'on parle une langue avec quelqu'un, c'est très difficile de changer. C'est un peu comme si la langue faisait partie intégrante de la relation à cette personne et que changer de langue dénaturait la relation. Ainsi il n'avait jamais parlé sa langue maternelle avec ses filles. Et pourtant, c'était si joli. Malgré le regard pesant du père sur ses épaules, il se sentait bien. L'ambiance était familiale, posée, agréable.

– A tavola ! cria la mama depuis la salle à manger.

Ils se levèrent tous et se déplacèrent vers la table joliment dressée. Ils s'apprêtaient à s'asseoir lorsque le gsm de Paulo sonna. Un peu gêné par le coup d'œil autoritaire du père de Nina qui n'appréciait pas la téléphonie mobile, il sortit maladroitement l'appareil de sa poche. Il pensa d'abord à l'éteindre sans décrocher mais se ravisa en voyant le nom qui s'affichait.

– Allo ? dit-il en s'écartant de la table.

– Papa, c'est moi.

– Oui, Lisa. Tout va bien ?

Alors que les membres de la famille s'asseyaient et reprenaient la conversation qui avait été interrompue, Nina lança un regard inquiet à Paulo.

– Je suis devant chez toi !

– Mais…

Il s'excusa bien que les autres faisaient mine de ne pas être dérangés et quitta la pièce pour se réfugier dans le vestibule.

– C'est le weekend de ta mère, je lui avais dit qu'on serait partis…

– Oh j'en sais rien moi ! s'énerva Lisa. Elle nous a déposés, et comme personne n'ouvrait la porte elle m'a dit de t'appeler pour te dire qu'on était là.

L'appel fut coupé. Paulo jura, provoquant un silence parmi ses hôtes qui l'avaient entendu. Il ferma la porte de la salle à manger et reforma le numéro de sa fille.

– Allo ? Qu'est-ce qui s'est passé ?

– Ouais ! Ça a coupé, j'ai plus de crédit.

– Passe-moi ta mère !

– Elle est repartie papa, t'as pas compris ?

Paulo entrouvrit très légèrement la porte et regarda discrètement en direction de la salle à manger où ils avaient tous débuté le repas. Nina riait aux éclats. Il se mordit la lèvre rien qu'à l'idée de devoir interrompre cette soirée qu'elle avait attendu depuis si longtemps. Elle dut sentir son regard car elle leva les yeux vers lui et, voyant son air torturé se leva pour le rejoindre.

– Ne bouge pas, ordonna-t-il à sa fille en raccrochant.

Il tenta tout de même de joindre Eleanor sans succès. Nina le fit sursauter en posant sa main sur son épaule.

– Qu'est-ce qui se passe ? demanda-t-elle inquiète.

– Les filles sont devant la porte.

– Et elles n'ont pas la clé… ajouta-t-elle.

– Non, puisque je les ai reprises à cause d'Eleanor…

Il ne sut comment demander à Nina s'il pouvait ainsi quitter ce diner familial, mais il n'avait pas le choix. Elle regardait le sol, les sourcils froncés et maudissait son ex-femme en silence. Il voulut lui prendre la main mais elle recula.

– Nina, je suis désolé…

– Ce n'est pas ta faute. Je sais que ce n'est pas ta faute, répéta-t-elle en tapant nerveusement du pied.

Un pleur de bébé l'interrompit. Le petit s'était sans doute réveillé de sa sieste. Sa sœur quitta la table et passa par le vestibule pour se rendre dans la chambre du rez-de chaussée. Paulo l'avait suivi du regard et fixait l'entrée de la chambre car il n'osait plus regarder Nina. Le silence pesa sur ses épaules comme une charge trop lourde, et il ne trouva décidément pas les mots qu'il fallait. Frederica réapparut, son fils dans les bras.

– Est-ce que tout va bien ? demanda-t-elle en découvrant leurs deux visages défaits.

Il vit Nina sourire alors qu'elle regardait le poupon. Oserait-il lui demander de partir avec lui ?

– Je vais y aller, murmura-t-il, est-ce que tu…

– Je reste ici, bien sûr, répondit-elle sans lâcher l'enfant des yeux. Je prendrai le train demain soir.

Mal à l'aise, Frederica se racla la gorge et fixa le sol.

– Je, je vais préparer son biberon, dit-elle en s'éloignant vers la cuisine.

– Je t'accompagne, dit Nina en la suivant.

Elle quitta le vestibule d'un pas décidé sans lui dire au revoir. Et il vit de loin son visage se détendre en serrant le bébé contre elle. Il sortit discrètement et s'en alla.

A son retour en ville, lorsque Paulo trouva ses filles assises sur le pas de la porte, il fut pris de rage envers son ex-femme. Encore une fois, elle avait tout gâché. Durant la demi-heure de trajet qu'il venait de parcourir, il s'était repassé les nombreuses discussions qu'il avait eu avec Eleanor à propos de la garde des filles pendant les fêtes. Elle avait insisté pour les avoir à Noël, il s'en rappelait très bien. Il avait été déçu, mais ensuite lorsque Nina l'avait invité à venir passer le réveillon chez ses parents, il s'était dit que finalement ça tombait très bien. Rencontrer les parents de Nina… Cela l'avait rendu nerveux, mais en même temps tellement content. Ces présentations auraient pu très bien se passer si… Si seulement Eleanor s'était tenue à ses engagements. Il était persuadé qu'elle l'avait fait exprès. Faisant son possible pour cacher son énervement il sortit de la voiture. Les filles, visiblement frigorifiées se levèrent lentement. Il les embrassa et les fit entrer à l'intérieur.

– Je suis désolée papa, murmura Jenny qui avait visiblement pleuré.

– Oh ma chérie, tu n'as vraiment pas de quoi être désolée. Vous êtes ici chez vous…

– Ouais enfin un weekend sur deux, marmonna Lisa.

Paulo fit mine de ne pas entendre cette remarque et referma la porte derrière lui.

– On sait très bien que t'aurais préféré passer le réveillon avec Nina, ajouta Lisa en retirant sa veste, pas besoin de faire semblant.

– J'avais des projets, c'est vrai. Mais je suis très content de vous voir et de pouvoir passer la soirée avec vous.

– Te fatigue pas, c'est bon, cracha-t-elle en repoussant son père qui voulait l'embrasser.

Elle s'encourut dans l'escalier. Il monta les trois premières marches aussi précipitamment qu'elle puis s'arrêta et baissa la tête. Après avoir hésité quelques secondes à la suivre pour la réconforter, il redescendit. Jenny n'avait pas bougé. Au beau milieu du hall d'entrée, son manteau encore sur le dos, elle frissonnait et mordillait ses petites lèvres bleues. Il s'approcha d'elle, lui retira manteau et chaussures pour lui enfiler une paire de pantoufles. Elle se laissa faire avec un léger sourire.

– Je ne peux pas bouger mes doigts, chuchota-t-elle.

– Viens ma puce, lui dit-il en l'entrainant à la cuisine, je vais te réchauffer une soupe.

Elle le suivit, grelotante et s'assied à table. Paulo sortit une couverture d'un placard et la posa sur ses épaules. Elle le remercia des yeux et souffla sur ses mains pour les réchauffer. En versant la soupe dans la casserole, il se dit que le père de Nina devait l'avoir définitivement classé. Déjà qu'il avait de forts aprioris… son départ précipité au beau milieu d'un repas de noël avait surement supprimé toutes ses chances d'obtenir ses faveurs. « Si le père me déteste, j'espère au moins que Nina veut toujours de moi », pensa-t-il en soupirant. De toute façon il n'y avait plus rien à faire. Il vit à sa montre qu'il était déjà huit heure trente.

– Vous avez mangé ce soir ?

La petite fit non de la tête. Il ouvrit le frigo et fit l'inventaire :

– Pâtes au jambon ? Omelette ? Restes de poulet rôti ?

On a de la chance que Nina cuisine toujours pour une armée…

– Et si on mettait tout à table ? Ça ferait comme un festin…

– Excellente idée ! Je vais mettre ce qui doit chauffer au four micro-ondes et on aura un super repas de réveillon d'ici quelques minutes.

Jenny sourit et se leva pour prendre trois assiettes et les mettre sur la table. Elle prit aussi des bols pour la soupe et les couverts. Son père la regarda faire du coin de l'œil, admiratif. Elle était si jolie… le portrait craché de feu sa grand-mère. La nuque fine, les doigts gracieux, elle avait hérité du physique d'une danseuse étoile. Lorsque la table fut dressée, elle s'installa pendant qu'il marchait vers la porte.

– Lisa ! cria-t-il en direction de l'escalier.

– T'inquiète pas, elle descendra quand elle aura fini sa crise.

Il sourit en pensant que la petite avait surement raison. Il leur servit deux bols de soupe et vint s'asseoir en face d'elle. Jenny prit sa cuillère et avala ses premières bouchées avec enthousiasme puis s'arrêta, pensive. Paulo fit mine de ne pas remarquer et profita du bip du four à micro-ondes pour faire diversion.

– Ah ! La première partie de notre festin est prête ! s'exclama-t-il en se levant plein d'enthousiasme.

– Tout est ma faute papa… murmura-t-elle.

Paulo se rassied lentement, comme si il craignait de l'effrayer et d'interrompre sa confession.

– Comment ça ?

– On devait aller à une fête avec Gunter mais…

– Gunter ?

– Oui, un imbécile qui tourne autour de maman depuis que l'autre est parti.

– Ah parce qu'il est…

Le bip du micro-ondes retentit une deuxième fois, comme pour ponctuer la nouvelle.

– Ça fait bien trois mois que c'est fini.

Silence. Eleanor n'en avait rien dit, au contraire elle avait simulé une nouvelle vie parfaite et prétendu que ce nouvel amant n'était pas seulement riche et influent mais qu'il faisait un excellent beau-père.

– Je voulais pas y aller, je sais que Gunter nous aime pas, et je l'aime pas non plus.

– Gunter ? Euh… Oui…

Le bip retentit une dernière fois, mais Paulo ne voulait pas perdre une miette de ce que lui racontait sa Jenny. Ainsi le remplaçant avait déjà été remplacé. Mais à quoi donc pensait son ex-femme en présentant sans gêne tous ces hommes à ses filles ?

– Et j'ai dit à maman que j'aurais préféré être ici avec toi et Nina.

– Mais tu savais que je ne serais pas là ma chérie, je vous l'avais dit…

– J'avais oublié, papa, j'avais oublié que vous alliez sortir… sanglota-t-elle. Alors maman s'est énervée. Elle m'a attrapée par le bras et m'a dit que j'allais voir si c'était plus gai de passer la soirée avec toi. Et elle nous a conduites ici. Lisa m'en veut, c'est ma faute…

Paulo se leva pour la prendre dans ses bras et la rassurer. Eleanor avait été trop loin. Bien trop loin.

Le lendemain, alors qu'il prenait le petit déjeuner avec les filles, Nina lui annonça par sms qu'elle restait encore une semaine chez ses parents, le plongeant dans un mélange d'anxiété causée par son absence prolongée et de soulagement qu'elle prenne la peine de l'avertir. Alors qu'il s'apprêtait à lui répondre, un autre sms arriva, d'Eleanor cette fois :

« Je récupère les filles demain, onze heures »

Comme elle avait décidé. Ni plus ni moins. Alors que c'était sa semaine de garde, elle avait décrété qu'elle ne viendrait que demain. Il rumina en silence, mais sentit la chaleur lui monter au visage, tant il était énervé. Elle avait surement trop bu, fait la fête, et était persuadée que son ex-mari ne dirait rien. D'ailleurs son message ne posait pas de question, il n'y avait dans ces quelques mots aucun respect, aucun intérêt pour les éventuelles indisponibilités qu'il aurait pu avoir. Elle avait décidé seule et se foutait de ce qu'il pourrait dire ou penser.

– Papa… ça va ? demanda Jenny, inquiète en voyant son visage de plus en plus rouge.

– Oui, oui, ma puce, ne t'inquiète pas, mange.

Lisa leva les yeux au ciel, certaine d'avoir compris de qui venaient les sms.

Le premier janvier, à seize heures, Eleanor se pointa telle une fleur devant la porte. Vêtue d'un air des plus innocents, malgré cinq jours de retard par rapport à ce qu'elle avait annoncé.

– Tu es vraiment gonflée…

– Quoi ? Quel est le problème ? demanda-t-elle d'un air innocent. C'est toi qui n'étais pas au rendez-vous pour accueillir tes enfants.

– C'était à toi de les garder le soir du vingt-quatre, on s'était arrangé. Je devais prendre la soirée du nouvel an !

– Ah ? Bon ben je me suis trompée… dit-elle en

voulant l'écarter pour entrer dans la maison.

– Tu n'entreras pas dans cette maison, c'est clair ? Jamais !

– C'est son idée à elle, c'est ça ?

Paulo dut se retenir de ne pas la secouer. Statique, sur le pas de la porte, elle le fixait avec ses yeux de serpent, ses mains sur les hanches, chiquant d'une façon si vulgaire qu'il en fut dégouté.

– Laisse Nina en dehors de ça. Mon problème pour l'instant c'est toi.

Eleanor écarquilla les yeux.

– Moi je suis ton problème ? Tu me flattes là…

Il referma la porte derrière lui, la saisit par le bras et la tira sur le trottoir quelques mètres plus loin.

– Qu'est-ce qui te prends ? demanda-t-elle choquée par la violence de sa prise.

– Ce qui me prend ? s'écria-t-il en la lâchant violemment. Quel genre de mère laisse ses enfants sur le pas d'une porte un soir de noël ? Qu'est-ce que tu… pourquoi…

Il fit deux pas en arrière, effrayé par sa propre colère, passa nerveusement ses deux mains dans ses cheveux et prit une grande inspiration. Il regarda dans le vide. Il aurait préféré voir n'importe quoi, n'importe qui à part cette femme. Il ne la comprenait plus. Comment quelqu'un pouvait-il autant changer ? Ou avait-elle toujours été ainsi ? Était-ce lui qui n'avait jamais vu qui elle était vraiment ?

– Ecoute, les filles voulaient être avec toi…

– Arrête ton baratin. Jenny m'a tout raconté. C'est qui ce mec ?

– Mais enfin, il n'y a pas de « mec »…

– Arrêtes, Eleanor…

– Mais je te jure que…

– J'en ai marre de tes mensonges et de tes manigances !

Eleanor fronça les sourcils puis lui tourna le dos. Elle fit quelques pas vers le bord du trottoir et cracha son chewing-gum dans la rigole. Elle soupira longuement.

– A partir d'aujourd'hui, si tu changes encore le programme de garde alternée qu'on a mis au point, je vais chez un juge et je te retire les filles, dit-il d'une voix étouffée. Elles étaient seules dans la rue, il faisait noir… Il aurait pu leur arriver n'importe quoi !

Il faisait son possible pour ne pas trop élever la voix et alerter les voisins ou inquiéter les filles. Eleanor, elle, semblait apprécier l'effet qu'elle avait produit sur lui. Comme si elle n'avait rien entendu de tous les avertissements, elle s'approcha lentement de lui et posa sa main sur son bras.

– Je suis désolée, murmura-t-elle.

Il se saisit et la regarda, étonné qu'elle n'envenime pas la discussion.

– Je… je suis un peu perdue en ce moment… fit-elle en baissant la tête.

Paulo regarda cette main qui lui caressait le bras, ne sachant comment réagir. Elle releva la tête et plongea les yeux dans les siens. Elle prit un air triste, au bord des larmes. Le vert perfide de ses yeux avait disparu, il n'y restait que tendresse et innocence, comme à l'aube de leur histoire. Il eut pour un instant l'impression d'être ensorcelé, paralysé tant la situation était étrange et inattendue.

– Tu me manques Paulo… Je… je ne sais plus qui je suis sans toi…

– Quoi ?

– Tu m'as bien entendue…

– Et ton millionnaire, tu l'as perdu ?

– Il n'était pas millionnaire, fit elle en levant les épaules. Mais peu importe, je l'ai quitté.

– Pardon ?

– J'ai fait une connerie, je n'aurais jamais du te laisser tomber.

Il soupira, ne sachant que dire.

– J'ai compris Paulo… murmura-t-elle en se rapprochant de lui. J'ai compris que c'est toi…

Elle plaqua son imposante poitrine contre la sienne et Paulo sentit son cœur accélérer. L'énervement qu'elle avait provoqué chez lui faisait place à un sentiment étrange, une chaleur. Il n'y comprenait plus rien.

– Je t'aime, chuchota-t-elle au creux de son oreille.

Soudain il la repoussa violement, comme si ses mots l'avait brûlé.

– Arrête ça tout de suite, soupira-t-il, dégouté.

– Mais…

– Ne m'approche pas, lui cria-t-il en la menaçant du doigt.

Il s'écarta en reculant, secouant la tête comme pour sortir d'un mauvais rêve. Eleanor avala douloureusement sa salive et chercha ses mots. Une fois arrivé à sa porte il sortit sa clé de sa poche et entra.

– Rentres chez toi et prends une douche froide, marmonna-t-il.

– Mais… et les filles ?

– Je les garde jusqu'à dimanche.

– Tu n'as pas le droit… je vais me plaindre, je…

– Essaye pour voir, répondit-il d'un ton menaçant.

En refermant la porte il sentit son cœur se serrer d'être aussi dur, mais lorsqu'il vit les yeux de son ex-femme le maudire, il se dit qu'il n'avait pas le choix. Il fallait qu'elle reprenne ses esprits. Il resta quelques secondes immobile, la main toujours sur la poignée. Pourquoi avait-il été troublé lorsqu'elle s'était collée contre lui ? Le seul souvenir de cette image le dégoutait. C'était les fantômes de leurs premiers émois qui l'avaient perturbé, rien de plus. Car les sentiments amoureux qu'il avait pu éprouver pour elle avaient été asphyxiés par son attitude irresponsable, son arrogance… c'est elle qui avait tout détruit. Alors d'où venait ce sentiment de culpabilité, d'échec ? Paulo sentit sa gorge se rétrécir et l'air lui manquer. L'échec de son mariage avait été masqué par la présence bienfaisante de Nina, l'amour qu'il éprouvait pour elle avait caché la peine que lui avait causée l'éclatement de sa famille.

« Mais nous n'étions plus une famille depuis longtemps… tu mélanges tout mon pauvre vieux », se dit-il.

La confusion l'envahit. Il s'appuya contre le mur du couloir et passa ses mains dans ses cheveux. Et si jamais Nina ne revenait pas ? La pauvre avait dû supporter beaucoup pour entrer dans sa vie. Il admirait sa force de caractère, cette façon qu'elle avait de savoir exactement ce qu'elle voulait. Elle lui manquait. Le bruit d'une clé tournant dans la serrure le sortit de sa réflexion. Il se redressa et tira la porte vers lui. Ne s'y attendant pas, Nina faillit tomber et il la rattrapa dans ses bras.

– Nina ! sourit-il.

– Bonsoir, répondit-elle sur un ton froid en se dégageant de son étreinte.

Elle le contourna et monta à l'étage sans dire un mot de plus.

*
* *

Debout au milieu du cadre rouge et blanc, Paulo était concentré sur le ballon. L'attaquant qui se dirigeait vers lui en driblant habilement avait déjà dépassé la moitié du terrain sans qu'on ait pu l'arrêter. Ils n'avaient qu'un point d'écart. Plus que cinq minutes de temps de jeu. La salle de mini foot était vide, mais les joueurs imaginaient les supporters. Une foule en plein délire à l'approche d'un but décisif. Voyant que l'adversaire s'apprêtait à tirer sur la gauche, il se décala sur le côté. Il vit le ballon décoller. Son défenseur trébucha, déviant la trajectoire. Porté par son élan, Paulo tomba du mauvais côté et ne put empêcher ce goal. Il entendit l'équipe adverse crier de joie, comme si elle venait de remporter un important championnat.

– On a gagné ! On a gagné ! chantèrent-ils en cœur.

– Ça va, marmonna le défenseur en se relevant. N'en faites pas trop !

Paulo s'approcha du groupe.

– Bien joué les gars ! s'exclama-t-il en leur serrant la main.

– Il était temps qu'on prenne notre revanche ! dit l'un d'entre eux en lui faisant l'accolade, ça fait trois matchs d'affilée que tu ne laisses rien passer dans tes filets ! Sacré bon gardien !

– On va boire un verre ? cria un autre en se dirigeant vers les vestiaires.

Ils acquiescèrent tous, sauf Paulo qui resta muet. Ils

prirent leur douche dans la bonne humeur, mais lui ne partagea pas leur joie. Depuis le début de la soirée, il avait comme un poids sur la poitrine. Il avait même hésité à venir faire du sport, pensant d'abord couver quelque chose. Mais une nouvelle dispute avec Nina l'avait encouragé à quitter la maison. Ces deux derniers mois avaient été difficiles. Depuis l'annonce de la restructuration, il y avait eu toutes ces réunions avec le syndicat et les négociations avec la direction pour finir par trouver un accord, enfin. Il n'avait pas eu beaucoup de temps pour lui, mais il s'était efforcé à venir se défouler sur le terrain autant que possible. Nina le lui avait reproché, chaque jeudi où il avait quitté la maison, d'une façon anodine et discrète qu'il lui connaissait bien. Cette façon de ne plus répondre, de ne plus le regarder, de ne plus être présente alors qu'elle était dans la même pièce que lui… Il connaissait bien sa Nina. Elle aurait voulu qu'il reste à ses côtés, mais elle était bien trop fière pour le dire. Un des coéquipiers de Paulo vint interrompre sa rêverie en criant du couloir :

– On attend plus que toi, tu te magnes ?

Paulo se redressa et s'aperçut qu'il était seul dans le vestiaire. Sa serviette autour de la taille, il secoua la tête comme pour se réveiller. La pesanteur qu'il ressentait sur sa poitrine se fit plus forte. Peut-être était-ce simplement dû à sa chute. Il refusa d'y accorder de l'importance. Il s'habilla rapidement et rejoint les autres. Joyeux, ils se dirigèrent à pied vers leur brasserie habituelle, situé à un pâté de maison de la salle de sport. Le froid piquant de ce mois de décembre ne semblait pas les gêner. Ils parlaient et riaient fort, comme une bande de jeunes adolescents de sortie. Ils se connaissaient depuis longtemps. L'un d'entre eux, Philippe, avait même usé les bancs de l'école avec Paulo. A l'époque, ils avaient tous les deux voulu devenir professeur des écoles. Philippe avait été jusqu'au bout et était à présent fonctionnaire de l'Etat. Paulo, ayant refusé d'abandonner sa nationalité italienne, n'avait pas pu être nommé professeur et s'était tourné vers l'informatique. Sans plaisir, ni vocation, simplement pour la sécurité de l'emploi. C'est HAFA qui lui avait offert son premier job avec un projet de nouveau logiciel au sein de leur usine. Par la suite il avait été amené à travailler au développement des interfaces avec le département finance, et de fil en aiguille il avait atterri dans leurs bureaux. A peine quelques mois auparavant, il ne réfléchissait même plus à cet enchainement de décisions qui l'avaient mené à cette position. Tant que tout allait bien, il n'y avait pas de raisons d'y penser. Mais ce jour-là, toutes ces étapes repassaient dans son esprit. « La vie… », pensa-t-il, « La vie nous oblige à faire des choix parfois absurdes ». Avec le recul que vingt-quatre ans lui offraient sur cette décision, il se dit que ça avait été de l'orgueil mal placé. Il aurait pu être fonctionnaire à cette heure, ou même, sans remonter aussi loin, si il n'avait pas changé de poste pour intégrer l'équipe de « credit collectors »… le résultat était le même : les choix qu'il avait fait à l'époque l'avaient conduit à être aujourd'hui un licencié de plus. Sa gorge se serra à cette idée : Il avait été renvoyé par cet employeur choisi plus de vingt ans auparavant. Cet employeur pour lequel il s'était investi, pour lequel il avait fait des heures supplémentaires pour mener à bien les projets qui lui avaient été confiés. Il marchait tête baissée, et le brouhaha que faisaient ses compagnons n'était plus qu'un bruit de fond. Il entendait la neige craquer sous ses pas. Il voyait la buée s'échapper de sa bouche alors qu'il expirait. Il se sentait seul.

– Paulo ! cria son ami Philippe en se détachant du groupe. Avance ! T'es à la traine !

Il s'approcha de lui et tapa dans le dos de son compagnon qui sursauta.

– T'es dans la lune aujourd'hui, ça va pas ? lui demanda-t-il.

– Je ne sais pas trop, répondit Paulo en faisant la grimace.

– C'est à cause du boulot ? La restructuration ?

Paulo ouvrit de grands yeux en entendant ce mot. Il s'arrêta de marcher et fixa Philippe comme si il avait vu un fantôme. Il sentit sa cage thoracique rétrécir, imposant une pression presque insoutenable à son cœur. Sa respiration se bloqua pour quelques secondes. Son visage devint pâle.

– Paulo, ça va ? lui demanda Philippe en posant ses mains sur ses épaules.

Posté en face de lui, il chercha le regard flou de son ami de longue date. Le groupe était déjà rentré dans la brasserie. Ils n'étaient plus qu'à deux sur le trottoir, au milieu de la nuit noire et glacée.

– Regardes-moi ! cria-il.

– Oui, oui… murmura Paulo en reprenant doucement son souffle. Ça va, ne t'inquiète pas…

– Ce n'est pas l'impression que tu donnes… Tu as l'air perdu aujourd'hui !

Paulo entendit le mot « perdu » faire écho dans son esprit. Son ami avait vu juste. Sentant des sanglots monter dans sa gorge, il se détourna de lui et regarda la rue, déserte.

– C'est un coup dur, ce qui t'arrive, poursuivit Philippe. Tu as le droit d'être touché, tu n'es pas invincible…

Son épaule frémit sous la main amicale qui s'y posa. Il expira lourdement, laissant échapper un nuage de buée. La première larme voulut s'échapper de son œil droit mais il l'en empêcha, relevant la tête vers le ciel sans étoiles et forçant ses lèvres à sourire. Enfin il lui refit face et s'apprêta à parler.

– Je… Je vais bien, murmura-t-il sans conviction.

Philippe vit dans les yeux bleus qui le fixaient la vérité que Paulo n'osait s'avouer. Pour la première fois depuis qu'ils s'étaient liés d'amitié, Paulo était perdu. Au sein de leur bande, ils avaient déjà partagé des moments difficiles, mais ça avait toujours été Paulo, celui qui remontait le moral aux autres. Il avait toujours trouvé les mots justes, les encouragements nécessaires. Philippe eut un mouvement de recul, troublé par cette inversion des rôles. Il aurait aimé croire en les mots qu'avait prononcés son meilleur ami, cela aurait été plus facile. Mais sans trop comprendre pourquoi, il savait que c'était faux. Au fond de ce regard bleu et profond, il manquait quelque chose. Une étincelle, son goût pour la plaisanterie, sa joie de vivre… tout cela semblait être enfermé dans une bulle loin de lui. Philippe chercha les mots, et se sentit maladroit avant même de parler. Il s'en voulait déjà de ne pas savoir comment soutenir son ami, pour une fois que c'était à lui de le faire.

– Je vais rentrer, dit Paulo.

Alors qu'il tendait la main vers Philippe, ce dernier le tira vers lui pour le serrer dans ses bras.

– Si tu as besoin de moi, n'hésites pas, lui glissa-t-il dans l'oreille. Pour quoi que ce soit… appelle-moi.

– Ok, répondit simplement Paulo en réprimant ses larmes.

Il rebroussa chemin, retournant vers sa voiture qui était garée dans le parking de la salle omnisport. Il s'efforça de respirer profondément. Il eut un léger sourire plein d'affection en pensant à la gêne que son ami avait dû éprouver. Il ne l'avait pas habitué à de tels silences. Paulo s'engouffra dans son véhicule et démarra. Ces sensations de vide qui tentaient de le pénétrer lui étaient inconnues jusqu'ici. Il avait toujours trouvé la force de surmonter les moments difficiles avant de se laisser toucher par eux. Le divorce, le déménagement, les malentendus avec les filles… rien ne lui avait fait aussi mal que ce qu'il ressentait ce soir. Les visages de Lisa et Jenny lui apparurent devant les yeux. Il décrocherait la lune pour elles. Dire que Lisa fêterait ses dix-huit ans le surlendemain. Elle était née le matin du nouvel an, après une nuit où sa mère avait dansé comme une inconsciente, oubliant presque son gros ventre de sept mois et demi. Sans doute trop secouée par les excès de sa mère, Lisa avait décidé de sortir plus tôt que prévu. En prenant le virage qui le ramènerait chez lui, la voiture glissa légèrement. La neige durcie laissait le verglas s'installer sournoisement. Il descendit la rue des lilas au ralenti, toujours concentré sur l'image de sa grande fille. L'année prochaine déjà elle irait à l'université. Son cœur qui s'était apaisé quelques minutes auparavant se serra à nouveau. Comment allait-il pouvoir payer des études à sa fille s'il était au chômage ? La question se posa au moment où il tira le frein à main du véhicule. Il détacha ses mains moites du volant et souffla dans ses paumes, les frotta l'une contre l'autre puis s'accouda sur le volant. Il baissa la tête et regarda ses genoux, l'esprit paralysé par l'absence de réponse à sa question. Tétanisé par ce vide qui s'accaparait lentement de lui, il ne bougea pas pendant un long moment. Ce sont des tremblements de froid qui le décidèrent à quitter le véhicule et entrer dans la maison. Il ôta ses chaussures dans le hall et vit que la lumière était toujours allumée au salon. Il poussa doucement la porte. Nina n'était pas encore couchée et l'attendait dans le canapé. En le voyant entrer, elle se précipita vers lui et voulut l'embrasser. Face à l'absence de réaction de Paulo, elle pensa d'abord qu'il lui en voulait encore pour leur dispute. Elle fit deux pas en arrière, doucement, tête baissée et laissa passer cet homme visiblement de mauvaise humeur.

– Tu as déjà mangé ? demanda-t-elle poliment.

– Non, marmonna-t-il s'asseyant à table.

Elle se dirigea vers le frigo et en sortit une assiette qu'elle avait préparé pour lui. En le regardant du coin de l'œil, elle retira l'aluminium dont elle avait recouvert le repas. Paulo était tendu, le regard dans le vide et elle ne sut quoi lui dire pour le détendre. Elle mit l'assiette dans le micro-onde et prit des couverts qu'elle déposa devant lui.

– Alors, ce match ?

– On a perdu, dit-il en plaçant ses doigts sur ses tempes pour les masser.

– Tu as mal à la tête ?

– Non…

– De combien vous avez perdu ?

– Mais qu'est-ce que ça peut bien faire ? demanda-t-il, ennuyé par ses questions.

– Ça m'intéresse, insista-t-elle. Tu ne racontes rien, alors il faut bien que je pose des questions…

– Ne te sens pas obligée, soupira-t-il en glissant les mains dans ses cheveux.

Il les plaça derrière la nuque et s'étira en arrière,

espérant faire disparaître cette sensation d'étouffement qui l'envahissait. Le bip du micro-onde brisa la minute de silence qui venait de s'écouler. Elle ne l'avait pas lâché du regard, avait voulu regarder au fond de ses yeux mais il ne l'avait pas laissé faire. Il s'était fermé, à son grand désespoir. Elle sortit l'assiette du four et resta dos à lui quelques secondes.

– Je suis désolée pour toute à l'heure… murmura-t-elle en regardant son reflet dans la vitre.

Elle baissa les yeux vers le repas qu'elle tenait entre ses mains. Elle s'était appliquée à lui préparer quelque chose de bon, espérant pouvoir se racheter pour la mauvaise humeur qu'elle lui avait imposée ces derniers mois. Elle se retourna vers lui.

– Je n'ai pas faim, dit-il sèchement en quittant la table.

Excédée, Nina regarda à nouveau le plat chaud qu'elle tenait entre les mains. Elle sentit le sang lui picoter la peau du visage pour venir se loger dans ses pommettes, brûlantes. Elle jeta violemment la porcelaine au sol en criant.

– J'en ai marre !

– Mais ça ne va pas la tête ? cria Paulo à son tour en se levant. Qu'est-ce qui te prend ?

– Je me suis excusée ! Tu n'as pas entendu ? Combien de temps tu vas faire la tête ? s'énerva-t-elle en s'approchant de lui.

– Je ne fais pas la tête… dit-il d'une voix étouffée.

– Tu sais Paulo, moi aussi j'ai ma fierté. Mais je l'ai mise de côté car je n'aime pas qu'on se dispute et ça fait plusieurs jours qu'on n'arrive plus à se parler sans crier. Je… Je veux qu'on fasse la paix… Je t'ai préparé un repas digne d'un resto quatre étoiles, je t'ai attendu…

Nina gesticulait dans tous les sens, agitait ses bras, tournait en rond. A chaque fois qu'elle s'énervait, son accent revenait au galop, tout comme le tempérament sicilien qui la caractérisait. C'était une femme de caractère, comme il les aimait. Mais ce soir, le cœur de Paulo loupait un battement sur deux. Il accélérait, battait si fort que sa poitrine semblait trop petite pour le contenir puis l'instant d'après semblait s'arrêter, essoufflé. Il n'entendait plus les plaintes de Nina, il la voyait s'agiter, sa bouche articulait des mots, sans doute, mais il ne l'entendait plus. Jusqu'à ce qu'elle dise des mots qui raisonnèrent douloureusement dans sa mémoire.

– On dirait que tu t'en fous ! Tu ne dis rien…

Le bleu azur des yeux de Paulo tourna à la tempête. Son regard s'assombrit tant qu'il sembla gris. Nina se saisit et fit un pas en arrière, voyant les poings de son conjoint se serrer. Il s'était levé et approché d'elle en un éclair. Il était bien plus grand qu'elle, et ses épaules lui parurent soudain plus larges que d'habitude. Elle regretta aussitôt tout ce qu'elle avait dit. Par réflexe elle protégea son visage, apeurée. Il se retourna, partit s'asseoir dans le canapé, et alluma la télévision sans choisir de chaine. Nina posa une main sur sa poitrine en le regardant et fronça les sourcils. Il y avait chez lui quelque chose d'inhabituel. Quelque chose qu'elle n'avait encore jamais vue chez l'homme qu'elle aimait. Elle baissa les yeux et hésita à ramasser les débris sur le sol. Comprenant que toute discussion serait vaine, elle s'accroupit et tendit la main vers un des morceaux de faïence qui trainait. Un bruit discret attira son attention. Elle se releva et vit la silhouette de Paulo, assis dos à elle. Recroquevillé sur lui-même, ses épaules semblaient secouées par des spasmes rapprochés. Elle avança lentement et compris qu'il pleurait. Elle s'arrêta net, choquée par ce qu'elle voyait. Il était grand et imposant, et jamais elle ne l'avait vu dans cet état. Elle posa à nouveau sa main sur son cœur, qu'elle sentait se briser à la vue du chagrin de son amour. Elle fit les quelques pas qui la séparaient du canapé et s'assied à côté de lui. Elle posa sa main sur son genou, cherchant encore les mots justes pour le réconforter. Il se leva brusquement et monta dans la chambre. Nina hésita à le suivre puis comprit qu'il voulait être seul. Elle sortit une couverture du coffre en osier qui se trouvait devant la cheminée. Elle éteint les lumières et se coucha dans le canapé. Encore touchée par les larmes que son amour avait dévoilées, elle avait la gorge serrée. Il lui fallait dormir, au moins quelques heures, mais elle pressentit une nuit sans sommeil.

Le lendemain, il se leva avant que le réveil ne sonne. Il avait à peine fermé l'œil et fut presque soulagé de l'arrivée du matin. Il avait tourné et retourné les derniers évènements dans sa tête, s'était posé mille questions sans réponses et n'avait pas trouvé le sommeil. Il prit sa douche et s'habilla puis descendit au salon. Lorsqu'il vit Nina, il regretta son attitude de la veille. Il n'avait pas voulu la blesser, mais il avait été incapable de partager ce sentiment étrange qui l'avait envahi. Aujourd'hui encore, il n'avait pas envie d'en parler et espéra que Nina le comprendrait sans poser de questions. Il la réveilla en passant une main sur son visage.

– C'est l'heure, lui dit-il doucement en se penchant au-dessus d'elle.

Elle sourit et monta s'apprêter. Ils se rendirent au bureau sans se presser.

A peine étaient-ils arrivés au troisième étage qu'une

jeune femme enceinte qui semblait l'attendre près de sa place habituelle vint l'aborder.

– Bonjour Paulo, est-ce que je peux te parler une minute ?

Paulo se retourna vers Nina qui lui fit un signe de la tête en s'éloignant vers son bureau.

– Bonjour. Bien sûr, suis-moi.

Il la mena vers une petite salle de réunion qui était souvent libre et ils s'assirent l'un en face de l'autre.

– Qu'est-ce que je peux faire pour toi ? demanda-t-il en souriant.

Alors qu'elle lui exposait son problème, il fit de son mieux pour se concentrer mais se sentit gêné par une pression bizarre au niveau de la poitrine. A bout de souffle, il lui donna les réponses qu'elle attendait en surveillant le ton de sa voix, rassurant.

– Ah, merci beaucoup ! dit-elle en se levant.

– Je t'en prie !

Il se leva et la raccompagna à la porte. Avant de sortir, elle se retourna et le regarda droit dans les yeux.

– Et toi, ça va ? demanda-t-elle.

Paulo fut troublé par son regard plein de gentillesse, et sa question eut l'effet d'un pincement au cœur, lui amenant les larmes aux yeux.

– Oui, répondit-il la gorge serrée. Ça va.

Elle sortit et il referma la porte derrière elle. Il dut ouvrir les premiers boutons de sa chemise car une sensation de brûlure lui prit la gorge. L'air lui manqua et il se mit à respirer plus vite. Il s'adossa contre la porte et prit sa tête entre les mains. La brûlure remonta vers ses pommettes, ses tempes, son front. Il souffla longuement en essayant de se calmer. « Ça va ». Ses yeux coulèrent malgré lui. « Pourquoi ? », pensa-t-il. « Pourquoi je pleure comme ça ? ». Aucune réponse ne lui parvint. Il avança vers la fenêtre et essuya son visage à l'aide de sa manche. Au travers de la fenêtre, il pouvait voir l'autoroute et ses nombreuses voitures. « Tous ces gens qui vont travailler… se rendent-ils compte ? ». Il renifla plusieurs fois et fit quelques pas dans la pièce. Puis lorsqu'il sentit qu'il avait repris le contrôle, il sortit et partit s'asseoir à sa place. Il lui sembla qu'il faisait sombre, comme si un voile l'empêchait de voir la lumière. Pourtant il rendit aux gens les sourires qu'il recevait, répondit aux questions qu'on venait lui poser. Personne n'aurait pu deviner à quel point Paulo était triste ce jour-là.

Février arriva, encore plus froid que le mois précédent. Après avoir hésité plusieurs fois à annuler, Nina avait finalement convaincu Paulo à accepter l'invitation à diner de ses parents. Ils ne se parlaient pas beaucoup ces derniers temps. Il était très susceptible et elle prenait sur elle car elle savait qu'il n'allait pas bien. Elle pensait qu'une sortie hors de la maison leur ferait du bien.

Alors qu'ils étaient à table avec les parents de Nina, sa mère expliquait les difficultés qu'elle avait eues pour joindre leur opérateur internet. Elle n'avait de cesse de s'en plaindre.

– … Et là je tombe sur un répondeur qui me donne plusieurs choix, mais aucun ne me convient, alors je choisis le huit dans le menu, pour parler à un opérateur, racontait-elle.

– C'est ce qu'il fallait faire, dit Nina en sirotant son verre de vin. Est-ce qu'ils ont pu t'aider ?

– Ecoute, la personne qui a décroché m'a parlé anglais

avec un accent indien ! dit la mère, encore choquée. Alors j'ai dit que je parlais français…

– Et ensuite ? demanda Nina en riant.

Elle jeta un regard amusé à Paulo mais ce dernier ne semblait pas suivre la conversation. Il chipotait avec sa fourchette le repas qu'il avait à peine gouté.

– Il m'a passé à quelqu'un d'autre, mais je comprenais à peine ce qu'il disait. Je pense qu'il ne m'a pas compris non plus…

– Et internet fonctionne à nouveau ?

– Et bien papa a été jusqu'à leur point de vente en ville pour régler le problème, répondit-elle en posant la main sur le bras de son mari. Et le vendeur lui a dit d'appeler le numéro qu'on venait de composer, alors on a dit non ! Et c'est là qu'on a appris qu'ils avaient délocalisé leur service après-vente en Inde ! Il parait qu'ils n'ont plus le contrôle ici.

La mère de Nina n'en revenait pas. Elle ne comprenait pas l'intérêt de déplacer ainsi les services d'une entreprise. Le père écoutait, silencieux comme à son habitude. Il se disait que le monde tournait de plus en plus mal.

– Avant, on allait au magasin, on discutait avec le vendeur… En cas de problème on nous envoyait un réparateur… aujourd'hui on fait tout à distance ! Il te dit comment réparer toi-même de là où il est. En Inde, mes enfants… en Inde, répéta-t-elle, incrédule.

Paulo et Nina échangèrent un regard entendu. C'était bien une pratique généralisée, une nouvelle tendance.

– Tu sais mama, c'est la même chose partout. Regarde, HAFA aussi envoie le travail à l'étranger.

La mère eut l'air de prendre conscience de l'ampleur du phénomène. Elle baissa les yeux en pensant à l'avenir de sa fille. Elle refoula sa pensée négative et se leva de table.

– Qui veut du dessert ? demanda-t-elle.

Elle s'éloigna vers la cuisine sans attendre la réponse. Nina, qui avait senti l'émotion de sa mère la suivit. Elle la trouva devant le frigo, immobile.

– Mama… ça va ?

– Je suis inquiète, murmura-t-elle.

Elle sortit le dessert du frigo.

– As-tu entendu qu'ils vont fermer l'usine dans laquelle ton père a travaillé ?

– Oui, soupira-t-elle en s'approchant de sa mère. J'ai pensé qu'il valait mieux ne pas en parler…

– Tu as bien fait. Il ne le montre pas, mais même si il est à la retraite cette nouvelle l'a beaucoup affecté. Mille sept cent ouvriers… c'est toute la région de Liège qui va en souffrir.

La mama releva la tête et plongea ses yeux dans ceux de sa fille. Elles étaient toutes les deux au bord des larmes.

– Et toi qui n'a plus de travail…

– Mama… dit Nina en se jetant dans ses bras. Je vais encore toucher un salaire pendant dix mois, ça va aller. Ne t'inquiète pas.

Son père, lui, n'avait pas quitté Paulo des yeux. Il était difficile de savoir ce qu'il pensait.

– Qu'est-ce que vous comptez faire ? demanda-t-il à son gendre.

– Pardon ? répondit Paulo, surpris d'entendre la voix de son beau-père.

En le regardant alors qu'il répétait sa question, il fut touché par les sentiments négatifs de Salvatore. Un peu d'inquiétude pour sa fille, bien sûr, mais surtout du mépris. Comme si c'était la faute de Paulo si Nina se retrouvait dans une situation difficile. Comme si la perte de leur emploi avait été provoquée par lui. C'était de lui que dépendait le bonheur sa fille, et le père ne semblait pas faire la différence entre les choses sur lesquelles Paulo avait une influence et ce qui ne dépendait pas de lui. Si Nina avait débarqué avec une triste mine ce soir, si elle avait peur pour son avenir, c'était la faute de Paulo. Point.

– Alors ? insista le beau-père.

– On va s'en sortir, répondit Paulo sans conviction.

– Vous savez Paulo… la première fois que Nina m'a parlé de vous, j'ai tout de suite compris que vous recherchiez une mère de remplacement pour vos enfants…

– Mais…

– Et ce taudis dans lequel vous vous êtes installés… ajouta-t-il en levant les bras au ciel. On n'a pas idée de choisir une telle baraque quand on n'est pas bricoleur…

– C'est juste une question de temps, je vais les faire arranger ces murs…

– Si vous en étiez capable, il y a des mois que vous auriez plafonné et repeint vos murs… au moins ceux du salon ! Vous n'avez pas honte quand les gens viennent vous voir ?

Paulo ouvrit la bouche en espérant qu'une réponse lui vienne, mais en vain.

– Nina m'a demandé de venir le faire à votre place, mais c'est hors de question. C'est votre maison, et en tant qu'homme, c'est votre boulot ! J'aurais donné un coup de main à la limite, mais…

– Je n'ai jamais demandé votre aide, je suis capable de…

– Laissez-moi terminer ! Ecoutez, vous feriez mieux de la laisser partir…

La mère revint avec une tarte et interrompit le duel. Ils se regardèrent encore dans les yeux pendant quelques minutes alors qu'elle servait une part à chacun.

– Allez, mangez ! ordonna la mama.

Sur la longue route qui les ramenait chez eux, ils ne dirent pas un mot. Cela faisait quelques jours que Paulo réalisait la dure réalité de la situation. Du moins quelques jours qu'il la voyait autrement. La positivité dont il avait fait preuve depuis plusieurs mois n'était plus au rendez-vous. A chaque fois que quelqu'un lui demandait comment il allait, il lui semblait que son moral descendait d'un étage. Il avait négocié de belles conditions de sortie, mais il n'y pensait plus. Il n'avait plus de forces, comme si il avait tout donné. Il se sentait vide, incapable de voir un élément positif auquel s'accrocher.

Le lendemain matin, Paulo ne dit pas un mot au petit déjeuner. A peine un « bonjour » marmonné entre ses dents. Nina ne releva pas. Elle l'avait senti tourner et se retourner dans leur lit toute la nuit, il était inutile de le confronter. Derrière sa tasse de café, elle l'observait. Il avait le regard vide, restait immobile. Il avait saisi une tranche de pain d'une main, son couteau près à beurrer de l'autre et puis s'était arrêté. Son attention avait été attirée par quelque chose derrière Nina, mais elle n'avait pas voulu se retourner. Captivée par le visage de son compagnon, elle ne bougea pas pendant plusieurs secondes. Jamais encore elle n'avait vu ce visage-là. L'homme fort au caractère bien trempé n'était pas là ce matin. Depuis plusieurs jours d'ailleurs, il les avait quittés. Paulo était comme vide, si ce n'était le souffle qui le gardait en vie, il n'y avait plus rien en lui. Plus d'énergie, plus d'envie. Ses yeux bleu azur n'avaient plus cette étincelle qui les rendaient irrésistibles. C'était le bleu d'une nuit sans étoiles qui s'y était invité. Nina se retourna enfin pour voir ce qui avait plongé Paulo dans un tel état de méditation. Une bouteille de Hafa-cola se trouvait sur le plan de travail. Elle posa doucement sa tasse et se leva sans faire de bruit. Inconsciemment, elle agissait comme si elle était en présence d'un somnambule qu'un réveil brutal aurait mis en danger. Elle se mit devant la bouteille et la glissa discrètement vers la poubelle. Ensuite elle revint s'asseoir à table. Paulo baissa enfin les yeux et parut étonné de voir le couteau qu'il avait en main. Nina le lui retira, lentement et prit également la tranche de pain.

– Que veux-tu sur ton pain ? demanda-t-elle d'une voix calme.

Il la considéra enfin, comme si il venait de s'apercevoir qu'elle était là et ferma ses mains qui étaient restées ouvertes.

– Je n'ai pas faim, répondit-il en s'accoudant à table.

Il se massa les tempes et ferma les yeux. Il ressentait une douleur étrange au fond du crâne, une douleur inconnue. Quand il avait aperçu le logo de HAFA, le souvenir de sa première journée lui était revenu. A l'époque il avait eu du mal à trouver du travail, mais la société américaine dont la philosophie était de donner sa chance à tous ceux qui montraient leur motivation l'avait engagée pour un projet informatique. Puis on lui avait confié un poste permanent à l'usine. Quelques années plus tard, à force de volonté, il intégrait les bureaux. Reconnaissant son sens des responsabilités, il fut chargé de donner des formations. Il avait formé ces hommes qui n'étaient que des gamins à l'époque. Ceux qui étaient devenus vice-présidents de la société. Il les avait vu débuter, leur avait appris à utiliser le système informatique. Il les avait entendus débattre de son sort lors des réunions de négociation, décider de ce changement qui bouleverserait sa vie. Cette vie qu'il avait passée à croire en cette société. Vingt-quatre ans. Il n'avait jamais connu qu'elle. Elle l'avait intégré, lui avait permis d'évoluer alors qu'elle prenait de l'expansion, elle était devenue sa famille. Mais aujourd'hui elle voulait l'abandonner. Nina regarda, impuissante, les larmes de Paulo s'écraser sur la table de la cuisine. Il ne bougeait à nouveau plus, tenait sa tête entre ses mains et laissait sa tristesse s'échapper de ses yeux fermés. Ses paupières frémissaient à peine, au rythme des pensées qui lui traversaient l'esprit. Elle voulut s'approcher de lui, mais il la sentit venir malgré ses yeux clos et se leva pour quitter la pièce. Il ne voulait pas de sa pitié. Il ne voulait pas ressentir cette tristesse. Il s'encourut dans l'escalier.

– Paulo… murmura Nina qui le suivit les premières marches.

Il s'enferma dans la chambre et se recoucha dans leur lit. Il sentit sa poitrine lui brûler, comme si une boule de feu, de colère d'incompréhension voulait s'en échapper en lui explosant le cœur. Il eut envie de hurler et enfouit sa tête dans l'oreiller. Il mordit dedans, laissa échapper sa rage, tapa sur le matelas. Il avait peur. Tel un nageur débutant qui s'aperçoit qu'il n'a plus pied, il sentait l'eau submerger son visage. L'air lui manquait. Il aurait voulu crier « au secours » mais le son ne sortait pas de sa bouche. Un cauchemar. Le désespoir. L'avait-il déjà connu ? L'homme qui avait toujours trouvé les mots pour réconforter les autres n'était plus là pour lui-même. Paulo se sentait quitter son propre corps, il se voyait mais ne pouvait rien faire. L'impuissance. Où était donc sa raison ? Perdue. Dans un trou noir. Il glissait. Dans un trou noir.

Derrière la porte qu'il avait fermée à clé, Nina s'était assise à terre. Elle se rappela la première fois qu'elle avait perdu son emploi. Le sol s'était dérobé sous ses pieds, et elle avait eu le sentiment de s'engouffrer dans la crevasse qu'avait creusé cette perte. Un choc sismique. Cela avait duré de longues journées plus sombres les unes que les autres avant qu'elle ne puisse voir à nouveau la lumière. C'était sa mère qui à l'époque l'avait aidé à s'en sortir. Silencieusement, par sa seule présence. Elle savait que dans l'obscurité dans laquelle Paulo était entré, il ne verrait aucun de ses gestes de soutien, il n'entendrait pas ses paroles réconfortantes. Mais qu'il fallait le faire, il fallait l'aider car si sa raison refuserait tout soutien, son cœur, lui sentirait sa présence. Elle joint ses mains et se mit à prier.

« Aide-le, je t'en prie. Aide-moi à rester forte pour le soutenir. Ne nous laisses pas tomber… »

Sa dernière phrase fut interrompue par un cri que Paulo laissa échapper de derrière la porte. Nina se saisit, se releva et colla son oreille sur la porte. Il pleurait. Nina se mordit la main, désolée de ne rien pouvoir faire. Elle soupira et décida de redescendre. Une fois dans la cuisine, elle versa dans l'évier son café qui était devenu froid. Elle se resservit une tasse et s'assied à table. La tranche de pain et le couteau de Paulo trainait encore. Elle regarda par la fenêtre. Un brouillard épais gâchait cette jolie vue sur le parc qu'elle affectionnait tant. D'habitude, elle pouvait voir les grands arbres qui avaient survécu à l'hiver. Ces géants qui restaient debout quoi qu'il arrive. Aujourd'hui, elle ne pouvait pas les voir. Dehors régnait le trouble, comme dans son cœur. Elle se rappela que chaque jour qui était passé depuis l'annonce de leur licenciement, Paulo l'avait rassurée. Il avait été l'épaule sur laquelle elle avait pleuré, la voix rassurante qui lui avait remonté le moral. Il avait été le roc sur lequel elle s'était appuyée. Son roc. Son roc s'était brisé. Les vagues de leur aventure au sein de la société HAFA avaient été trop violentes, la tension trop grande. Tout le monde avait pu prendre appui sur son roc pendant la tempête. Nina réalisa que pas une fois depuis le début de cette triste aventure elle n'avait vu son Paulo arrêter de sourire aux autres, les écouter, les rassurer.. Elle réalisa que le poids avait été trop lourd. Même pour de larges épaules comme les siennes. Il avait été un soutien pour beaucoup, et Nina sentit son cœur se gonfler d'amour et d'admiration pour son homme.

Lorsqu'elle entendit la porte à l'étage se déverrouiller et les pas de Paulo parcourir le palier, elle espéra qu'il allait descendre mais il n'en fit rien. Inquiète, elle monta l'escalier quatre à quatre et pénétra discrètement dans la chambre. Elle le trouva couché dans leur lit, immobile. Elle se glissa sous les draps, face à lui.

Puis elle passa ses doigts dans ses cheveux, tendrement. Elle aurait voulu l'envelopper, le submerger de la tendresse qu'elle ressentait pour lui, mais elle ne pouvait pas. Bien que proche physiquement, il lui sembla qu'elle était si loin pourtant.

– Je suis là… lui chuchota-t-elle.

– Qu'est-ce qu'on va devenir ? demanda-t-il, la voix étranglée par les sanglots.

– Shhht, ça va aller, répondit-elle en s'efforçant d'y croire. Tu verras, on va s'en sortir…

Nina fut interrompue par ses propres pleurs qui remontaient au fond de sa gorge. Elle retira les mains qu'il gardait sur ses yeux. Elle essuya elle-même ses yeux rouges et l'embrassa tendrement sur les lèvres. Elle ne parla pas, mais colla son front contre celui de Paulo et caressa ses cheveux. Elle dit à son cœur de se calmer, et promit à son amour qu'elle serait toujours là pour lui. Quoi qu'il arrive. Elle le berça, le consola, malgré sa peur de l'avenir. Ce matin-là, elle comprit que c'était à son tour d'être un roc.

7

– Pardon Ingrid, mais je ne comprends pas pourquoi on doit retaper toutes les procédures alors qu'elles existent déjà ? demanda timidement Joana.

– Il faut les rédiger différemment, selon le modèle que je vous ai montré. Comme ça, la mise en page sera identique pour tout le département. Ce sera plus facile pour tout le monde.

– Plus facile pour les bulgares oui, soupira Marc.

– Un problème, Marc ?

– Aucun, grogna-t-il.

– Parfait. Je ne serai pas là le reste de la semaine, mais je compte sur vous pour être sages, ricana-t-elle en quittant la pièce.

– Mais où est-ce qu'elle va encore ? s'interrogea Nina.

– Je suis prêt à parier que la boite lui a trouvé un nouveau poste dans un autre département, répondit Paulo.

– Tu crois ?

– Les amis, dit timidement Guy, j'ai quelque chose à vous annoncer…

Ils se tournèrent tous vers lui, intrigués par son ton solennel.

– J'ai démissionné.

– Quoi ? s'exclama Paulo en se levant.

– J'ai trouvé un poste dans une petite entreprise pas loin de chez moi. Un peu moins bien payé qu'ici, mais ils ont l'air de donner plus d'importance à l'humain que les américains qui nous emploient.

– Alors tu laisses tomber tes indemnités…

– Ecoute Paulo… je n'en peux plus. Depuis le coup qu'ils m'ont fait avec ma demande de replacement en interne… Pendant des mois ils m'ont donné des raisons d'y croire, j'ai fait tout ce qu'ils m'ont demandé… tout ça pour apprendre par hasard que quelqu'un d'autre avait obtenu le poste.

Ils opinèrent de la tête, se rappelant l'énergie qu'il avait déployée dans l'espoir de pouvoir rester au sein de la société. Guy avait passé tous les tests pour un des postes de coordinateur. Son profil correspondait aux exigences, et les ressources humaines lui avaient assuré qu'il y avait de grandes chances qu'il soit sélectionné. Les résultats devaient être annoncés par e-mail, et il les attendait, confiant. Seulement, ce jour-là, Guy avait remarqué un petit attroupement dans la cuisine. Plusieurs personnes se félicitaient.

– Qu'est-ce qu'on fête ? avait-il demandé innocemment.

– Josef et Vincent ont eu les deux postes de coordinateur restants, avait répondu un collègue en trinquant.

Guy avait eu l'impression de prendre un coup dans le ventre. Il s'était sentit floué. Les mots de Paulo lui étaient revenus en mémoire : « Ils ont déjà décidé qui aura ce poste, j'en suis persuadé. C'est une perte de temps de postuler » avait-il répondu quand il avait évoqué sa candidature. « S'ils voulaient te garder, ils seraient venus te chercher. »

– J'ai une boule dans le ventre quand je viens travailler, poursuivit-il. Je ne pouvais pas continuer comme ça… rester ici huit mois dans cet état-là ? C'est trop déprimant. Je préfère prendre un nouveau départ.

– On te comprend, murmura Joana.

– Eh bien… Félicitations, dit Paulo en lui tendant la main droite. Tu commences quand ?

– La semaine prochaine, le cinq avril.

– Déjà ?

– En fait, j'ai attendu le dernier moment pour vous l'annoncer. J'avais peur de votre réaction.

– Y a pas de quoi, dis Paulo. On est tous fiers de toi.

– Guy s'approcha de Paulo pour lui faire la bise et lui glissa :

– Tu avais raison… depuis le début. J'aurais dû t'écouter, je m'excuse.

Pour toute réponse, Paulo le serra dans ses bras, et lui donna une tape dans le dos.

– Bonne chance !

– Oui, bonne chance appuyèrent les autres.

Lorsqu'il s'éloigna, il laissa derrière lui un groupe de collègues assommés par la nouvelle. D'une certaine façon, ils l'enviaient de pouvoir fuir ce lieu. Eux aussi en avaient lourd sur le cœur. Chaque jour passé, ils le barraient sur le calendrier comme le font les détenus qui purgent leur peine. Ils restaient parce qu'ils toucheraient une indemnité à la fin décembre, mais au fond, ils rêvaient chaque nuit de tout plaquer.

*

*   *

Lorsque ce matin pluvieux de juin, il entra dans la salle de réunion ou l'attendaient déjà le C.F.O. et le directeur de leur division, Paulo fit de son mieux pour avoir l'air serein. Cela faisait un moment maintenant qu'il n'adhérait plus à la philosophie de l'entreprise, et cette convocation pour discuter de nouveaux projets ne lui plaisait pas du tout. Il serra la main à tous ceux qui étaient présents et remarqua la présence d'un jeune gringalet dont le visage lui était inconnu. Il prit place et regarda Christopher se lever avec un certain mépris.

– Avant de commencer, juste un petit update sur l'évolution du projet transition : Comme il vous a été communiqué par e-mail, la première phase débutera d'ici quelques semaines. Les nouveaux éléments du centre de service bulgare viendront suivre leur formation dans nos bureaux début juillet. Je suis heureux de vous apprendre qu'à l'exception de deux ou trois postes, tous les recrutements ont pu avoir lieu. Je pense que nous pouvons commencer, dit ce dernier en faisant signe au gringalet.

– Bonjour à tous, je suis Gregory et j'ai été engagé dans le cadre de la réorganisation de vos bureaux…

« Je pensais que tout le monde était viré et voilà qu'on engage un nouveau pour nous faire déménager… », pensa Paulo, un sourire sarcastique aux lèvres.

– L'objectif à terme est de passer au mode « free desk », de plus en plus répandu dans des entreprises de même taille que la vôtre. Il est prouvé que grâce à ce type d'organisation, on gagne en flexibilité. Les employés ont un ordinateur portable et un téléphone mobile et peuvent choisir où ils s'asseyent chaque jour.

– Que feront-ils de toutes leurs affaires personnelles ? demanda Paulo, intrigué.

– Le nouveau règlement, « Free desk Policy » dont j'ai posé une copie devant vous, apporte quelques changements aux vieilles habitudes. Il sera demandé aux employés de laisser le bureau propre et vide d'affaires personnelles. Si ils en ont, ils pourront les ranger dans des casiers que nous allons faire installer à l'entrée du plateau…

Paulo feuilletait nerveusement les feuilles de la petite farde qui avait été mise à sa disposition. La gorge serrée, il pensait à tous ces employés qui se remettaient à peine du choc de l'annonce et à la façon dont ils accueilleraient la nouvelle. Il releva la tête et vit la projection des nouveaux plans sur le grand écran. Ensuite il écouta d'une oreille distraite la présentation du planning des travaux et déménagements. En faisant un tour de la table du regard, il constata que seul Christopher avait l'air ravi. Le jeune orateur était nerveux comme un premier jour de classe et le directeur semblait sur une autre planète.

– Comme vous pouvez le constater, d'ici trois semaines, tout le département finance sera déplacé dans l'aile ouest du bâtiment. Le déménagement pourra donc être assez rapide, termina le jeune homme.

– Merci Gregory, dit le C.F.O. enthousiaste. Paulo ? Des remarques ?

Paulo avait bien compris que son avis était purement consultatif. Tout était déjà planifié. Lui-même quitterait bientôt cette entreprise alors à quoi bon lutter ? Ces changements étaient selon lui loin d'être appropriés mais il s'efforça de jouer le jeu. Il fixa le jeune Gregory. Il en avait presque pitié. Ce dernier devait être fraîchement diplômé et avait mis tout son cœur dans la présentation de son idée.

– C'est une bonne idée, oui…

« Oh puis zut ! pensa-t-il »

– Non mais… vous voulez vraiment mon opinion ?

– Bien sûr ! répondit le C.F.O. C'est pour cela que nous avons organisé cette réunion.

– Ok. C'est une bonne idée pour des commerciaux qui passent peu de temps au bureau. Mais pas pour des gens qui y passent leur journée.

– Mais on va gagner en flexibilité, et puis…

Le jeune Gregory s'interrompit en voyant Paulo se lever. Il espérait le soutien du syndicaliste, mais ce dernier ne semblait pas disposé à le lui donner. Depuis quelques temps, il n'était plus aussi impliqué dans ce rôle, et on ne pouvait pas lui en vouloir.

– Je comprends que tu sois enthousiaste mon garçon, et je sais bien que quoi que je dise tu iras au bout de ton projet, alors vas-y.

Paulo se dirigea vers la porte et en saisit la poignée.

– Paulo… dit Christopher embarrassé.

– Tu ne te rends pas compte, soupira-t-il en se retournant. Ces gens viennent de prendre un licenciement collectif dans les dents… ils sont déçus de vos façons de faire. Et toi, tu veux leur demander de s'adapter à des nouvelles règles, accepter un nouveau concept… Tu penses vraiment que c'est le bon moment ?

– C'est-à-dire que… après nous ferons monter le marketing à l'étage, lâcha maladroitement le jeune responsable du projet.

Il s'interrompit en sentant le regard accusateur du C.F.O. et comprit sa bourde. Il était prévu qu'une fois le département licencié parti, un autre prendrait ses quartiers dans ces bureaux tout neufs. Mais ça, personne n'avait besoin de le savoir pour l'instant. Paulo les salua sans émotions apparentes, bien qu'au fond de lui son cœur se révoltait. En refermant cette porte il ferma les yeux pendant quelques secondes, le temps de se rappeler que bientôt il n'appartiendrait plus à cette organisation dont il désapprouvait de plus en plus les façons de faire. Le temps de se recentrer sur lui-même, de calmer ce cœur enragé qui aurait voulu refuser catégoriquement cette décision. Mais ce n'était plus son rôle de se battre. La bataille était terminée et il fallait maintenant soigner ce qui pouvait l'être.

En retournant à son bureau, Paulo pensait en regardant autour de lui : De façon étrange, lorsqu'un employé a une place déterminée et qu'il s'y assied tous les jours pendant des années, il s'y construit une sorte de résidence secondaire. Un ou deux cadres avec la photo des enfants ou du mari, des petits bibelots qui rappellent un bon souvenir. Quoi de plus normal d'aménager un espace à son gout quand on sait qu'on va y passer la plus grande partie de sa journée. Sur les quinze heures où l'on sera éveillé, sept virgule six heures se dérouleront à cet endroit. Alors bien sûr, naturellement les petites peluches, gadgets ou tasse à café personnelle s'invitent. Et chaque fois que l'employé a un coup de blues et se demande ce qu'il fait là, il regarde la photo de ses petits chéris et retrouve le courage de travailler pour gagner sa vie. Mais voilà qu'ils allaient entrer dans l'ère de la « Free desk Policy ». Une ère où il est interdit de s'attacher à une place particulière ou d'avoir près de soi des objets réconfortants.

Dans la voiture, sur le chemin du retour, Paulo réfléchissait encore à ce futur déménagement. Il se disait qu'à une autre époque, il aurait tout fait pour empêcher une aussi mauvaise décision d'être appliquée. Aujourd'hui, il avait le sentiment d'être incapable de changer quoi que ce soit aux évènements. Il se sentait inutile. Nina qui l'observait depuis le siège passager, avait entendu des rumeurs de déménagement et espérait silencieusement qu'il lui raconte ce qui s'était dit à la réunion. Après de longues minutes, elle finit par parler :

– Tu as remarqué qu'ils ont commencé à changer les ordinateurs ? Il parait que tout le monde va recevoir un portable…

– Oui, c'est le cas, soupira-t-il.

– Pourquoi est-ce qu'ils font ça ? Enfin je veux dire, pourquoi investir dans de nouveaux ordinateurs pour du personnel qu'on a mis à la porte ?

– Parce que…

Il s'interrompit. Il n'avait aucune envie d'en parler.

– Paulo, dis-moi…

– Ils vont nous faire déménager.

– Quoi ?

– Tu as bien entendu. Ils vont changer le règlement intérieur ; plus de place attitrée, donc plus de pc fixe. Ce nouvel ordinateur portable, c'est pour pouvoir te bouger à leur guise ! Et quand tu partiras, on le donnera à quelque d'autre.

Nina se laissa retomber dans son siège, sonnée. Elle avait bien senti dans le ton de Paulo qu'il ne voulait pas en parler d'avantage. Jusqu'où HAFA allait-elle pousser le bouchon ? L'arrivée devant l'école des filles arrêta le fil de sa pensée. Paulo descendit du véhicule et entra dans le bâtiment où était organisée la garderie. Nina sortit pour prendre l'air et s'adossa à la voiture.

En voyant Nina, Jenny accourut et lui sauta dans les bras.

– Nina ! cria-t-elle, je suis trop contente de te voir.

– Moi aussi ma jolie, tu as passé une bonne journée ?

– Oui super !

– Et moi ? Tu ne me dis pas bonjour ? demanda Paulo.

– Bonjour papa, lui répondit-elle en roulant des yeux.

Lisa arriva à son tour et détailla Nina de bas en haut. Une fois près d'elle, elle cracha son chewing-gum à quelques centimètres de ses pieds.

– Nouvelles chaussures, hein ? J'pensais qu'on devait faire attention aux dépenses, marmonna-t-elle.

Paulo s'était déjà installé au volant. Nina sourit à Lisa en la regardant droit dans les yeux pour lui montrer qu'il en fallait plus que ça pour la déstabiliser. Elle ne portait rien de neuf, mais refusa de se justifier face à tant d'arrogance. L'adolescente soupira en s'engouffrant dans la voiture.

A la maison, Nina prépara le diner et demanda à Lisa qui se trouvait affalée dans le canapé depuis leur retour de bien vouloir mettre la table. A la troisième demande, celle-ci se leva enfin.

– Merci, lui dit Nina.

Elle se rendit dans la salle de bain pour passer de l'eau froide sur son visage. L'attitude dénigrante de Lisa commençait à devenir insupportable. Elle prit de longues inspirations pour se calmer. Lorsqu'elle redescendit, elle trouva Paulo, Lisa et Jenny assis à leurs places habituelles. Elle s'approcha de la table et remarqua qu'il manquait un couvert. Lisa l'observait, sourire en coin. Paulo, lui, avait commencé à servir ses filles, indifférent.

– Tout va bien ? demanda-t-elle en croisant les bras.

– Oui, ça va, fit Paulo d'un air agacé. Qu'est-ce qu'il y

a encore ? T'attends quoi pour t'asseoir ?

Lisa pouffa de rire, faisant monter l'énervement de Nina.

– Tu n'as rien remarqué bien sur… Lisa ?

– Quoi ? demanda-t-elle pleine de hargne.

– Pour commencer, tu arrêtes de me parler sur ce ton. Ce n'est pas parce que ton père a l'esprit ailleurs que tu peux te permettre de…

– Mais qu'est-ce que tu as Nina, à la fin ? s'énerva Paulo.

Nina n'en crut pas ses oreilles. Son homme n'était décidément plus le même depuis quelques temps. Jenny remarqua qu'il manquait une assiette. Elle voulut se lever mais sa sœur lui pinça le bras.

– Aïe ! cria-t-elle.

– Ça suffit vous deux ! cria Paulo. Pourquoi veux-tu te lever Jenny ?

– Il manque une assiette pour Nina !

Paulo soupira, il fusilla son ainée du regard et regretta de ne pas avoir compris plus tôt mais ne dit rien. Il ne s'excusa pas auprès de Nina et ne gronda pas sa fille. Il eut honte de son manque de jugement mais ne trouva pas le courage de prendre ses responsabilités. Lorsque Jenny se leva pour prendre le couvert manquant, Nina lui fit signe de se rasseoir et quitta la pièce.

– Bon appétit, leur lança-t-elle en s'éloignant.

*

* *

Assis dans sa voiture, Paulo cherchait désespérément une phrase qui détendrait l'atmosphère entre Nina et lui. Il se savait difficile à vivre ces derniers temps. Ces dernières semaines avaient été aussi grises que les précédentes. Paulo et Nina ne se parlaient plus, et aucun n'avait la force de confronter l'autre. Le soir, il préférait s'isoler pour éviter les disputes. Il se sentait si mal qu'il en avait presque honte, et n'arrivait pas à partager sa peine avec Nina qui essayait de l'aider. Il espérait que cette sortie en groupe leur permette de se détendre, de remettre les choses à plat. Mais il ne trouvait pas les mots. Il finit par sortir de son véhicule. Nina essuya la larme qui glissait sur sa joue et sortit à son tour. En ce premier jour de juillet, le soleil avait enfin décidé de se montrer, mais cela ne suffit pas à réchauffer leurs cœurs. Lorsqu'ils arrivèrent au point de rendez-vous, les autres étaient déjà montés dans le bus. L'organisatrice de l'évènement terminait de compter les présences et eut l'air soulagée en la voyant s'approcher.

– On n'attendait plus que vous pour démarrer ! Entrez, vite ! les pressa-t-elle.

En avançant entre les sièges, il remarqua tout de suite Joana qui l'invitait à venir s'asseoir près d'elle à force de grands gestes. Il se retourna vers Nina qui lui fit signe d'y aller. Elle préférait s'asseoir à l'avant. Regroupées au fond du bus se trouvaient une dizaine de personnes inconnues. Il cacha mal son étonnement.

– Tu les as vus ? demanda Joana qui avait remarqué son changement d'expression.

– Oui, surprenant... répondit-il en s'asseyant. Ils ne sont pas très nombreux...

– C'est le premier arrivage, dit-elle. Le reste arrive la semaine prochaine.

– Ah !

– Si j'avais su qu'ils venaient, je serais restée chez moi,

dit Joana en secouant la tête. C'est vraiment n'importe quoi.

Paulo regarda discrètement dans la direction des bulgares. Ils n'avaient pas l'air très à l'aise. Il se dit que ça ne devait pas être évident pour eux. Ils devaient bien sentir qu'ils n'étaient pas les bienvenus. Il croisa le regard haineux d'un de ses collègues, qui s'était retourné pour observer les intrus.

– Je pensais qu'il s'agissait d'une sortie pour remonter le moral des employés de Bruxelles, déclara-t-il sans s'adresser à quelqu'un en particulier.

– Déjà l'idée de faire un team building pour des gens qui sont virés, c'est bizarre. Mais là ils exagèrent… ajouta son voisin.

– Je suis vraiment déçue, soupira Joana.

– Allons, ça va bien se passer, dit Paulo d'une voix qui se voulait rassurante. Il fait beau, il faut essayer de profiter de toutes les choses positives possibles. Là, la société t'offre une journée d'activités et un resto, profites-en !

Joana sourit en regardant Paulo.

– Tu as raison, dit-elle. On s'en fout des autres ! On va profiter de la journée.

En voyant Joana se détendre, Paulo fit de même. Il se sentait très faible et posa la main sur son cou pour sentir les battements de son cœur, irréguliers. Depuis plusieurs jours, la tête lui tournait. Il ricana en se répétant son propre conseil : « profiter du positif ». C'était une bien jolie phrase sortant de la bouche de quelqu'un qui avait broyé du noir toute la semaine.

Joana soupira. Elle n'aimait pas se mêler des affaires des autres, et Nina lui avait demandé de garder pour elle ses confidences. Et pourtant elle aurait aimé pouvoir les aider. Elle posa sa main sur celle de Paulo et serra ses doigts en signe de réconfort puis détourna son regard vers la vitre. Le trajet dura plus d'une heure, et la bonne humeur du groupe reprit vite le dessus sur la mauvaise surprise que la présence d'inconnus avait causé. Ils se rendirent dans un magnifique domaine, verdoyant, au milieu duquel s'imposait un petit château. Le soleil commençait doucement à chauffer lorsqu'ils marchaient vers la terrasse que l'organisatrice leur indiqua. Ils aperçurent plusieurs personnes occupées à terminer l'installation de diverses activités sur le gazon tandis que des serveurs approvisionnaient un buffet. Croissants, viennoiseries, thé, café et jus de fruits vinrent bientôt garnir une longue table sur la terrasse. Ils furent invités à se servir et furent ravis de tant d'abondance. Après le petit déjeuner, un animateur vint leur expliquer le déroulement de la journée. Des équipes allaient être formées et allaient devoir suivre un parcours de jeux dans un ordre établi. Ils collecteraient des points par victoire et une coupe serait remise au vainqueur à la fin de la journée.

Paulo sourit intérieurement. « Bien sûr il fallait un vainqueur. Chez HAFA, il y avait toujours une compétition, même pour une journée de détente », se dit-il.

Avant de débuter, chaque équipe reçut un gilet de couleur. Nina fit équipe avec Jeannette et d'autres filles. Pour Paulo, Joana, David et Marc, ce fut le vert. Le premier jeu proposé sur leur parcours était un jeu de fléchettes. Cinq employés des bureaux de Bruxelles attendaient des adversaires pour commencer à jouer. Lorsque le groupe de Paulo s'approcha, ils sourirent et firent mine d'être les meilleurs.

– Vous êtes prêts ? demanda l'un d'entre eux. Parce qu'on est très forts ! plaisanta-t-il en montrant ses biceps.

Ils éclatèrent de rire et s'encouragèrent l'un l'autre lorsque le jeu commença. Au fil de la partie, ils se dirent que finalement, cette sortir de groupe était une bonne idée. Il faisait beau, et ils se changeaient les idées. Bien que compétitif, le ton était au second degré. Ils ne prêtèrent d'ailleurs pas attention au comptage des points. Ils se séparèrent en pleurant de rire et le groupe de Paulo se dirigea vers le jeu numéro deux. A une vingtaine de mètres de là, Marc fit signe au groupe de s'arrêter.

– Dites, les gars… vous avez vu qui est là ?

Ils stoppèrent aussitôt leur avancée. Quatre bulgares, affublés d'un gilet de plastique rouge, attendaient depuis un moment pour des compagnons de jeu.

– On peut peut-être aller à un autre stand ? proposa Joana, mal à l'aise, en regardant aux alentours.

– Ils sont tous déjà occupés, soupira David. On n'a pas le choix.

– C'est pas grave, dit Paulo. Ce n'est qu'un jeu après tout… Allez, venez !

Ils s'avancèrent en trainant les pieds. Un des étrangers, assez grand de taille, les cheveux courts et noirs, vint à leur rencontre, tout sourire.

– Ready to lose ? lança-t-il, plein d'arrogance.

Marc et Joana se regardèrent en se demandant s'il était sérieux. « Prêts à perdre ? » se répétèrent-ils, incrédules. Alors qu'il voulait faire une plaisanterie, sa petite phrase maladroite fit l'effet d'une provocation. Les deux groupes se faisaient à présent face, à trois ou quatre mètres l'un de l'autre. Il y eut comme un vent glacé sur la plaine ensoleillée. Ils étaient tendus, mal à l'aise. Au bout de quelques minutes de silence, l'animateur qui terminait l'installation des accessoires s'approcha enfin, un long morceau de plastique incurvé à la main et exposa les règles du jeu pendant que son assistante leur tendait des gilets verts.

– Le but du jeu est de remplir la bouteille de l'autre côté du terrain, expliqua-t-il. Et ce avec l'eau du seau qui se trouve à mes pieds. Sans déplacer l'un ni l'autre.

Les participants regardèrent la distance qui séparait les deux récipients avec étonnement.

– Vous l'avez compris, poursuivit-il. Il va falloir transporter l'eau. Pour ce faire, vous disposez de ces trois demi tuyaux en plastiques. L'équipe qui aura le plus d'eau dans sa bouteille au bout de trois minutes aura gagné.

– On peut faire comme on veut ? demanda David.

– Oui, répondit l'animateur, à vous de bien vous organiser.

Paulo vit que l'équipe adverse était déjà en train de se concerter et fit signe aux autres de s'approcher.

– Je pense que le mieux c'est de faire une chaîne, dit-il. Une succession de rigoles.

– C'est ce que je crois aussi, dit Joana. Et il faudrait tenir l'entonnoir dans la bouteille pour réceptionner l'eau.

– Je m'en occupe, dit David.

– Ok, c'est parti !

Ils se positionnèrent et sentirent le regard appuyé de leurs adversaires. Ils avaient l'air déçus de voir que la même technique avait été adoptée dans les deux clans. Il semblait que ceci était plus qu'un jeu. De part et d'autre, la nervosité était montée d'un cran. Alors qu'à l'épreuve précédente, tous riaient de bon cœur sans vouloir gagner à tout prix, pour ce jeu-ci, l'ambiance n'était plus à la récréation.

– Prêts ? demanda l'animateur en regardant son chrono.

– More than ready ! répondit le grand bulgare, plein sourire.

– On va vous écraser, marmonna Marc.

Un coup de sifflet retentit et les indications fusèrent des deux côtés, chacun dans sa langue. « Doucement, ne bouge pas… Place ta rigole en dessous ! Vite déplace-toi ! Nooon ! » La première tentative échoua à mi-parcours du côté des belges. Toute l'eau s'écoula par terre lors d'un replacement trop lent. Ils retournèrent au début, agacés de voir que les autres avaient réussi à amener un peu d'eau dans leur bouteille. Lorsqu'ils recommencèrent, ils adoptèrent une autre technique. En se concentrant sur le contrôle de l'inclination des rigoles plutôt que sur la rapidité, ils parvinrent à garder une plus grande quantité d'eau. Celui qui avait commencé la chaîne signalait quand il s'était positionné en bout de chaine, prêt à recueillir le liquide, et là seulement le groupe laissait l'eau se déplacer. L'équipe adverse continua à courir et remplir leur bouteille, mais à coup de petites quantités. Paulo vit la bouteille se remplir jusqu'au trois quart lorsque le coup de sifflet final interrompit la partie.

– On ne touche plus à rien ! cria l'animateur qui s'approchait des deux bouteilles.

Il s'agenouilla, les posa côte à côte pour en comparer le contenu et rendit son verdict.

– Les verts ont gagné ! Bravo !

Un cri de joie retentit du côté des belges. Ils sautèrent sur place, se tapèrent dans les mains, sourirent à pleines dents. Ils étaient contents, satisfaits. Peut-être même soulagés. Ils n'en dirent pas un mot, mais ils ressentaient la même chose. Déjà qu'ils avaient perdu leurs emploi au profit de ces quelques personnes, perdre ce jeu aurait été vécu comme une seconde humiliation.

Ils purent profiter d'une collation et s'installèrent sur l'herbe qui avait déjà bien chauffé. Certains s'allongèrent à même le sol. Cette journée prenait des airs de vacances à la campagne. Cependant, Paulo n'arrivait pas à se détendre. Il avait repéré Nina, à une centaine de mètres de lui et ne la lâchait pas des yeux. Elle riait, entourée de quelques filles de la compta. Il la trouva belle. Pourquoi son cœur était-il trop lourd pour pouvoir s'exprimer ? Il était certain de toujours l'aimer aussi fort, mais n'arrivait plus à le lui montrer ni à le dire. Elle sentit le poids de son regard et le fixa à son tour. Son sourire disparut. Silencieusement, elle lui dit qu'elle souffrait de son mutisme, qu'il lui manquait tellement qu'elle préférait rester loin de lui. Il baissa les yeux. Une tape de David sur son épaule le ramena à l'instant présent. La pause était finie.

Le jeu suivant était une promenade en échasses, sans adversaire cette fois. Une expérience à tenter. Lorsque le groupe s'approcha du stand, Ingrid écoutait sérieusement les explications de l'animateur et terminait d'attacher ses pieds sur ces accessoires bizarres. Encore assise, elle avait l'air sure d'elle comme d'habitude et le petit public qui l'entourait fut d'autant plus attentif. Marc sortit son smartphone et s'apprêta à filmer la scène.

– On parie combien qu'elle va se planter ? ricana-t-il en réglant son appareil.

Les autres ne répondirent pas mais n'en pensèrent pas moins. Ingrid se leva enfin et rougit en réalisant la hauteur à laquelle elle se trouvait. Pour son équilibre, elle n'avait que la main tendue de l'animateur qui se proposa de l'aider à faire ses premiers pas.

– J'ai peur, chuchota-t-elle en espérant que le garçon qui lui tenait la main l'entende et s'arrête.

Il continua à la faire avancer et Ingrid devint pâle. L'idée de faire un faux pas et de tomber la paralysa. Marc donna un coup de coude à David qui réprima un sourire.

– Avec ça je vais faire le buzz sur le net ! dit-il en riant.

– Allez mademoiselle, courage ! Ne regardez pas par terre. On avance.

– Arrêtez-vous ! cria-t-elle au bord des larmes. Je veux descendre !

– Encore un peu, vous y êtes presque.

– Non ! Non ! pleura-t-elle, je ne veux plus !

Ingrid avait hurlé si fort que les participants d'autres stands se retournèrent pour regarder ce qui se passait. Marc continua à filmer en jubilant.

– Mais… dit le jeune homme, un peu choqué. Il faut aller jusqu'au podium pour enlever les échasses, vous n'avez pas le choix.

En poussant un cri de frayeur à chaque pas, elle avança maladroitement. Elle tenta de rire jaune, réalisant tous les regards amusés tournés vers elle. Elle avait été ridicule en criant comme elle l'avait fait. Une fois assise et sans les échasses, il ne lui fallut que quelques secondes pour s'essuyer le visage et reprendre son air hautain comme si rien ne s'était passé.

Le soir venu, l'apéritif fut servi. Paulo chercha Nina. Lorsqu'il la retrouva, il fut partagé entre la joie et le malaise.

– Ça va ? demanda-t-il timidement.

– Bien. Et toi ? Tu t'es bien amusé ?

– Euh… oui, si on veut…

Encore une fois, le silence s'insinua entre eux alors qu'alentours la musique et le bruit régnait.

– Nina, je voulais te dire…

– Oui ? demanda-t-elle en croisant les bras.

– Je… je…

Il soupira en baissant la tête, impuissant. Elle s'éloigna, déçue. D'abord à reculons sans le lâcher du regard. Ensuite elle se retourna et rejoint les filles avec qui elle avait passé la journée. Paulo, lui, s'approcha du groupe avec lequel il avait fait équipe.

– A ton nouveau job ! s'exclama Marc en trinquant avec David.

– Merci ! lui répondit celui-ci. Ça ne pourra être que mieux qu'ici de toute façon.

– Tu as trouvé ? demanda Paulo.

– Oui, j'ai eu la confirmation il y a une heure.

Paulo eut chaud au cœur en voyant le sourire de David. Il l'avait vu aigri et grognon ces derniers temps. Ce soir, il redécouvrait un homme confiant. David pouvait être fier de lui, il avait passé les examens d'entrée à la commission européenne et les avait réussis. Ensuite, il avait dû subir quatre entretiens et avait été sélectionné.

– C'est magnifique, dit Paulo ému.

– C'est son salaire qui va être magnifique ! s'exclama Marc en mettant une cigarette en bouche.

– Ah oui, je gagne au change ! répondit simplement David. Mais… dit-il en se tournant vers Marc, tu refumes toi ?

– Oui, avoua-t-il en baissant la tête, j'ai replongé…

– Merde ! ça faisait longtemps que t'avais arrêté pourtant, s'exclama-t-il, choqué.

– Quinze ans.

Il regarda la cigarette qu'il avait entre les doigts comme si elle était coupable de son trouble.

– Qu'est-ce qui t'a fait reprendre ? demanda Paulo.

– Toute cette histoire… dit-il en désignant les autres employés du menton. J'en ai fumé une après l'annonce et puis… voilà.

Il l'alluma et en tira une longue bouffée qu'il souffla sur le côté pour ne pas gêner ceux qui l'entouraient. Ils échangèrent un regard avec la même pensée : c'était dommage de recommencer après avoir arrêté si longtemps. Mais Marc semblait très nerveux et personne ne tenta de le convaincre de quoi que ce soit. Il laissa aller ses pensées à voix haute.

– Au fond, ce qui nous arrive, c'est comme une claque que tu te ramasse devant tout le monde. C'est pas tant la douleur que ça provoque qui gêne… c'est l'humiliation, la honte, le regret de ne pas l'avoir vu venir et de n'avoir pu l'éviter. Et le pire, c'est de devoir rester là au milieu des autres qui te regardent.

Ils acquiescèrent en silence, émus par cette comparaison. Ils avaient tous ressenti cette honte inexplicable peu après l'annonce, et depuis ils essayaient de s'en remettre. Ils burent une ou deux gorgée, avalèrent un petit four, regardèrent ailleurs en espérant qu'un autre sujet de conversation serait lancé. Chacun avait sa manière de gérer la crise. Certains, comme David avaient su rebondir rapidement. D'autres recherchaient le réconfort dans de vieux vices cachés. D'autres encore souriaient face aux gens, en prétendant que tout allait bien, mais pleuraient une fois seuls. Chacun à son rythme et à sa manière. Mais ce qu'ils souhaitaient tous, c'était simplement se sentir mieux. Ingrid arriva par derrière et surprit Marc en lui tapant sur l'épaule.

– Je peux te parler une seconde ? demanda-t-elle d'une voix autoritaire.

– Euh… oui, dit Marc en écrasant sa cigarette dans le cendrier.

Elle s'éloigna d'un pas mais il ne la suivit pas, intrigué. Les autres se regardèrent, étonnés également qu'elle veuille lui parler en aparté. Elle revint vers lui, constatant qu'il ne bougerait pas. Elle ne voulait pas élever la voix et se faire encore remarquer. Elle regarda les autres puis le fixa, l'air de lui demander s'il était bien sûr de vouloir qu'elle parle devant tout le monde. Il opina de la tête.

– Je t'ai vu me filmer, cracha-t-elle.

– Ah bon ? répondit-il innocemment.

– Il est hors de question que cette vidéo soit rendue publique, c'est clair ?

– Pourtant tu nous as fait un beau spectacle… Il eut un demi-sourire.

– Je ne plaisante pas, ajouta-t-elle le visage fermé.

Marc eut envie de donner une bonne leçon à cette impétueuse de dix ans sa cadette. Elle ne respectait décidément personne et pensait tout savoir mieux que les autres. Il sortit son smartphone de sa poche et lui montra plusieurs vidéos, la partie de fléchettes, un spectacle de ses enfants, son chien… Ingrid ne se vit pas et fronça les sourcils.

– Tu vois ? Tu ne fais pas partie de ce dont j'ai envie de garder un souvenir.

Elle lui lança un regard mauvais et chercha une réplique.

– Tu es déçue ? demanda-t-il ironiquement.

– Si je vois cette vidéo sur les réseaux sociaux, c'est toi qui en payeras les conséquences, dit-elle en appuyant son index sur sa poitrine.

Elle s'éloigna enfin, laissant Marc sans voix devant tant d'arrogance. Il revint vers le groupe.

– Quelle cloche, celle-là ! Je fais encore ce que je veux en dehors du bureau non ?

– Ne le fais pas, lui dit doucement David.

– De quoi tu parles ?

– Publier ces images… c'est une mauvaise idée.

Marc haussa les épaules et engloutit son verre de champagne.

– David a raison, Marc, ajouta Paulo. Ce n'est pas le moment de mal te faire voir par un supérieur.

– Ben quoi ? Je suis déjà viré, non ?

– Quand tu signeras ton papier et que t'empocheras ton enveloppe, répondit Paulo en posant ses deux mains sur ses épaules. En attendant, tu n'es pas à l'abri d'une faute grave. Ingrid est capable de trouver une raison de te faire sortir du plan social. Tu la connais, faut pas la chercher. Pas maintenant. Ne déconne pas… Plus que cinq mois à tenir.

Pour toute réponse, Marc posa son verre vide et s'alluma une autre cigarette. Il regardait Paulo et Joana les sourcils froncés, comme si ils venaient de lui gâcher son plaisir. Il aurait tant aimé faire payer Ingrid pour son attitude irrespectueuse. Mais ses collègues avaient raison ; il valait mieux se tenir à carreau.

L'un des animateurs prit la parole pour annoncer le gagnant du jour. Société visant l'excellence, la compétitivité, comment HAFA aurait-elle pu écarter la compétition du jeu ? Il fallait un vainqueur. Paulo roula des yeux, sachant d'avance qu'il ne s'agirait pas de son équipe. Il se dit qu'ils n'étaient pas venus pour ça. Il trouvait inutile de raviver ce sentiment d'infériorité parmi ceux qui n'avaient pas gagné. Il regarda autour de lui : les trois quart ici présents allaient disparaître d'ici quelques mois, il ne pouvait penser à autre chose. Seuls quelques-uns avaient été épargnés. Ils souriaient en toute insouciance, sans même imaginer ce que les autres portaient sur le cœur ce soir-là ; de la peur, de l'insécurité, de la peine. Le hasard, ou autre chose, voulut que l'équipe gagnante fût justement composée de gens qui n'étaient pas renvoyés. Etrange. Peu de personnes applaudirent leur victoire.

Une jeune serveuse s'approcha et les invita à passer à table. De façon étrange, bien que le placement fût libre, la séparation par grade et par langue s'était imposée d'elle-même. Une table de dix francophones, le reste était néerlandophone. Les directeurs et managers s'étaient regroupés entre eux. Les employés de leur côté aussi. L'odeur du barbecue était prometteuse, et tout le monde avait l'eau à la bouche. Le vin fut servi, et personne ne se fit prier pour y gouter. Marc se fit remarquer en vidant son premier verre d'une traite. Il se resservit aussitôt et en proposa aux autres mais ils attendaient de pouvoir manger pour continuer à boire.

– C'est quand même fou de se dire qu'ils ont de l'argent à dépenser pour ces conneries, mais que pour payer nos salaires il n'y en a pas ! s'exclama-t-il en regardant autour de lui. « Teambuilding »… jamais vu un team building organisé pour des gens qui sont virés, ajouta-t-il en avalant son vin.

– Peut-être qu'ils veulent créer le contact entre les bulgares et nous pour que la transition se passe bien… tenta Paulo.

– Eh bien c'est raté ! J'ai encore moins envie de les voir maintenant !

– C'est vrai que j'aurais préféré qu'ils ne soient pas là, soupira Joana. Ça aurait été l'occasion de nous retrouver, avant de nous dire au revoir.

– Ça fait deux ans qu'ils n'organisent plus de sorties, ni de soirées pour le personnel, dit David. Alors on peut se poser la question : comment ça se fait qu'on a droit à un évènement aujourd'hui ? Comme par hasard, au moment où les bulgares débarquent.

– Pour leur donner une belle image de la société, dit Joana en opinant de la tête comme si elle découvrait le pot aux roses.

– Et les motiver à travailler pour HAFA, termina David.

Ils regardèrent tous leur verre, comme si la conclusion s'y reflétait. Cet évènement n'avait pas pour but de leur faire plaisir à eux. Cela faisait partie de la stratégie dont ils étaient victimes. C'est ce qu'ils se dirent tous.

– Après tout je m'en fiche ! déclara Marc, déjà éméché. Y a à manger à boire gratuit ? Je prends !

Il provoqua un éclat de rire général qui dédramatisa l'ambiance qui s'était installée à leur table. Ce fut leur tour d'aller se servir à manger au buffet. Marc se présenta en premier près du plat de viandes. Alors que la serveuse posa un seul morceau de viande, il montra les saucisses et côtelettes qu'elle n'avait pas proposées.

– Ceci aussi s'il vous plait, demanda-t-il. Et encore un steak. Merci ! dit-il avec un sourire trop grand.

La serveuse fronça les sourcils en le regardant s'éloigner. Suivant l'exemple de leur acolyte, ils remplirent tous leurs assiettes à outrance. Ils revinrent à table en pouffant de rire et mangèrent de bon cœur en échangeant des banalités.

– Je t'ai dit que j'ai réservé les billets pour la Grèce ? demanda Marc à Joana. Une semaine, all inclusive en bord de plage ça va être bien…

– Tu y vas avec tes ados ?

– Non non ! Je pars avec Rachel, répondit-il en mâchant.

Joana qui portait la fourchette vers sa bouche arrêta son mouvement et fixa Marc avec de grands yeux ronds. Le prénom qu'elle venait d'entendre était apparemment une surprise.

– Et ta femme est au courant ? demanda-t-elle, toute pâle.

– Je lui ai dit, répondit-il en avalant d'une traite son cinquième verre de vin.

– Et elle est d'accord ?

– Non. Mais je m'en fous ! J'ai décidé d'y aller quand même, dit-il en haussant les épaules.

Il saisit le paquet de cigarettes qu'il avait posé près de son verre et quitta la table d'un pas nerveux. Joana regarda Paulo qui faisait mine de ne rien avoir entendu.

– Il est devenu fou… murmura-t-elle.

Remarquant l'air décomposé de Joana, Paulo s'en approcha en se penchant au-dessus de la place que Marc avait désertée.

– Que se passe-t-il ? demanda Paulo en devinant qu'il y avait un souci.

– Rachel, l'assistante chez les commerciaux…

Joana n'en revenait pas, elle posa ses couverts, l'appétit visiblement coupé. Paulo, lui, n'y comprenait toujours rien.

– Je les ai vus se rapprocher… murmura-t-elle. Mais il est marié, tout le monde le sait… Comment elle a pu…

Il ne put s'empêcher de penser à Nina et à quel point une relation peut être fragile. Elle lui manquait terriblement.

– Je pense qu'il a trop bu… murmura Joana.

Elle s'interrompit en voyant revenir Marc. Ce dernier reprit sa place et se servit un nouveau verre. Paulo et Joana échangèrent un regard entendu.

– Dis donc Marc ! fit David en remarquant que la bouteille était vide. Vas-y molo quand même !

– Oh écoute, je ne conduis pas ce soir ! On nous ramène en bus, répondit-il en levant son verre.

– On nous ramène au bureau, mais après comment tu rentres chez toi ?

– Moto.

Il se remit à manger pendant que ses voisins de table se regardaient, mal à l'aise.

– Et tu vas conduire ta moto en ayant bu autant d'alcool ? poursuivit David, inquiet.

– Pourquoi tu ne prends pas le métro comme d'habitude ? demanda Joana en prenant la bouteille d'eau pour se servir à boire.

– Oh ça va ! s'énerva-t-il. Je ne suis pas saoul !

En terminant sa phrase, il voulut appeler le serveur en levant le bras mais heurta Joana au visage. Celle-ci lâcha la bouteille qui tomba sur son verre et le brisa en éclats. Marc cria, les mains sur ses yeux. Comme l'eau coulait, le premier réflexe de Joana fut de redresser la bouteille. Elle ne remarqua pas tout de suite que Marc souffrait. David se leva et s'approcha de lui, un éclat de verre avait dû l'atteindre. Paulo remarqua un petit morceau de verre qui brillait dans ses cheveux et le retira.

– Aïe, mon œil, gémit Marc.

– Enlève ta main, lui dit David qui craignait de devoir appeler une ambulance.

Joana mit la main devant sa bouche, effrayée à l'avance de voir un œil ensanglanté.

– Je ne peux pas, ça fait trop mal !

– Allez ! Faut qu'on voie si c'est grave ou pas…

David retira doucement les mains de Marc. A leur table, tous retinrent leur souffle. Terminer cette soirée aux urgences aurait définitivement cassé l'ambiance. Il fut soulagé, il n'y avait pas de sang. Il écarta les paupières du blessé et ne vit pas de traces de blessure.

– Vas le rincer à l'eau, lui conseilla-t-il.

– C'est ta faute, cria-t-il en désignant Joana. T'aurais pu faire attention !

Les autres convives interrompirent leurs conversations, alertés par ses cris et se retournèrent.

– Viens, insista David en l'éloignant. On va rincer ton œil.

Le calme revenu, chacun retourna à son repas. Joana était encore sous le choc. Elle rassemblait méticuleusement les morceaux de verres afin qu'on puisse les ramasser facilement.

– C'est lui qui m'a cogné, marmonna-t-elle.

– C'est un accident, dit Paulo. Mais il n'a rien de grave.

– Quelle soirée ! soupira Joana en s'adossant sur sa chaise.

– On peut dire qu'elle est animée, c'est vrai !

– Je suis crevée, j'ai vraiment besoin de vacances, murmura Joana en fixant le vide.

– Tu ne les as pas encore prises ?

– Non, on m'avait dit que la personne que je devais former arriverait début juillet alors je n'ai pas osé demander. Et maintenant qu'ils sont là, ça va être impossible…

– Joana, si tu es fatiguée prends tes vacances ! Tu as bien entendu que Marc a pu réserver ses jours.

– C'est différent pour Marc, on lui refuse rarement les choses, il a un caractère fort… mais moi… Non, de toute façon, le planning est déjà fait maintenant. Le « shadowing » va commencer la semaine prochaine.

Paulo fut touché par le manque d'assurance dont souffrait Joana. Elle était dévouée, n'osait pas contrarier. Elle pensait bien faire en rendant service à tout le monde mais s'oubliait.

Marc revint, visiblement apaisé, mais repartit aussitôt avec son paquet de cigarettes.

– Il fume trop, remarqua David. Même moi je ne fume pas autant. Depuis qu'on est à table, il en a fumé une toutes les cinq minutes.

Personne ne commenta sa remarque. Tous avaient compris que Marc n'allait pas bien, mais que pouvaient-ils faire ? Ils connaissaient aussi son caractère borné, lui parler risquait d'aggraver la situation.

Sur le chemin du retour, beaucoup s'assoupirent, aidés par le vin. Paulo, lui, gardait les yeux fixés sur Nina. Elle était assise à quelques mètres de lui, et il ne voyait que ses cheveux noirs dépasser du siège. Il se dit qu'il ne voulait pas la perdre.

Le lendemain matin, Paulo observait les mines défaites et désabusées de ses collègues, et cherchait en lui la force nécessaire pour les réconforter, en vain. Les quelques bulgares débarqués la veille avaient été envoyés en formation à l'extérieur du bureau. Heureusement, car leur arrivée soudaine avait choqué les esprits fragiles des employés. Cela avait eu l'effet d'un coup de pied au derrière en direction de la sortie, un rappel de la fin imminente de leur contrat. En faisant son tour d'horizon, il s'étonna de l'absence de Marc. Ce dernier arrivait toujours très tôt. Alors que la majorité de ses collègues avait à présent passé le cap du choc et se tournaient vers l'avenir, Marc restait coincé dans l'incompréhension. Il regrettait chaque jour l'époque où il considérait HAFA comme sa famille, ces longues journées où il avait presté des heures supplémentaires avec plaisir, parce qu'il se sentait impliqué et apprécié. Il se sentait personnellement touché et n'arrivait pas à comprendre pourquoi il avait été rejeté. Il l'avait démontré la veille par son comportement ; cet excès de tabac, d'alcool… il avait fallu insister pour le raccompagner chez lui car il n'aurait pas su conduire sa moto. Et il n'entendait aucune parole de réconfort, il y était devenu sourd. Paulo soupira. Ces derniers jours il avait vu Marc se refermer sur lui-même et il l'avait laissé faire. Il n'avait pas eu la force de l'aider comme il l'aurait fait autrefois et il le regrettait.

En consultant les informations sur internet, il apprit qu'il y avait eu un problème sur la ligne de métro. Un homme s'était suicidé en se jetant sous la rame. Il regarda la place de Marc, toujours vide, et sentit son cœur louper un battement.

– Non, ce n'est pas possible… laissa-t-il échapper.

– Quoi ? demanda Joana qui était assise en face de lui.

– Est-ce que tu as le numéro de Gsm de Marc ?

– Attends, laisse-moi voir, dit Joana en cherchant dans son téléphone. Voilà.

Il composa le numéro et tomba sur un message : « Votre correspondant n'est pas joignable. Contactez le service de renseignement… »

– Il a peut-être changé de numéro…

– Je l'ai trouvé très absent ces jours-ci, dit Paulo. Le regard vide, l'air épuisé…

– C'est vrai qu'il n'avait pas l'air bien. Et puis cette séparation avec sa femme…

Elle s'interrompit. Peu de gens étaient au courant de ce qui se passait dans le couple de Marc. Si elle le savait ce n'était dû qu'à l'alcool qu'il avait ingurgité la veille. Puis elle se souvint de cet accident annoncé à la radio le matin même et pâlit.

– Tu penses vraiment qu'il aurait pu… ?

Il ne répondit pas, tétanisé par l'horrible pensée qui lui traversait l'esprit.

– Rachel ! s'exclama-t-elle. Elle doit bien avoir son numéro le plus récent…

Elle lui prit la main et l'emmena en courant au département où la jeune maitresse travaillait. Ils la trouvèrent à son bureau.

– Sais-tu où est Marc ? demanda-t-il essoufflé.

Surprise par cette arrivée soudaine, Rachel ne répondit pas tout de suite. Elle tourna sa chaise pour faire face à son interlocuteur et plaça gracieusement sa main sur sa poitrine.

– Qui le demande ?

Joana, qui l'avait mal jugée en apprenant qu'elle avait brisé un ménage leva les yeux au ciel et dut se retenir de ne pas faire de commentaires.

– Son manager, mentit-il, agacé par ces manières.

– Ah… fit-elle en regardant sur le côté. Je pensais que c'était Ingrid ?

Paulo soupira et s'efforça de parler calmement.

– Est-ce que tu peux lui téléphoner s'il te plait ?

– A qui ? demanda-t-elle bêtement.

– A Marc, évidemment ! cria Joana.

Paulo s'étonna. Cela devait être la première fois en dix ans que Paulo qu'il l'entendait s'énerver en public. Surprise par sa propre réaction, elle recula de quelques pas et baissa les yeux.

– Appelle-le ! ordonna Paulo. Il n'est pas au bureau et j'ai besoin de savoir où il est.

– Ok, soupira Rachel en composant le numéro. Ça sonne, commenta-t-elle. Puis après quatre sonneries : Répondeur.

– Essayes encore s'il-te-plait.

La jeune fille s'exécuta, contaminée par l'inquiétude de Paulo. Elle l'avait aussi trouvé très nerveux ces derniers jours. Elle se mit à pianoter nerveusement des ongles en espérant que quelqu'un décroche.

– Allô ? répondit une femme à l'autre bout du fil.

– Vous êtes qui vous ? demanda Rachel, déjà jalouse d'entendre une voix féminine. Je veux parler à Marc.

– Je suis infirmière à l'hôpital universitaire. Monsieur a été admis dans nos services suite à un accident.

– Il a eu un accident, répéta Rachel à l'intention de Paulo.

Il retint son souffle. Joana s'agrippa à son bras. Cet accident de métro, pourvu qu'il ne s'agisse pas de lui.

– Est-ce que c'est grave ? demanda la jeune fille.

– Une main cassée. Monsieur nous a avoué avoir tapé dans un mur suite à une dispute.

– Alors ? demanda Paulo déjà un peu soulagé.

– Il s'est cassé la main, l'andouille ! répondit Rachel en levant les yeux au ciel.

Leur souffle reprit son rythme normal. En effet, ils avaient envisagé le pire pendant quelques minutes. Rachel ne prêtait déjà plus attention à Paulo. Celui-ci restait debout près du bureau, l'air hagard. Marc était sain et sauf, mais cependant un homme s'était donné la mort ce matin. Qui cela pouvait-il être ? Pourquoi ? Il se rappela ces matins où il avait souhaité ne pas se réveiller, où tout semblait si sombre. Il savait aujourd'hui à quel point il était difficile de sentir l'amour qu'on vous porte lorsqu'on glisse dans ce trou noir. Il réalisa en pensant à cet homme malheureux qu'il pouvait arriver de ne pas s'en sortir. Il frissonna. Cet homme avait-il une famille ? Quelle était la raison de son désespoir ? Toute la journée, il pensa à cet accident.

Le lendemain, Paulo se rendit à la formation syndicale sans grand enthousiasme. Il avait appris par la radio que l'inconnu qui avait occupé ses pensées toute la journée travaillait dans une banque américaine réputée à Bruxelles. Une société de plus en pleine réorganisation. Il savait que des représentants de son syndicat travaillaient dans cette banque et cela rendit la chose encore plus difficile à comprendre. Ils auraient dû l'aider, lui parler, empêcher ce drame. Pendant tout le trajet, il se posa la même question : « Pourquoi ? ». Il ressentait une impuissance insupportable et remettait leur rôle en question. Il arriva dans le lieu du rendez-vous et se présenta à l'accueil. Il fut dirigé vers une grande salle de réunion. Les tables étaient disposées en U et il restait à peine deux places de libres. A peine Paulo s'était-il installé que l'orateur prit la parole. Il annonça qu'ils commenceraient par revoir les nouveautés dans la législation. L'après-midi serait consacré aux échanges entre délégués. En début d'après-midi, l'un des délégués attira particulièrement l'attention de Paulo lorsqu'il se présenta :

– Je m'appelle Christian, je suis délégué à la banque américaine, dit-il. Ça fait quatre ans qu'elle est entrée en restructuration, on en est à la troisième vague. Les deux précédentes se sont bien passées, mais cette fois-ci…

Il passa ses mains sur son visage encore éprouvé. Il n'eut pas besoin de terminer sa phrase. A peine avait-il cité le nom de la banque que les autres pensèrent tous au dernier fait divers malheureux qui s'y rattachait.

– Un employé de trente-sept ans s'est suicidé, confia-t-il. Ce n'est qu'en interrogeant ses collègues après coup qu'on a appris qu'il n'allait pas bien… à notre grand regret.

– Merci, lui dit l'orateur, ému. Il est important pour nous tous d'être à l'écoute des salariés, mais aussi de reconnaître qu'il y a des choses sur lesquelles nous n'avons pas de contrôle.

Un murmure parcourut l'assemblée. Comprenant que l'émotion les touchait tous, l'animateur de la formation proposa de faire une pause. Quelques-uns sortirent pour fumer. Paulo se leva de sa chaise et se rapprocha de Christian qui était resté immobile.

– Salut, dit-il en lui tendant la main. Paulo.

– Il me semble qu'on s'est déjà vus… répondit Christian en détaillant le visage de son interlocuteur.

– Le rassemblement HAFA en Octobre passé ?

– Oui, je me souviens de toi, répondit-il en lui serrant chaleureusement la main.

Paulo s'assied. L'autre le regarda, devinant la question qui lui brûlait les lèvres.

– Vas-y… soupira-t-il, dis-le.

Il détourna le regard, regrettant d'avoir manqué de discrétion. Mais il fallait qu'il sache.

– Est-ce qu'il faisait partie de ceux qui ont été renvoyés ?

– Non. Mais beaucoup d'employés de son département se plaignaient des conditions de travail. Ils avaient dû reprendre pas mal de tâches supplémentaires suite à la réorganisation et on leur imposait des deadlines trop serrées. Nous planchions sur un accord avec la direction pour que ça change.

– Et tu n'as rien vu venir ? demanda Paulo.

– Je ne travaille pas au même étage. Je le connaissais de vue parce que je le croisais à la cafétéria, mais il a toujours refusé de venir aux consultations qu'on organisait.

Paulo serra les dents. Le syndicat était au courant que quelque chose n'allait pas, ils avaient agi dans la mesure de leurs possibilités, mais ils n'avaient pas pu le sauver. On peut tendre la main à quelqu'un, lui proposer son aide, mais si il n'en veut pas… L'inconnu avait une femme et trois enfants. La raison de son acte désespéré ? Trop de pression sur son lieu de travail. Il avait évoqué son envie de changer d'équipe, mais le reste de l'entreprise étant en pleine restructuration, il n'avait pas osé le demander officiellement. Par peur de perdre de sa place. Ses collègues l'avaient bien trouvé patraque les derniers jours, mais jamais ils n'auraient envisagé qu'il puisse en arriver là. Ils pensaient qu'il trouvait le soutien nécessaire au sein de son foyer. Sa femme pensait qu'il tenait le coup. Il y avait bien eu des signes, mais si certains les avait vus, personne ne les avait compris. C'était si difficile d'admettre que malgré l'aide qu'on lui apportait, il n'allait pas mieux. Si douloureux de penser qu'il en était arrivé à détester sa vie au point d'être prêt à la quitter définitivement.

– Parfois j'ai l'impression qu'on se bat pour rien, soupira Paulo en baissant la tête.

– Ne dis pas ça !

– On est là pour conseiller des gens qui refusent de nous écouter ! A quoi ça sert ? dit-il énervé.

L'autre se retourna pour vérifier qu'il n'avait pas attiré l'attention du reste des délégués.

– Rappelle-toi la restructuration chez Catefar, reprit Paulo, nos gars ont passé des nuits blanches pour préparer un dossier en bêton. Ils ont démontré par A plus B qu'il existait une alternative à tous ces licenciements. Et le résultat ?

Pour toute réponse, son interlocuteur baissa les yeux. Cet épisode avait été un coup dur pour toute la délégation. Une direction provocatrice, des rapports très tendus, et une perte de mille quatre-cent emplois.

– Si on ne faisait pas notre travail ce serait pire, et tu le sais bien, tenta-il sans grande conviction.

Il posa sa main sur l'épaule de Paulo et le regarda dans les yeux. Il avait compris ce que ressentait son compagnon, ils étaient tous passés par là. Depuis le début de la crise, le monde économique changeait à une vitesse imprévisible, et il fallait évoluer avec lui, mais surtout ne pas abandonner.

– Faut que tu continues à y croire, lui répondit l'autre en le regardant dans les yeux. Les salariés ont besoin de nous.

– Peut-être, dit doucement Paulo.

Sur le chemin du retour, Paulo laissa ces dernières paroles faire écho dans son esprit. « Continuer à y croire ». Le système ne lui plaisait plus, c'était un fait, mais il ne le changerait pas. L'évènement de la veille lui avait confirmé la fragilité de la conscience humaine. On se croit fort, on encaisse, on pense qu'on a besoin de personne, et du jour au lendemain, c'est le trou noir.

Lorsqu'il entra chez lui, il fut étonné par le silence qui régnait dans la maison. Habituellement, Nina écoutait la radio ou la télévision quand elle était seule. Après être passé par toutes les pièces du rez-de-chaussée, il remarqua qu'il était vingt-deux heures passé. Il monta à l'étage et vit la porte de la salle de bain entrouverte. En y passant la tête il trouva Nina. Elle était assise sur la cuvette fermée des wc, le regard plongé dans le vide.

– Nina ?

Elle releva doucement la tête.

– Où étais-tu ? fit-elle d'une voix faible.

– Une formation syndicale…

– J'aurais aimé être prévenue… d'autant que c'est bien la première fois que ça termine aussi tard.

En terminant sa phrase, Nina se leva et entreprit de se laver les mains.

– J'ai oublié de te le dire, et après je suis resté discuter avec un des gars qui…

– Mais oui, bien sûr. Discuter…

Elle arracha une serviette avec une telle violence que le crochet qui la suspendait au mur vint avec. Elle sécha nerveusement ses mains.

– Tu parles avec tout le monde ces derniers temps, poursuivit-elle, tu aides et tu écoutes tout le monde… sauf moi.

– Enfin Nina, ce n'est pas vrai, je…

– Tu vois Paulo, j'avais quelque chose à te dire ce soir. Quelque chose d'important…

– Mais je suis là, dis-le moi !

– Tu sais quoi ? Ça n'a plus d'importance, dit-elle en se levant brusquement.

Elle voulut le bousculer pour sortir de la salle de bain mais il la retint par le bras. Il la regarda dans les yeux, ouvrit la bouche pour lui parler mais aucun mot ne trouva son souffle. Il finit par la lâcher en baissant la tête.

– C'est bien ce que je pensais, dit-elle. N'importe qui d'autre peut bénéficier de tes bons conseils. N'importe qui sauf toi et moi. Tu te traines comme une loque depuis des mois, mais au bureau, tu joues ton rôle de héros ! Tu fais comme si tout allait bien… et quand tu es à la maison, moi je suis sensée deviner quand tu es de bonne ou mauvaise humeur… Tu… Tu n'es plus là ! Je ne sais plus qui tu es !

– C'est difficile pour moi…

– Pour moi aussi Paulo, pour moi aussi.

Elle descendit les escaliers en courant et il la suivit.

– Qu'est-ce que je dois faire ? demanda-t-il.

Elle s'arrêta au milieu de l'escalier et se retourna, les yeux pleins de larmes.

– J'aurais aimé que tu me fasses confiance, que tu te confies à moi. Mais tu t'es fermé. J'aurais voulu te parler, mais tu n'étais pas là… Soignes-toi avant de vouloir soigner les autres. Moi, je me débrouillerai.

– Comment ça ?

Elle ne dit mot jusqu'à ce qu'elle arrive au rez-de-chaussée. Elle attrapa une veste au porte manteau ainsi que son sac à main.

– J'ai besoin d'air.

– Mais…

– Et sache que pour une fois, Eleanor et moi sommes tombées d'accord. Tu n'es plus en état de t'occuper seul de tes filles. Elles passeront l'été en Angleterre avec ses parents. Elle a tout organisé.

8

Lorsqu'il arriva au bureau le jeudi suivant, Paulo eut un peu de mal à s'y retrouver. Il était resté cloué au lit pendant plus d'une semaine, empêtré dans son chagrin et sa colère. Il ne reconnut pas l'endroit. Tout était différent. Une nouvelle ère avait commencé : celle du « free desk ». A l'entrée du plateau, de nouveaux casiers blancs numérotés avaient été installés sur tout un pan de mur. Une grande affiche rappelait les nouvelles règles de conduite : Les places étaient libres, mais il était interdit de s'en approprier une. Aucun objet personnel ne devait trainer. Tout devait être rangé dans le casier le soir, même le téléphone sans fil. Pour le bousculer dans cette quête de flexibilité, chaque employé avait été pourvu d'un pc portable. La lumière du soleil de ce début d'été amplifiait l'impression d'espace créée par la blancheur du mobilier. Tout était immaculé. Un peu comme si on avait voulu effacer les souvenirs. Les salles de réunions se trouvaient au milieu du plateau, entourées de vitres et non plus de parois opaques. La transparence. Car ce qui est caché attise la curiosité. On ne cachait plus.

Une fois dans l'espace de travail. Paulo eut l'impression de voir double. Chaque employé avait à côté de lui quelqu'un qui observait ses faits et gestes. Agglutinées contre leurs mentors, des personnes étrangères écoutaient les explications qui leur étaient données, prenaient quelques notes. Chacun parlait à son double, créant un brouhaha impressionnant, inhabituel. La première phase de la transition avait débuté ; la formation des bulgares sélectionnés à Bruxelles. Ils avaient reçu pour instruction de calquer leur horaire sur ceux des belges, imiter leur rythme de travail, copier leurs techniques. Les consultants responsables pour la transition avaient appelé cette phase « Shadowing ». Le mot avait été correctement choisi ; « shadow » signifiant ombre en français. Les nouvelles recrues se levaient en même temps que leurs mentors, pour aller à la photocopieuse ou vers un interlocuteur. Elles les suivaient… comme des ombres. Paulo en eut la gorge serrée. L'atmosphère était si lourde, tendue, bruyante qu'il hésita à faire demi-tour. Ne repérant aucun de ses collègues, il se demanda où il devrait s'asseoir. Il ferma les yeux quelques secondes et inspira profondément. Puis il choisit une place libre au hasard et s'assied.

A peine avait-il allumé son ordinateur qu'une voix familière l'interpella.

– Paulo ?

– Oui… répondit-il en levant doucement la tête de l'écran.

– Je suis la chef de projet pour la transition, se présenta-t-elle en tendant sa main droite. Je coordonne le « shadowing plan ».

– Alexia ? s'exclama-t-il, étonné.

Constatant qu'il ne lui serrait pas la main, elle croisa les bras.

– C'est bien moi.

– Je pensais que ta mission était terminée...

– Eh bien comme tu vois, on m'en a confié une autre.

– Tu ne perds pas le nord, dit-il sur un ton sarcastique.

Elle pencha la tête sur le côté, un peu vexée par le sous-entendu.

– Faut savoir s'adapter quand on est consultant.

– Tu vas mieux ? demanda-t-il d'un air concerné.

– Disons que je n'ai pas le temps pour aller mal... Bon, assez bavardé, on a du travail. Est-ce qu'on t'a prévenu que ta « shadow » arrive cet après-midi ?

– Non, j'étais absent...

– Ton manager ne t'a pas envoyé d'email ? s'étonna-t-elle.

– Euh... je n'ai rien lu concernant ce sujet...

Elle eut l'air contrariée d'apprendre que ses instructions n'avaient pas été suivies à la lettre. Elle regarda autour d'elle comme pour chercher une solution au problème qui venait de lui être posé.

– Ingrid a changé de département. Mais elle était sensée te communiquer cela...

– Ah ! Donc je n'ai plus de manager.

– En théorie si, elle devrait vous superviser en même temps qu'elle suit sa formation. Mais je constate qu'elle a décidé de tourner la page plus tôt que prévu et de vous abandonner à votre sort.

Alexia regarda aux alentours.

– Bon, se reprit-elle, on va faire un meeting. Ton ombre arrive à onze heures, continua-t-elle en regardant sa montre. Je viendrai te chercher.

– Ok.

Elle s'éloigna d'un pas rapide. Paulo, lui, resta

immobile quelques secondes, le temps de réaliser qu'il ne rêvait pas. Puis il fit la grimace. Il n'avait pas terminé toutes les procédures, d'autant plus qu'il ne s'attendait pas à ce que l'ombre débarque le jour même de son retour. Ingrid passa par là.

– Ah ! Tu es là ? demanda-t-elle sur un ton ironique.

– Oui, comme tu vois…

– Ta bulgare arrive aujourd'hui.

– C'est ce que je viens d'apprendre de la bouche d'Alexia. Pourquoi tu ne m'as pas averti par e-mail ?

– Je n'étais pas sûre que tu reviendrais… répliqua-t-elle en regardant ailleurs. Soit. Il fallait que je désigne un référent pour l'équipe et j'ai donné ton nom. Content ? Tu vas pouvoir jouer au leader…

Ingrid avait une attitude hautaine, et montrait bien qu'elle n'avait aucune envie de faciliter le travail de son ancienne équipe. Elle avait obtenu ce qu'elle voulait ; un nouveau poste au sein de la société. Le reste n'avait aucune importance. Lorsqu'elle vit un de ses nouveaux collègues passer, elle le héla, avec un grand sourire qu'elle venait d'inventer.

– Robert ! cria-t-elle en s'éloignant de Paulo. Tu as passé un bon week-end ?

Elle partit sans dire au revoir, sans doute pour frotter la manche de la nouvelle personne utile dans sa stratégie d'ascension. Paulo soupira. Pourquoi diable était-il revenu au bureau ? Il se sentait encore très fatigué et se dit déjà qu'il ne reviendrait pas le lendemain. De plus, il était partagé entre l'envie et la crainte de croiser Nina. Elle ne voulait plus lui parler et avait passé les deux dernières nuits chez ses parents.

Le temps de mettre un peu d'ordre dans sa boite e-mail et d'imprimer la procédure sur les tâches quotidiennes par laquelle il comptait commencer, Alexia était déjà de retour.

– On y va ? proposa-t-elle.

Paulo fit oui de la tête et la suivit sans entrain vers une salle de réunion. Là se trouvaient déjà cinq personnes ; deux consultants qu'il connaissait de vue et trois inconnus. Les nouvelles têtes portaient toutes des cheveux noirs : longs avec une frange pour la fille à lunettes, courts en brosse comme des officiers militaires pour les deux garçons, attachés en queue de cheval pour la seconde fille. Paulo s'assied en face de celle-ci, sans trop oser la regarder. Alexia alluma le projecteur et commença sa présentation. Elle expliqua que le plan de transfert des connaissances se déroulerait en trois phases.

– La première phase est l'observation et débute aujourd'hui trois juillet : Pendant trois semaines, la nouvelle recrue écoutera les explications et complètera les procédures que l'employé belge aura préparées.

Elle regarda son public d'un air compatissant le temps d'une phrase.

– Je suis consciente que la première semaine du mois est très chargée, et que ça ne va pas être évident de donner des explications en réalisant tous les rapports mensuels mais il le faut. Vos remplaçants doivent apprendre ces taches en priorité.

Puis, refermant son visage :

– Ils repartiront quelques jours dans leur pays, puis reviendront pour la deuxième phase début aout. A ce moment, le bulgare exécutera les tâches sous la supervision et avec le support de l'employé belge. Pour la dernière phase, le transfert devra être terminé ; le travailleur bulgare sera autonome.

Paulo toussa. « Autonome ? Au bout de six semaines ? », pensa-t-il. Le plan était ambitieux.

– Un problème ? demanda Alexia qui avait remarqué son changement d'expression.

– Aucun, répondit-il en croisant les bras.

« Ils vont tous faire le voyage quatre fois et la société va les loger, les nourrir pendant six semaines », réfléchit Paulo. « Et c'est comme ça qu'on va faire des économies... c'est à n'y rien comprendre ».

– Donc, reprit-elle en ignorant l'expression sceptique du visage de Paulo, à cette étape de notre plan, il travaillera à partir du centre de services à Sofia mais l'employé belge devra néanmoins rester à sa disposition en cas de questions. Le formateur devra réaliser un compte rendu des tâches expliquées ainsi qu'une évaluation de l'employé bulgare à la fin de chaque phase, et me l'envoyer par e-mail. Dans ce compte rendu, vous noterez le temps qu'il vous a fallu pour donner vos explications, et lorsque votre « shadow » l'exécutera à son tour, vous noterez le temps qu'il a pris...

Il se dit que ça faisait beaucoup de notes à prendre... Pourquoi n'y avait-il pas une case où mettre le temps nécessaire à faire le rapport sur le temps passé à la formation ? Etaient-ils redevenus des enfants devant faire parafer leur journal de classe ? Il s'efforça de rester calme face à toutes ces instructions, mais il se dit que cela représentait du travail supplémentaire malgré tout. Alexia éteint sa projection et proposa que chacun se présente. Un des consultants prit la parole le premier :

– Je m'appelle Arnaud, je suis consultant de chez Finance pro, j'ai été engagé pour faire la transition du poste de manager analyste de prix car la personne qui occupait ce poste a démissionné il y a trois mois.

Constatant les regards effarés de ses interlocuteurs, il rajouta, un peu gêné :

– Je sais… Cela signifie que j'ai peu d'expérience dans ce poste, mais je vais faire de mon mieux pour vous transmettre toutes les connaissances nécessaires.

Voilà qui était rassurant ! Sur les trois bulgares, deux affichèrent un sourire forcé, poli. Le deuxième consultant, se lança dans un anglais approximatif :

– Moi aussi, je suis consultant de chez Finance pro, j'ai été engagé pour faire la transition du poste d'analyste de prix, je suis donc dans l'équipe d'Arnaud. Je remplace aussi quelqu'un qui a quitté HAFA, je suis là depuis deux mois…

Parmi les bulgares, seul un souriait encore, le regard pétillant. On aurait dit qu'il n'avait rien compris tant son sourire était déplacé. Il se présenta à son tour.

– Je suis Dimitri Kelinov, j'étais analyste pour une société d'outsourcing pendant deux ans avant d'être engagé par HAFA pour le poste d'analyste prix.

– Était-ce la société « Global S » ? demanda son voisin consultant, curieux.

– Oui, répondit-il en faisant non de la tête, toujours souriant.

Les belges se regardèrent, étonnés. Global S avait le quasi-monopole de l'outsourcing à cette époque.

– C'était une autre compagnie ?

– C'est Global S, si si, répondit-il en secouant sa tête.

La jeune bulgare à la queue de cheval sourit en réalisant la méprise.

– Ce signe de la tête veut dire oui, expliqua-t-elle. Ce n'est pas comme chez vous.

Avec ses longs cheveux aussi noirs que ses yeux, elle arborait un air sérieux, presqu'hautain. Les hommes présents dans la pièce furent sans doute captivés par sa beauté car ils restèrent figés quelques secondes avant de réagir à sa phrase.

– Aah, je comprends maintenant…

Alexia, qui s'agaçait déjà de cet échange de banalités, fit signe à la fille à lunettes assise à côté de Dimitri d'enchainer.

– Je suis Alina Manosa, j'étais analyste chez Global S…

Elle fut interrompue par un petit rire nerveux qui lui échappa, puis poursuivit :

– … Je suis le back up analyste prix.

Elle vouta son dos et laissa encore échapper un petit bruit étrange, mettant tout le monde mal à l'aise dans la pièce. Pour empêcher le silence de s'installer, Alexia donna la parole à Paulo.

– Je suis Paulo, je travaille pour HAFA depuis vingt-quatre ans et actuellement au poste de credit collector.

– Je suis Olya, j'étais auditeur depuis trois ans pour G&T. Je reprends le job de Paulo.

Paulo fut piqué au vif. Voulait-elle le provoquer ? G&T était une célèbre société d'auditeur, parmi les plus grosses du point de vue nombre de clients et chiffre d'affaire. Tous les juniors ambitieux rêvaient d'être engagés par G&T. C'était comme un passeport pour la réussite d'une carrière. Ils formaient très bien leur personnel et offraient donc une plus-value sur le curriculum vitae. Par contre, on racontait qu'ils pressaient leurs employés comme des citrons et qu'il fallait travailler dur pour mériter le salaire intéressant et la voiture de société qui allait avec.

Alexia conclut en souhaitant bonne chance à tous, et en rappelant de s'armer de patience.

– Vous devez copier l'horaire de votre mentor, et vous verrez que ce n'est pas facile de rester toujours à deux. N'hésitez pas à faire des pauses avant de ne plus vous supporter.

Elle provoqua un éclat de rire généralisé, détendu pour certains, nerveux pour d'autres. Paulo pour sa part, rit jaune et leva son bras comme si il était en classe.

– Alexia, j'ai une question, sais-tu si la remplaçante de Joana a déjà été engagée ? Aux dernières nouvelles, les recruteurs n'avaient pas trouvé le bon profil…

– Je peux répondre à cette question, dit Olya en empêchant Alexia de prendre la parole. C'est un homme qui a été engagé, pas une femme. Il se trouve actuellement dans les bureaux de Sofia. Il suit la formation de base et viendra dans deux jours à Bruxelles.

Le silence qui suivit était chargé d'étonnement. Même Alexia resta sans voix, choquée par son audace. Elle était la seule à être si sûre d'elle.

« Ça promet… », pensa-t-elle.

– Bon… parfait, reprit Alexia un peu contrariée, je pense qu'on a terminé. N'hésitez pas à revenir vers moi si vous avez une question.

Ils sortirent tous de la pièce et se dirigèrent vers leurs bureaux respectifs. Il y avait encore une place libre à la table que Paulo avait choisie au matin. Il invita donc Olya à s'installer du côté de la fenêtre, puisqu'il avait déjà posé son ordinateur du côté intérieur. Il s'assied, et alors qu'il relisait rapidement la procédure fraichement imprimée avant de commencer, elle rapprocha sa chaise de la sienne.

Elle se mit à une dizaine de centimètre de lui. Paulo regarda discrètement le mètre et demi d'espace libre qu'elle refusait apparemment d'occuper et fronça les sourcils. Il choisit de ne pas faire de remarque en espérant qu'elle s'éloignerait pour lire le document à sa place une fois les premières explications données.

– Je dois te prévenir que je n'ai pas su terminer toutes les procédures…

– Pourquoi ? demanda-t-elle sur un ton réprobateur.

– Parce que j'étais malade… répondit-il, embêté de devoir se justifier. Je t'ai imprimé un document qui reprend tes taches principales…

– Mmh… je n'aime pas le papier, est-ce que tu l'as en version électronique ?

Paulo cligna rapidement des yeux et souffla. Il sentit que la collocation du nouveau bureau blanc n'allait pas être facile.

– Ok. Quelle est ton adresse e-mail ? Je te l'envoie tout de suite. Tu lis, et dans quelques minutes je te montre en pratique.

– Mmh, je préfèrerais que tu me montres directement…

Il roula des yeux malgré lui et s'efforça d'être compréhensif. Après tout, l'important était qu'elle assimile rapidement le job. Il débuta donc ses explications et fut étonné par l'écoute attentive qu'elle lui réserva.

De son côté, à l'autre bout du plateau, Nina faisait plus ample connaissance avec Rosita. Elle avait la quarantaine elle aussi et sa maturité facilitait leur contact. Elle comprenait vite, et était concentrée. Grâce à cela, elles terminaient déjà la phase d'observation. Pendant qu'elle prenait des notes, Nina laissa son regard flotter dans le vide quelques instants. Rosita le remarqua et n'osa l'interrompre. Elle rêvait. Elle pensait à l'étrangeté de cette situation ; collée à une étrangère toute la journée, et cela allait durer jusqu'au mois d'Octobre. Une partie d'elle était un peu triste, car elle réalisait au fur et à mesure qu'elle dispensait ses explications qu'elle laissait partir son travail. Une partie de sa vie.

– Ça ne doit pas être facile, n'est-ce pas ? murmura Rosita.

Nina fut surprise par sa question et la regarda, les sourcils froncés. Que pouvait-elle y comprendre ? La situation devait bien l'arranger. Mais les yeux de Rosita étaient trop clairs. On y voyait la pureté d'une âme qui a souffert, l'innocence d'une femme qui n'a pas eu de chance dans la vie. Elle ne pouvait pas lui en vouloir. Ce n'était pas sa faute s'ils étaient dans cette situation. Elle n'était pas venue lui prendre son travail, c'était HAFA qui le lui avait enlevé. Elle lui sourit.

– Tu sais, je me sens un peu coupable d'être ici, dit-elle en baissant les yeux.

– Pourquoi dis-tu cela ?

– Parce que moi je reçois un nouveau travail, mais toi tu le perds…

Nina inspira profondément, troublée qu'elle ait partagé ces pensées. Elle voulut changer de sujet.

– Comment as-tu appris le français ? Tu parles très bien…

– J'ai appris avec mon mari… c'était un militaire français. Je l'ai rencontré pendant mes études, dit-elle avec nostalgie.

– Était ?

– Il est décédé…

Nina s'adossa sur son siège, choquée.

– … Je vis seule avec ma fille, poursuivit-elle. Dans mon ancien job, je gagnais à peine de quoi survivre…

Un peu gênée par les confidences de Rosita, Nina la laissa néanmoins poursuivre.

– … Je sais ce que c'est de perdre une chose à laquelle on tient. Je voulais juste te le dire…

Nina pensa immédiatement à Paulo. Plus que son emploi, c'était la perte de cet homme qui l'attristerait. Elle regrettait d'avoir quitté leur maison la veille, mais n'avait pas vu d'autre moyen de le faire réagir. Rosita se pencha pour reprendre le contact visuel avec Nina qui regardait devant elle. Elle vit ses yeux briller, au bord des larmes. Nina, pour sa part, vit dans le regard de Rosita les épreuves qu'elle avait traversées, le courage qu'il lui avait fallu pour se relever à chaque fois qu'elle était tombée. Le malaise et la légère tristesse qu'elle avait ressenti laissèrent place à de l'empathie. Elles éprouvèrent un respect mutuel.

– Tu es quelqu'un de bien, Nina, dit-elle en souriant timidement.

– Merci…

– Non, merci à toi, dit-elle avec enthousiasme. J'ai beaucoup de chance d'être tombée sur toi pour ma formation. Tu expliques très bien, tu es patiente… Beaucoup de mes collègues qui ont repris le travail d'Angleterre avant nous ont eu très difficile car personne ne voulait les former correctement.

Rosita posa sa main à quelques millimètres de celle de Nina qui se raidit et par réflexe, regarda autour d'elle pour voir si personne ne leur prêtait attention. Elle se recula de Rosita en faisant rouler sa chaise en arrière.

– C'est très gentil, répondit-elle après s'être raclé la

gorge. Je… je pense qu'on devrait continuer à travailler.

– Ah, répondit-elle un peu gênée. Oui, pardon.

– Je souhaite que notre collaboration se passe le mieux possible, mais nous ne devrions pas sympathiser. Nous ne sommes pas là pour ça.

– Bien sûr.

Elle se leva et passa une main nerveuse dans ses cheveux bouclés en hésitant sur la direction qu'elle allait prendre.

– Je… je vais prendre un café, tu veux que je te ramène quelque chose ?

– Non, c'est gentil.

Paulo arriva et croisa Rosita dont les joues trahissaient la gêne qu'elle ressentait. Il vint s'asseoir à côté de Nina.

– Tout va bien ?

– Oui, oui, répondit-elle en le fuyant du regard.

Elle haussa les épaules en se levant brusquement. Elle avait du mal à l'admettre, mais elle était troublée par sa seule présence. Il prit sa main, doucement. Elle se radoucit à son contact et lui sourit. Sans dire un mot, il lui fit comprendre qu'elle devait lui faire confiance, que les choses allaient s'arranger.

– Paulo arrête, je ne veux pas…

Elle retira sa main de la sienne et avança. Elle se retourna après deux pas.

– Tu te rends comptes que ça fait déjà cinq ans qu'on a fait la transition vers la Pologne ? demanda-t-elle.

– Déjà, oui…

– Dire que c'est lors d'une restructuration que nous nous sommes rencontrés…

– Oui, chuchota-t-il pour lui-même.

– Et c'est une autre restructuration qui nous sépare,

murmura-t-elle la voix étranglée par les sanglots.

– Nina ! s'exclama-t-il en se levant.

Elle s'éloigna en lui faisant signe de ne pas l'approcher. Sous le choc, il retomba sur la chaise sans savoir que penser. Avait-il définitivement perdu Nina ? Malgré l'envie de la suivre pour la rassurer, il sentait en lui un tel malaise… Il savait qu'il lui faudrait se retrouver lui-même avant de pouvoir retourner vers elle. Les premières semaines de cette transition avaient été très fatigantes. Cette présence constante d'une personne inconnue à leurs côtés, les explications de chaque geste à voix haute, la tension qui régnait dans les bureaux… En comparaison à la transition précédente, tout était différent. Surtout le fait que cette fois-ci c'était l'entièreté de la fonction qui devait être transmise, la totalité du département qui allait disparaître. Il fallait s'accrocher pour ne pas tomber dans la tristesse qui berçait leurs cœurs chaque matin, trouver la force de se lever et venir jusqu'à ces bureaux, dans cette entreprise qui les avaient trahis.

Le mois d'aout arriva plus vite qu'ils ne l'avaient imaginé, et avec lui la deuxième phase du « shadowing plan ». Les bulgares étaient tous revenus pour la suite de leur formation, sans laisser à leurs mentors le temps de souffler.

– Est-ce que tout est clair pour toi ? demanda-t-il en interrompant ses explications.

Olya ne releva pas tout de suite la tête. Elle semblait absorbée par une conversation sur la messagerie instantanée. Des tas de petits smileys et autre pictogrammes suffirent à Paulo pour comprendre qu'il ne s'agissait pas d'une conversation professionnelle. Paulo croisa les bras et regarda par la fenêtre. Bien que contrarié par ce manque d'intérêt, il refusa de s'énerver. Au bout de six semaines de formation, il savait qu'Olya avait bien compris les taches de base. Il s'agissait ici de détails qui apparemment ne l'intéressaient pas. Il avait remarqué son étonnante confiance en elle dès le premier jour. Elle ne prenait pas de notes, écoutait attentivement et semblait comprendre dès les premières explications. Il se dit qu'il valait mieux tomber sur quelqu'un qui apprenait vite que de devoir répéter sans arrêt la même chose.

– Sorry, lui dit-elle enfin, interrompant ses pensées.

– Ça avait l'air important, répondit-il de manière sarcastique.

Elle lui sourit, comprenant l'ironie.

– Je te propose de faire le rapport toute seule, puisque tu sembles avoir compris.

– D'accord, répondit-elle de manière enthousiaste.

Elle ouvrit le fichier et commença à travailler. Paulo regardait au-dessus de son épaule et vit qu'elle démarrait correctement.

– Je reviens dans quelques minutes, lui dit-il en se levant.

En traversant le plateau, il eut à nouveau cette impression surréaliste en voyant chaque employé doublé de son homonyme bulgare. Il y avait beaucoup de bruit car chacun donnait ses explications à voix haute. Tous ces mots de différentes langues s'entrechoquaient dans un brouhaha pénible. Il s'arrêta près de Joana qu'il trouva un peu pâle.

– Joana ? Ça va ? demanda-t-il en s'installant à côté d'elle.

– Pfff… Je suis fatiguée, souffla-t-elle en s'étirant.

– Où est ton « ombre » ?

Elle fit un signe du menton en direction d'un jeune homme qui se trouvait à quelques mètres. Il discutait tranquillement avec une jeune fille, bulgare elle aussi.

– Il s'appelle Ludomir. Il passe la moitié de son temps à pavaner dans les bureaux.

– Et au niveau de la formation ?

– Je lui ai tout expliqué, le mois passé il a bien noté, bien écouté et je pensais qu'il avait compris mais maintenant qu'il doit réaliser les tâches sous ma supervision, il s'interrompt toutes les cinq secondes pour me demander ce qu'il doit faire…

Il regarda à nouveau Ludomir. Ce dernier plaisantait avec la jeune fille, semblait à l'aise. Il salua même une employée belge en néerlandais lorsqu'elle passa à côté d'elle.

– Il parle néerlandais ? demanda Paulo sans cacher sa surprise.

– Oui, dit Joana en levant les yeux au ciel. Tu t'imagines ? Moi qui suis une des rares à ne pas bien parler néerlandais… on m'a refilé le seul bulgare néerlandophone à former.

– Faut le faire !

Joana répondit faiblement à son sourire. Elle avait l'air épuisée et se tenait voûtée sur sa chaise.

– J'ai l'impression qu'il trouve plus d'intérêt à draguer les filles qu'à s'impliquer dans sa formation, dit-elle doucement en regardant ses ongles.

Ils avaient été rongés. S'apercevant que Paulo l'avait remarqué, Joana cacha rapidement ses mains sous la table, gênée. C'était difficile pour une personne aussi impliquée que Joana de devoir expliquer à quelqu'un qui prenait autant les choses à la légère. Si ce Ludomir s'était montré attentif les premières semaines, cela n'avait été qu'une apparence. En ce début de la deuxième phase, il n'avait toujours rien compris et ne semblait pas s'en inquiéter outre mesure.

– J'ai peur que ça ne se retourne contre moi, et que ma façon d'expliquer soit remise en question…

– Tu fais très bien ton travail. Si il le faut, je serai là pour en témoigner, lui dit doucement Paulo. Essaye de ne pas t'en faire.

Il s'éloigna de Joana avec un léger pincement au cœur. Une fois dans la cuisine, il se servit à boire et continua à penser à l'état fragile de sa collègue. Elle ne contrôlait pas son ombre, elle essayait de ne pas lui faire de remarques désobligeantes, de rester calme malgré son manque d'attention insultant. Elle gardait beaucoup pour elle, et cela la rongeait. Paulo se promit de faire attention à Joana, pour ne pas qu'elle s'enfonce.

Paulo retourna à sa place et commença à revoir le rapport qu'Olya avait préparé. Tout semblait correct.

– Tu as des questions ?

– Non. Ce n'était pas difficile, répondit-elle.

Il fut piqué par son arrogance mais fit mine de ne pas relever la provocation. Il fixa son écran pour ne pas la regarder et constata qu'il était midi. Comme d'habitude, tous les employés se levèrent presqu'en même temps pour prendre leur pose.

– J'avais beaucoup plus de travail dans mon ancien job, se rattrapa-t-elle. Beaucoup trop.

Elle se leva et ramassa son sac à main qu'elle avait laissé sous le bureau. Elle fit un pas vers la cuisine.

– Est-ce que ce travail t'ennuie ? demanda Paulo sans la regarder.

– Non, dit-elle en se retournant.

– Je n'ai pas l'impression que tu prennes ton poste très au sérieux…

Intriguée par cette remarque, elle revint vers lui.

– Honnêtement ? C'est une belle opportunité, tout le monde connait HAFA.

– Un joli nom sur ton cv…

– Oui, une expérience en plus, ajouta-t-elle en constatant qu'il avait tout compris.

– Combien de temps comptes-tu travailler pour eux ?

– Pas plus de deux ans, affirma-t-elle avec une franchise déstabilisante.

Paulo ne put empêcher une certaine déception de l'envahir. Si au moins le temps qu'il prenait pour la former lui permettait d'améliorer sa vie, si c'était quelque chose qu'elle voulait réellement… Il transmettait toute son expérience à quelqu'un pour qui ce n'était qu'une étape. Au fond, il réalisa qu'Olya n'était pas différente des juniors de Bruxelles. Ambitieuse, elle construisait sa carrière comme tout européen de son âge. Il réalisa aussi que si tous les jeunes bulgares fraichement engagés avaient la même logique, le centre de services se viderait assez vite de ses effectifs. Elle s'assied sur le bureau, presqu'en face de lui. Il releva la tête, surpris par cette proximité soudaine.

– Est-ce que HAFA vous offre un beau salaire ? osa-t-il.

– Oui, pas mal, un peu supérieur à la moyenne.

– C'est-à-dire ?

– Dans mon pays, commença-t-elle en caressant sa nuque, le salaire moyen est de trois cent cinquante euro.

Il se retint de ne pas s'exclamer et s'efforça de poser sa question d'un air désintéressé.

– C'est ce que tu gagnais ?

– Non, rit-elle en comprenant sa surprise mal déguisée. A Sofia, les salaires sont plus élevés car il s'y trouve de grandes entreprises. Là-bas, quand tu sors de l'université avec un master, comme moi, tu peux gagner six-cent euro, ajouta-t-elle fièrement.

Paulo resta sans voix, et baissa à nouveau les yeux. C'était moins que la moitié de son premier salaire à ce poste.

– Et vous ? demanda-t-elle.

– Ici ? Un junior peut se faire deux-mille bruts, à peu près mille cinq cent en net, dit-il doucement, gêné par cet écart.

Elle secoua doucement la tête sans rien dire. Ils venaient de se faire leurs premières confidences. Le court silence qui suivit fut étrange. Ni l'un ni l'autre n'aurait osé aborder ce sujet des salaires avec leurs propres collègues, par pudeur, et ils venaient de le faire alors qu'ils ne se connaissaient pas. Poussé par la curiosité, il la relança :

– Comment c'est la vie là-bas ? Est-ce que c'est difficile ?

– Et bien… Ce n'est pas le tiers monde si c'est ce que tu sous-entends…

Elle le fixait de ses yeux sombres, sérieuse, et le mit mal à l'aise. Le plateau était désert, tout le monde était descendu à la cafeteria pour la pause. Il réalisa à quel point ils étaient physiquement proches l'un de l'autre. Seuls quelques centimètres les séparaient. Il n'avait pas quitté sa chaise et son visage se trouvait à hauteur de la poitrine d'Olya. Elle portait une robe en matière fine dont le haut se fermait en cache cœur, laissant à peine deviner son décolleté, mais bien assez pour laisser l'imagination s'envoler. Il regarda ses cheveux qui tombaient en cascade sur ses épaules. Ils avaient l'air doux. Malgré son caractère fort, Olya avait quelque chose qui l'intriguait déjà. Elle s'efforça de poursuivre la discussion d'un ton neutre.

– D'un point de vue économique, c'est comme partout en Europe je pense. C'est difficile de trouver du travail, même avec un bon diplôme.

– Pourtant, ici les entreprises virent leurs employés pour s'installer dans votre pays, ça donne l'impression que l'avenir s'y trouve, dit-il sur un ton un peu moqueur. On se dit parfois qu'on ferait mieux de s'installer en Pologne, en Inde ou en Bulgarie !

– Si vos sociétés s'installent chez nous, c'est parce que la main d'œuvre est moins chère, dit-elle en haussant légèrement la voix. Ça ne signifie pas que notre situation est meilleure que la vôtre.

– Ah, fit-il en regrettant son manque d'humour.

– En ce moment, beaucoup de sociétés renvoient leur personnel en Bulgarie. Et les salaires n'ont pas augmenté depuis plusieurs années…

Elle regarda ses pieds, puis tourna la tête vers la fenêtre. La situation était morose pour tous les jeunes européens. Cette discussion ne faisait que mettre en lumière un constat déjà évident. Il n'y avait plus de garanties, même avec un bon diplôme il fallait se battre pour faire sa place. Toutes les grandes sociétés avaient délocalisé plusieurs services à l'étranger. Il était difficile de deviner où se trouvait la personne qu'on avait au bout du fil. Inde ? Pologne ? Bulgarie ? Les indicatifs téléphoniques restaient ceux du pays où siégeait la maison mère, mais les travailleurs n'y étaient plus dans la plupart des cas. On ne communiquait quasi plus qu'à distance. On ne connaissait plus ses collègues. Elle trouvait cela étrange, et pourtant elle faisait partie de cet engrenage. En intégrant un centre de services partagés, elle devenait l'un de ces interlocuteurs distants.

– Drôle de monde, n'est-ce pas ? fit-il comme si il avait lu dans ses pensées.

– Oui. Drôle de monde. Mais je pense que ça va passer. C'est une phase.

Il se leva et la frôla involontairement. Elle sourit lorsqu'il voulut s'excuser. Il s'éloigna vers la fenêtre en s'étirant.

– Peut-être, fit-il en baillant. Peut-être que ça va passer.

Le soleil de septembre chauffait timidement la vitre. Paulo y posa son front et ferma les yeux. Il se sentait très fatigué mais appréciait l'échange qu'ils venaient d'avoir.

– C'est comme une mode, poursuivit-elle. Et toutes les entreprises la suivent parce qu'on manque encore de recul par rapport à l'outsourcing. Mais quand elles seront arrivées au bout de l'expérience… elles changeront de méthode et une nouvelle tendance apparaitra.

Impressionné par sa clarté de jugement, il se retourna et s'adossa contre la vitre. Elle ne l'avait pas quitté des yeux. Elle détaillait son torse malgré elle. L'ayant remarqué, il passa une main sur son petit ventre qu'il aurait aimé voir disparaître puis détourna le regard. Il ne pouvait pas dire cependant que cela l'avait dérangé, mais ce n'était pas correct. Les autres employés revinrent bruyamment prendre leurs places. Une heure venait de s'écouler. Olya se leva, surprise de constater que le temps avait filé aussi vite.

– Je vais vite m'acheter un sandwich en bas, dit-elle

avant de s'éloigner.

Elle attendit quelques secondes pour vérifier qu'il ne l'accompagnerait pas puis sortit. Il avait simplement opiné de la tête et passé sa main dans ses cheveux. Elle l'avait troublé malgré elle, et lui, l'avait touchée sans le savoir. Il regarda le plateau se repeupler, regrettant déjà le calme qui avait précédé et soupira. Agacé de l'avoir trouvée intéressante, il se mit en garde tout seul. « Il ne faut pas. Surtout pas elle », pensa-t-il.

*

* *

Nina décrocha le téléphone à la deuxième sonnerie.

– Bonjour Nina, c'est Joelle de « Big supermarket ».

– Bonjour Joelle, comment allez-vous ?

– Et bien écoutez, je suis un peu inquiète... J'ai entendu des rumeurs...

Le ventre de Nina se serra, elle n'avait pas été autorisée à dévoiler aux clients ce qui était en train de se passer dans leurs bureaux. Au fil de leurs échanges téléphoniques fréquents, une sorte de complicité s'était installée entre les deux femmes, et elle craignait de ne pas arriver à lui mentir.

– Dites-moi ?

– Il parait que vous allez confier nos comptes à des étrangers ?

– Hmm, fit-elle embarrassée.

– Vous ne pouvez pas parler ? comprit son interlocutrice.

– C'est bien ça, vous avez raison, dit Nina.

– Ecoutez, je voulais simplement vous dire que je suis désolée. Tout d'abord pour vous, je trouve ça dégueulasse ! Il n'y a pas d'autre mot. Et puis je vous avoue que nous ne sommes pas très contents. On a déjà eu l'expérience avec un autre fournisseur qui avait outsourcé, et ça a été une catastrophe.

– Ah Joelle, que voulez-vous ? Ils veulent encore plus de chiffre, il faut bien que quelqu'un paie l'addition.

– Je pense que c'est une erreur, poursuivit l'autre. Ils n'ont pas la même manière de travailler, et vous allez voir que bientôt on ne va plus se comprendre.

– Je le pense aussi, mais ce n'est pas moi qui décide, dit tristement Nina.

– En tous les cas, courage ! Jusqu'à quand êtes-vous encore en poste ?

– Fin Octobre.

– Nous aurons l'occasion de nous reparler alors. Au revoir, conclut-elle.

– Au revoir.

Nina raccrocha, émue. Puis elle fut perturbée par une présence dans son dos. Emilia était l'« ombre » de Marc, mais ce dernier s'étant absenté quelques minutes, elle s'était approchée discrètement. Souvent dans la lune, elle semblait cette fois être encore plus loin dans ses pensées. Nina agita sa main devant les yeux d'Emilia. Celle-ci sembla reprendre conscience et sourit. Nina secoua la tête en se disant que cette fille était décidément étrange, et voulut reprendre la formation de Rosita.

– Alors, ce que je t'expliquais tout à l'heure, c'est…

– Mon frère est mort, tu sais ? chuchota Emilia sur le ton de la confidence.

Nina se retourna vers elle, les sourcils froncés et lui

présenta ses condoléances, par politesse. Rosita, connaissant le personnage, leva les yeux au ciel puis se concentra sur son écran.

– C'est pour ça que j'ai tant maigri, poursuivit l'autre en touchant ses avant-bras squelettiques. Il est mort d'un cancer. Et moi j'ai perdu vingt kilos à cause de ma tristesse. Mes parents ont beaucoup pleuré. Enfin je crois, car je ne les ai pas revus depuis l'enterrement. Ils habitent un petit village perdu, loin de Sofia, et je n'ai pas le temps…

Nina s'était appuyée contre son dossier et se demanda si elle allait se réveiller. Emilia avait commencé un monologue sur sa triste vie. Mal à l'aise face à ces confidences déplacées, Nina fit de son mieux pour ne pas montrer ce qu'elle pensait. Elle garda un air sérieux, attentif en l'écoutant. Mais elle ne put s'empêcher de regarder sa montre. Il y avait un planning à respecter, et elle allait bientôt être en retard.

– Hum. Je suis désolée de t'interrompre, mais il faut absolument que Rosita et moi terminions la revue des comptes.

– Oui, Bien sûr. Pardon, répondit-elle un peu vexée. Je vous laisse.

Elle retourna à sa place et attendit sagement.

– Elle est folle, chuchota Rosita dans l'oreille de Nina. Elle nous a raconté que c'est grâce à un régime qu'elle a perdu du poids. Elle dit n'importe quoi.

A peine une heure après, Marc, qui avait jusque-là fait preuve de patience perdit son calme.

– Mais c'est pas possible ! s'écria-t-il en tapant sur le bureau.

Paulo s'approcha pour calmer son collègue. Les autres, qui s'étaient retournés en l'entendant reprirent le travail en faisant mine de ne pas écouter.

– Qu'est-ce qui se passe ? demanda-t-il à Marc qui semblait hors de lui.

– C'est une des premières choses que je lui ai expliqué. Je l'ai fait cinquante fois sous son nez. Elle m'a posé, reposé la question. J'ai réexpliqué… et aujourd'hui elle a oublié comment on fait.

Paulo fixa la jeune fille. Il avait remarqué son attitude insolente. A vrai dire, elle regardait plus souvent le plafond que l'écran de l'ordinateur. Selon lui, elle n'avait pas suivi la moitié des explications.

– Il ne m'a pas encore expliqué ça, dit-elle innocemment.

– Mais… Elle ment ! s'énerva Marc.

La jeune fille, outrée, s'enfuit en pleurant. Paulo s'assied à la place qu'elle venait de quitter.

– Écoute, je sais que c'est pas facile, mais essaye de garder ton calme.

– Paulo, cette fille est bête ! Je n'ai jamais vu ça ! Elle ne comprend rien…

– C'est vrai, appuya Nina qui s'était rapprochée. Elle a un vrai problème.

– Je sais, je sais, dit-il en posant sa main sur son épaule pour le calmer. Mais il nous reste encore deux mois à tenir avant le go-live. Ce n'est pas le moment de lâcher. Si tu loupes ta transition et qu'elle est recalée, il va falloir tout recommencer avec quelqu'un d'autre. Le temps qu'ils trouvent un remplaçant, on sera peut-être partis. Imagine-toi rester tout seul pour former une nouvelle personne ! Sans garantie qu'elle vaille mieux que celle-ci !

Marc comprit où Paulo voulait en venir. Il avait craqué, lassé de devoir sans cesse répéter les mêmes choses à quelqu'un qui n'écoutait que d'une oreille. Ses nerfs avaient failli. Il fallait qu'il se ressaisisse.

– Je sais que tu prends ton travail à cœur, poursuivit-il, comme nous tous. Mais il faut que tu prennes de la distance. Si elle n'a pas le niveau, fais ce que tu peux, mais te prends pas la tête. Si elle n'écoute pas, c'est elle qui aura des problèmes une fois toute seule. Toi ton objectif, c'est qu'elle ait au moins un trois à l'évaluation, pour que tu puisses partir d'ici avec ton enveloppe.

– Tu as raison, je n'aurais pas dû…

– Mais je te comprends, elle est exceptionnelle ! ajouta-t-il en souriant de façon ironique.

Emilia les interrompit, revenant avec l'homme qui deviendrait son manager au centre de services.

– Pouvons-nous discuter de ce qui s'est passé ? demanda-t-il à Marc d'une voix trop grave.

Marc quitta son siège en regardant autour de lui, paniqué.

– Je vous accompagne, répondit Paulo en se levant pour les suivre.

La jeune fille se trouvait derrière son futur manager, les bras croisé et le sourire mauvais. Ils se rendirent dans une petite salle de réunion disponible. En s'asseyant, Marc regretta une fois de plus sa réaction impulsive.

– Quel est le problème ? demanda Paulo en fixant le pseudo manager de son regard le plus sérieux.

– Emilia se plaint de sa formation, commença l'homme. Je voulais donc vous rappeler que c'est votre responsabilité d'assurer un transfert de compétences correct. Si vous ne le faites pas, votre prime de transition sera supprimée.

Estomaqué, Marc ne sut quoi répondre. La prime de

transition faisait partie du package qui lui donnait le courage de former ces gens qu'il méprisait pour leur attitude. Sans cela, il ne voyait pas où il trouverait la force de continuer.

– Permettez-moi de vous reprendre, cher Monsieur. La prime de transition est en effet due sous réserve d'un transfert effectif de connaissances. Quant au jugement de la qualité de la formation… je ne pense pas que vous soyez bien placé pour le faire.

L'homme pinça ses lèvres mais garda le contact visuel.

– Depuis le début de la transition, vous restez dans un bureau à l'écart de tous, poursuivit Paulo. Vous ne voyez donc rien de ce qui se passe. Nous pouvons tous témoigner du manque d'attention d'Emilia, et de l'investissement de Marc.

Elle fit mine d'être choquée.

– Je lui ai tout expliqué, vous pouvez le voir dans sa première évaluation, elle a aussi attesté que nous avons vu tout ce qui était planifié, osa Marc.

– Et aujourd'hui, Emilia prétend ne pas avoir appris ce qu'on lui explique depuis presque deux mois ! termina Paulo.

Le pseudo manager desserra sa cravate et prit congé des trois employés sans autre commentaire. En quittant la pièce, il jeta un regard noir à Emilia. Il avait tenté de faire pression, de montrer qu'il avait les choses en main et venait de se faire ridiculiser par sa faute. Cette dernière se mit à pleurer. Paulo et Marc se levèrent et sortirent à leur tour, abandonnant la fille à ses larmes de crocodile.

– Je vais tout de suite demander un rendez-vous avec la direction pour les avertir, s'exclama Paulo. Je ne les laisserai pas remettre en cause la qualité de la formation qu'on leur donne alors qu'on s'est cassé le cul à leur fournir plus de procédures et de matériel didactique que nous n'avons jamais reçu nous-même !

Marc laissa Paulo s'éloigner et souffla enfin. Il avait eu chaud en voyant le grand bulgare s'approcher de lui avec tant d'autorité. Heureusement qu'il avait pu compter sur le soutien de son collègue.

9

Elle était si proche de lui qu'il sentait son souffle dans sa nuque. A cause de l'air conditionné, il faisait toujours frais dans la salle des archives, mais la chaleur de sa présence lui fit oublier ce détail. Il se trouvait devant l'armoire. Il avait du mal à se concentrer. Alors que le classeur qu'il cherchait se trouvait devant son nez, il ne semblait pas le remarquer. Elle était dans son dos, trop près. S'il s'était retourné à cet instant, sa bouche aurait rencontré la sienne, c'était certain. Cette idée le fit frissonner.

– Tu as froid ? demanda-t-elle.

– Oui, un peu… mentit-il.

Elle leva son bras, frôlant son épaule et désigna une farde rouge.

– Est-ce que c'est ça que nous cherchons ?

Il sursauta et tourna la tête, les lèvres à quelques centimètres de sa joue. Elle le regarda, et sourit. Pendant quelques secondes, alors qu'ils s'observaient l'un l'autre, ils imaginèrent le gout que leur baiser pourrait avoir. La température de cette partie de la pièce grimpa en flèche. Il sentit ses mains devenir moites. Il eut envie de la serrer contre lui… Etrange… Que lui arrivait-il ? Elle remarqua la profondeur de ses yeux bleus, l'épaisseur de ses cils, se dit qu'elle le trouvait beau. Lui ne quittait plus ces lèvres roses du regard. Des lèvres brillantes, sur lesquelles elle avait posé un gloss dont il envisagea le goût de cerise. Ils étaient tellement absorbés par leurs pensées qu'ils n'entendirent pas les pas se rapprocher.

– Ah ! c'est ici que tu te caches ? lança Nina sur un ton sarcastique.

– Oui ? Tu me cherchais ? répondit-il en prenant rapidement la farde.

Il se rapprocha de sa compagne. Cette dernière le considéra à peine, puis observa Olya en fronçant les sourcils avec un air de défi. Olya ne baissa pas les yeux. Elle croisa les bras et s'adossa contre le mur, comme pour attendre la suite. Si Nina lui faisait une remarque, elle se tenait prête à répliquer.

– Suis-moi, dit Nina d'une voix sérieuse en faisant signe à Paulo.

Ils sortirent de la salle d'archives et se dirigèrent vers la cuisine.

– Je peux savoir ce que vous faisiez ? demanda-t-elle le ton plein de sous-entendus.

– Nous avions besoin de la farde des charges…

Il s'arrêta de marcher.

– Mais… pourquoi est-ce que tu me regardes comme ça ?

– Pour rien, soupira-t-elle en baissant la tête. J'ai eu une drôle d'impression en vous voyant seuls dans la salle d'archives, j'ai cru bon d'intervenir… Mais je me suis sans doute trompée…

– Je ne sais pas ce que tu as imaginé mais tu n'as pas de raison de t'inquiéter.

– Si tu le dis… dit-elle en se remettant en marche.

– Où est-ce que tu m'emmènes ?

– Tu as oublié ? On est vendredi. Tom fait un drink pour son départ, tout le monde te cherche.

– Ah oui, c'est vrai. C'est aujourd'hui son dernier jour…

La majorité du département s'était déjà réuni dans la cuisine. En tout, il restait vingt-quatre employés et dix consultants. Pour son dernier jour chez HAFA, il avait prévu plusieurs bouteilles de vin mousseux et quelques biscuits apéritifs. Les bises et les souhaits de succès pour le futur se succédèrent, et chacun attendit son tour pour pouvoir trinquer avec lui. Paulo prit deux coupes et en tendit une à Nina. Puis ils se rapprochèrent de Joana qui avait déjà les yeux rouges.

– Comment ça va ?

– Ça peut aller… répondit Joana d'une voix faible. Je n'aime pas trop les adieux…

– Ce n'est pas un adieu, je suis sûre que vous allez vous revoir ! lui répondit Paulo en lui tendant une coupe.

Joana opina discrètement de la tête en souriant. Elle regarda autour d'elle et vit Alexia faire son entrée, discrète et s'approcher de Tom pour discuter avec lui. Elle remarqua que Marc, le troisième collègue avec qui ils avaient débuté leur carrière n'était pas là. Tom avait été leur premier manager à l'époque, et ils l'avaient tous deux accompagnée ses débuts. Cela faisait déjà seize ans. Depuis, Tom avait changé de poste. Mais malgré cette séparation, ils avaient gardé leurs habitudes et Tom passait tous les matins leur dire bonjour, et ils partageaient leur pause de midi ensemble. Joana savait que Marc en avait lui aussi gros sur le cœur mais espérait qu'il ferait l'effort de venir quand même. Elle aperçut Ludomir entrer dans la cuisine, avec son sourire de frotte-manche. Il prit une coupe qu'il engloutit et avala quelques chips, sans s'interroger sur la raison de ce drink auquel il n'avait pas été convié.

– Mais qu'est-ce qu'il fout là ? grogna Nina. Il n'a pas remarqué que c'était privé ?

– Je vais lui dire, chuchota Joana.

Elle s'approcha de Ludomir et lui glissa quelques mots à l'oreille. Celui-ci quitta la cuisine, toujours souriant et elle revint près de Nina. Un des employés du site de production s'approcha d'elles et les salua en leur expliquant qu'il était content de pouvoir assister au drink.

– Je n'ai réunion qu'à quatorze heures, confia-t-il, mais je suis venu plus tôt pour pouvoir dire au revoir à Tom.

– C'est gentil Jean-Jacques, lui répondit doucement Joana.

– Tiens, d'ailleurs, cette réunion, vous y assistez ? Nous allons présenter la nouvelle procédure mise en place à l'usine.

– Nous avons reçu l'invitation, murmura Joana.

– Ah oui mais non ! s'exclama Nina. Nous ne sommes plus concernés à présent.

– Non ?

– Il faudra que tu expliques ça aux bulgares… dit Paulo. Ça n'a pas de sens que tu nous donnes la formation alors que nous partons dans trois mois.

– Alors ça y est ? déjà ?

– Eh oui… Mais on les accompagnera à la réunion, pour la bonne forme.

Tom s'approcha du groupe et interrompit leur discussion.

– Oh ! Merci d'être venu Jean-Jacques ! ça me fait plaisir… s'exclama-t-il en lui faisant l'accolade.

– Ça fait quand même déjà dix-huit ans que je te connais…

– Oui, c'est fou comme le temps passe vite !

– A qui le dis-tu ! Le pire, c'est que maintenant je me demande à qui on va poser toutes nos questions ? Tu avais toujours la réponse… ça va être dur sans toi !

Il eut l'air ému et leva les épaules, ne sachant que répondre.

– Ah Marc est là ! s'écria-t-il, presque soulagé en le voyant entrer dans la pièce.

Il lui fit signe de s'approcher du petit groupe et lui servit à boire.

– Remplis ! Remplis bien ! J'ai besoin de boire pour oublier, plaisanta-t-il en provoquant un éclat de rire chez Joana.

– Santé ! dit Tom en levant son verre.

– Oui, à ta santé ! Beaucoup de succès dans ton nouveau job, et j'espère que tu auras des collègues sympas !

– Ils seront surement plus sympas qu'ici, plaisanta un autre qui approchait son verre pour trinquer avec eux.

La gorge serrée, Tom rit jaune. Il se rappela leurs pauses café quotidiennes, tous ces lunchs qu'ils avaient partagés, cette amitié qui était née au sein du trio. Il regarda Joana mais celle-ci fixait le sol, évitant son regard.

– Au fait Marc, demanda Nina pour meubler le silence, comment s'est passé ton entretien hier ?

– Ça ne s'est pas bien passé… soupira Marc. Au moment où ils m'ont demandé pourquoi je voulais quitter

HAFA j'ai bafouillé. Pourtant on avait répété cette question avec Corinne… je ne sais pas ce qui s'est passé. C'est comme si je m'étais senti gêné.

– C'est normal, c'est le premier entretien…

– Mais oui, ajouta Tom, moi aussi j'ai eu ça au début. Ça ira mieux la prochaine fois.

Marc eut un gros soupir et but une gorgée.

– Je vais me saouler, ça ira mieux après ! plaisanta-t-il.

– Ecoute, je passerai vous voir de temps en temps ! dit-il en pensant avoir trouvé la bonne formule pour le réconforter. Mon nouveau bureau n'est pas loin d'ici…

– Mais, Tom… On ne sera plus ici bientôt, murmura Joana.

Tom eut un regard perdu l'espace de quelque secondes, comme si il avait eu un choc sur la tête. Il avait pourtant déjà signé son contrat dans la nouvelle entreprise. Ce jour-là, il avait eu une drôle de sensation. Il avait franchi le premier pas d'un nouveau départ. Il s'était fait à l'idée que HAFA ne voulait plus de lui, et au fil des entretiens, il avait repris confiance car il avait compris qu'il réussirait à se faire une place ailleurs. Mais aujourd'hui, il abandonnait une partie de lui. C'étaient vingt ans de sa vie, plus de quinze ans d'amitiés qu'il allait laisser derrière lui.

– Bon, on va manger ! Tu viens avec nous ? proposa Marc.

– Non, c'est gentil, répondit Tom qui avait les larmes aux yeux, je préfère ne pas tirer les adieux en longueur.

Ses deux comparses eurent l'air déçus.

– En plus il faut que je ramène ma voiture de société au garage, ajouta-t-il comme pour se convaincre qu'il prenait la bonne décision.

Ses deux amis l'embrassèrent une dernière fois puis

s'éloignèrent. Les quelques personnes qui restaient virent sa lèvre trembler. Il se tenait tout droit, immobile, son verre en main. Il était comme glacé, figé par les émotions qui voulaient le submerger.

– Ça va ? lui demanda Alexia.

– C'est dur… répondit-il d'une voix faible. C'est très dur…

Il écrasa les larmes qui lui échappaient des yeux et baissa la tête. Alexia, qui se trouvait face à lui, se sentit gênée de le voir pleurer et dirigea son regard derrière lui, sur la paroi vitrée qui délimitait la cuisine. Mal à l'aise, elle observa leurs reflets. A travers la vitre, elle vit revenir Joana qui était partie chercher son sac. Elle devait repasser par la cuisine pour aller manger, et s'approcha. Elle stoppa son élan et se figea à un mètre à peine de Marc. Elle sembla vouloir reprendre sa respiration et posa sa main sur sa poitrine. Elle voulut refaire un pas en avant mais s'effondra en larmes. Tom qui fixait le vide ne s'aperçut pas de la scène qui se déroulait dans son dos. Alexia ressentit toute la tristesse que ces amis portaient dans leur cœur à ce moment. Ils étaient de part et d'autre d'une paroi étanche, mais leur émotion transperça Alexia. Elle en eut le cœur serré et pris congé de Tom, gênée par ces sentiments qu'elle s'était pourtant interdit. Paulo sortit dans le couloir et prit Joana dans ses bras. Il l'emmena plus loin.

– Ce n'est vraiment pas évident, dit Jean-Jacques qui avait tout vu. Et dire qu'il va y avoir de plus en plus de départs…

Un silence religieux s'installa pendant une minute, comme si tout le monde méditait sur son parcours et voyait la fin se rapprocher de plus en plus. Ils allaient bientôt tous quitter l'entreprise.

Dans une petite salle de réunion, Paulo avait installée Joana sur une chaise et s'était assis en face d'elle. Il lui tenait la main et attendait patiemment que ses sanglots lui permettent de s'exprimer.

– Il va tellement me manquer… murmura-t-elle enfin.

– Je sais, répondit Paulo. Il va tous nous manquer. C'était quelqu'un de génial.

– Oui…

– Je sais que je n'étais pas aussi proche de lui que vous l'étiez, Tom et toi… Mais je l'apprécie énormément.

Joana releva doucement la tête et plongea dans les yeux mouillés de Paulo. Ils brillaient comme la mer au crépuscule, d'un air triste mais réconfortant. A cet instant, Nina passa devant la vitre de la salle dans laquelle ils se trouvaient et les aperçut face à face, main dans la main. Elle se mordit la lèvre inférieure, jalouse de tant de complicité. Elle hésita à les interrompre, sa main sur la poignée de la porte. « Ne sois pas stupide », se dit-elle. « Joana est une amie ! ». Elle repartit en passant énergiquement ses mains dans ses cheveux, comme pour se ressaisir.

– Joana, il ne tient qu'à toi de garder le contact avec lui… Vous pourrez vous voir en dehors du bureau. L'aventure s'arrête chez HAFA, mais pas votre amitié… Ce n'est pas fini…

– C'est vrai, dit Joana en essuyant ses larmes. On pourra se revoir.

– Il faut être content pour lui, parce qu'il a trouvé quelque chose qui lui plait. Bientôt, ce sera notre tour.

Joana fut touchée par les mots de Paulo et opina de la tête en esquissant un sourire.

– Nous aussi on va tourner la page, ajouta-t-il, ému. Et

tu verras que ce sera pour un mieux.

Avant de quitter définitivement HAFA, Tom décida d'aller dire au revoir à son C.F.O.

– Je suppose que tu n'as pas eu le temps de venir à mon drink d'adieu ? demanda-t-il en pénétrant dans le bureau.

– Tom ! s'exclama-t-il en se levant. J'allais passer, je t'assure, mais…

– Est-ce que tu te rends compte que c'est HAFA qui m'a démarché ? demanda-t-il en lui coupant la parole.

Il referma la porte du bureau de son supérieur et s'y adossa. Christopher se rassied, perplexe.

– Je venais de terminer le service militaire, soupira-t-il en regardant le plafond. Il y a déjà vingt et un ans de cela. Comme comptable, je gagnais vingt-cinq mille francs belges à l'époque…

Christopher se gratta le menton à l'évocation de l'ancienne monnaie belge.

– Ça fait quoi, six cent euro ?

– Oui… répondit Tom. Je me souviens encore, poursuivit-il en s'approchant de la fenêtre d'un air pensif. La direction se trouvait à Bruxelles…

Tom se retourna et sourit faiblement. Il s'approcha d'une étagère et prit un cadre entre ses mains. « C.F.O. of the year » y était inscrit.

– Il y avait différents sites : Deux en Flandres, deux en Wallonie et celui de Bruxelles. La comptabilité, le suivi client, tout cela était géré localement par les sites, dit-il en reposant le cadre. Puis, dans les années nonante, HAFA a commencé à fusionner et tout centraliser à Bruxelles.

Tom s'assied sur le bord du bureau. Christopher, lui, resta immobile, intrigué par le monologue de son collègue.

– D'ailleurs, quand tu es arrivé, en deux-mille, vous avez intégré les sites de Hollande et Luxembourg pour en faire HAFA Benelux. Dire que je t'ai aidé à créer cette nouvelle entité… Et peu après tu m'as fortement conseillé de laisser tomber le management pour m'occuper de ce stupide projet… je suppose que c'était ta façon de me remercier.

– Tom…

– Je n'en veux à personne pour cette décision, l'interrompit-il en levant la main. Je ne t'en veux pas non plus de ne pas m'avoir proposé un poste dans un autre département… comme tu l'as fait avec un petit nombre de mes collègues ces dernières semaines.

– Tom, je… Ceux qui ont été replacés ont suivi la procédure et les différents entretiens…

– Arrête, je suis au courant, dit Tom soudain très sérieux.

Le C.F.O eut l'air confondu.

– Bon, soit. Où est-ce que tu veux en venir ?

Tom croisa les bras en fixant son supérieur.

– Je me rends compte que vous ne vous arrêtez jamais ! Tous ces changements, cette centralisation… ça a permis d'augmenter le résultat, je l'ai constaté de mes yeux…

– C'est le but d'une bonne gestion d'entreprise, non ?

– Oui, mais ces bons résultats ne vous ont pas suffi… J'aurais dû le comprendre plus tôt : la centralisation permet de faire le travail de n'importe où… Tout ça, c'était pour mieux délocaliser ensuite.

– Ce n'est un secret pour personne, s'exaspéra Christopher. Quand tu gères une société comme HAFA, tu cherches à augmenter la valeur de l'action, et payer plus de dividendes. Tu as été à l'université, toi aussi ! Tu sais très bien comment ça se passe.

– Bien sûr, je connais la théorie, confirma Tom d'une voix calme.

– Donc tu comprends ces décisions ?

– Oui Christopher, je comprends, répondit-il en s'approchant de lui. Mais il y a une différence entre voir ça dans un livre d'école et le vivre.

Christopher baissa les yeux, touché par cette remarque. Il se sentit impuissant. Tom sortit du bureau, habité par des sentiments contradictoires. Soulagé d'avoir exprimé le fond de sa pensée, il n'en restait pas moins blessé par cette succession d'évènements qui l'avaient conduit à sa situation actuelle. Une situation qu'il ne souhaitait à personne.

L'après-midi débuta par la formation des Bulgares aux nouvelles techniques utilisées dans l'usine de production. Joana, encore émue par la matinée forte en émotions se trouvait à la gauche de Paulo. Son ombre écoutait avec un sourire béat des explications qu'il ne semblait pas comprendre. Il notait un mot où l'autre comme si il choisissait au hasard ce qu'il y avait à retenir. Assis en face d'Olya, Paulo sentit à plusieurs reprises son regard posé sur lui mais fit mine de ne pas le remarquer. Il écoutait Jean-Jacques, le formateur, d'une oreille distraite, les yeux dans le vide. Il était incapable de s'intéresser outre-mesure par ces nouveautés puisqu'il n'aurait pas à s'y confronter.

– Vos supérieurs m'ont demandé d'organiser une visite dans notre usine pour les nouvelles recrues, qu'en pensez-vous ?

– Quelle bonne idée, dit Joana sur un ton sarcastique.

Dommage qu'ils n'aient pas eu cette idée quand nous étions encore en poste.

Joana se pencha pour chuchoter dans l'oreille de Paulo :

– Tu te rends compte ? Jamais on ne m'a proposé de visiter l'usine. La seule fois que j'y ai été, j'ai compté des vidanges dans un hangar froid pour un stupide projet. Je n'ai rien vu de la production et ce n'était vraiment pas agréable !

– Incroyable, commenta Paulo d'une voix bien audible. Ils sont vraiment gâtés, n'est-ce pas Jean-Jacques ? Tu te déplaces même pour leur donner une formation…

– Vous auriez peut-être dû le demander à votre supérieur, répondit Jean-Jacques, un peu embarrassé.

– Mais nous l'avons demandé, fit Joana en fronçant les sourcils. Seulement, il n'y avait soi-disant pas le temps.

– C'est qu'ils ont estimé que ce n'était pas nécessaire, vous faisiez bien votre travail sans, alors…

– On faisait bien notre travail parce qu'on l'aimait, l'interrompit Paulo. Et on a beaucoup appris par nous-même. On a cherché les réponses à nos questions… personne ne nous a aidé comme vous le faites avec eux…

Joana mit sa main sur celle de Paulo, pour l'aider à se calmer. Jean-Jacques, vraisemblablement mal à l'aise, fit mine de chercher une date dans son agenda. Les deux élèves en formation ne comprenaient pas le français et n'avaient pas suivi le débat, ils s'étaient concentrés sur leur notes en attendant que l'on reparle en anglais.

– Que pensez-vous de mardi prochain ? proposa-t-il au petit groupe.

– Je ne serai pas là la semaine prochaine, dit Olya à Jean-Jacques. A priori, je ne reviendrai plus en Belgique.

– Ah bon ? fit le formateur.

– Je suis prête pour le job, affirma-t-elle. Il est inutile que je refasse le voyage…

Paulo fit la grimace face à cette auto surévaluation. Olya était décidément un cas spécial. Elle le fixa de ses grands yeux noirs.

– … N'est-ce pas Paulo ?

– Euh… fit-il troublé. Oui, enfin, je suppose. Ben tant pis pour la visite alors…

Incapable d'identifier si c'était la gêne ou l'agacement qui lui donnaient chaud, il se leva et quitta la pièce un peu précipitamment.

– Au revoir, Jean-Jacques, dit-il avant de refermer la porte. Merci.

Il dut prendre une grande inspiration pour empêcher son cœur de s'emballer. Cette attitude… Paulo n'arrivait pas à décider si cela l'énervait ou l'intriguait. De l'autre côté de la porte, Olya souriait.

A la fin de la journée, Paulo marchait vers l'ascenseur, pensif. Il avait en tête le regard sombre et profond d'Olya. Elle avait une telle assurance qu'il s'en trouvait parfois déstabilisé. Il la trouvait mystérieuse. Elle ne parlait pas beaucoup, ne riait que très peu. Chaque jour de cette semaine, il l'avait observée en essayant d'imaginer ce qu'était sa vie. Ce qu'elle aimait, à quoi elle pensait. Elle était différente de toutes les femmes qu'il avait pu rencontrer. Il descendit vers le parking, le regard dans le vide, et se dirigea machinalement vers l'emplacement où se trouvait sa voiture.

– Good evening Paulo, fit une voix féminine dans son dos.

Il frissonna en reconnaissant cet accent de l'est. Il se

retourna lentement et la vit.

Bonsoir, dit-il en cachant sa surprise.

– Veux-tu aller boire un verre avec moi ?

La question choqua Paulo qui recula d'un pas. Bien sûr, il se sentait flatté de l'intérêt qu'elle lui portait, mais il ne s'attendait pas à une demande aussi directe.

– C'est mon dernier soir à Bruxelles, je prends l'avion demain matin, ajouta-t-elle.

Elle le fixait sans gêne aucune, sans même redouter une réponse négative. Elle tendit la main vers sa bouche et toucha son menton du bout des doigts, audacieuse.

– Juste un verre… murmura-t-elle.

Paulo resta bouche bée. Ce simple contact l'avait perturbé. Elle l'enveloppa de son regard brûlant et l'empêcha de réfléchir à une réaction adéquate. Elle sourit, consciente du pouvoir qu'elle exerçait sur lui. Le bruit d'une voiture qui arrivait interrompit cet instant d'intimité. Elle rassembla ses longs cheveux sur le côté et dégagea sa nuque. Il ne put s'empêcher de la contempler. Sa peau était si claire à cet endroit, si fine qu'il imagina ses doigts la caresser. Lentement, il remonterait sa main dans ses cheveux et tournerait son visage vers le sien. Il l'embrasserait, tendrement, comme ses lèvres l'invitaient à le faire. Paulo secoua la tête. Que lui arrivait-il ? Il ne fallait pas, il la déposerait à son hôtel et repartirait aussitôt. Il se dirigea vers sa voiture d'un pas rapide.

– C'est celle-ci ? lui demanda-t-elle innocemment.

– Oui.

Ils s'installèrent dans la voiture en silence. Il passa nerveusement sa main sur son crâne en tentant d'en chasser les pensées qui venaient de le troubler puis démarra. Elle l'observa en silence tandis qu'il regardait la route. Il se demandait encore s'il allait accepter son invitation. Peut-être n'était-ce pas une bonne idée. D'un autre côté, elle repartirait dans son pays le lendemain matin, et il n'était pas sûr de la revoir un jour. Qu'est ce qui l'empêchait de profiter du moment ? Nina ne lui avait-elle pas fait comprendre qu'elle ne voulait plus de lui ? Personne ne l'attendait ce soir. Comme si elle avait entendu, elle posa sa main sur sa cuisse. Il rougit. Elle voulut s'approcher de lui mais deux ou trois jeunes garçons bruyants traversèrent imprudemment devant la voiture et Paulo dut freiner brusquement. Elle regretta que son initiative ait été interrompue.

– Nous sommes presqu'arrivés à mon hôtel, dit-elle en regardant par la fenêtre.

Il ne posa pas de questions. Ils arrivaient au centre-ville et il se dit qu'ils trouveraient bien un bar sympa dans lequel ils pourraient s'installer pour discuter. Un lieu public, sans danger. Une fois garé dans un parking souterrain, il ouvrit les portes et l'invita à sortir. Elle le suivit quelques pas derrière jusqu'à ce qu'ils se trouvent sur la rue. Là, elle marcha à sa hauteur.

– Viens, ordonna-t-elle.

Elle accéléra pour le dépasser, sans attendre de réponse. Etonné par son autorité, il obéit. Ils étaient pourtant dans sa ville à lui. Il fronça les sourcils. Son assurance l'attirait et l'énervait en même temps. Il se sentait en déséquilibre. Ils arrivèrent dans le hall d'un hôtel avant qu'il ne réalise où elle l'avait emmené. Il s'arrêta tandis qu'elle retirait sa clé à la réception. Elle revint près de lui et lui prit la main. Paulo sentit son cœur battre de plus en plus fort. Sa tête avait beau lui dire de faire marche arrière, un désir trop fort le poussait vers l'avant. Ils foncèrent en courant vers l'ascenseur qui allait refermer ses portes, et s'y engouffrèrent en riant. Elle poussa sur le bouton du cinquième étage puis le regarda en souriant. Ils étaient seuls dans la cabine de l'appareil. Elle franchit le pas qui la séparait de lui et passa le dos de sa main sur sa joue. Il frissonna. Elle fixait sa bouche avec une telle intensité qu'il se sentit fondre. La chaleur envahit ses joues, le bas de son ventre, le bout de ses doigts. Elle plaqua sa poitrine contre la sienne et entendit sa respiration s'accélérer. Il la désirait, c'était évident. Il voulait gouter ces lèvres charnues depuis plusieurs semaines. Elle prit son visage de ses deux mains et s'apprêta à l'embrasser. Il ferma les yeux. Elle effleura à peine sa bouche du bout de sa langue puis inspira l'odeur de son cou. Elle y posa un, deux, trois baisers pour revenir lentement à ses lèvres. Soudain, une légère secousse interrompit leurs préliminaires. Ils avaient atteint le cinquième étage. Elle reprit sa main et le tira hors de l'ascenseur. Paulo tentait de calmer sa respiration. Alors qu'Olya s'apprêtait à ouvrir la porte de sa chambre, il fit un pas en arrière. Il réalisa qu'il faisait une erreur. Il ne pouvait pas.

– Je dois m'en aller, dit-il en s'éloignant à reculons.

Olya resta immobile, en essayant de masquer sa déception.

– Bonsoir ! Et bon voyage ! cria-t-il en entrant dans l'ascenseur.

Soulagé que les portes se referment, il fit claquer sa main sur le front pour se punir de s'être ainsi laissé aller. Il sortit de l'hôtel en courant. Était-il triste ? Déçu ? Énervé ? Peut-être ressentait-il tout cela en même temps. Peut-être était-il simplement perdu.

10

Un doux soleil de septembre traversait les stores et illuminait le plateau, contribuant à la bonne humeur des troupes. Mais ce qui rendait les employés de HAFA si souriants ce lundi-là, c'était un sentiment de liberté. Ils étaient enfin seuls à leurs bureaux, libres de leurs gestes ; les ombres étaient parties ! Ils ne devaient plus expliquer chacune de leurs actions. Ils n'avaient plus ce regard constant par-dessus leur épaule, cette sensation d'être suivi jusque dans les toilettes. C'était une nouvelle étape qui démarrait : la supervision à distance du travail qu'ils avaient transmis. Ils donnaient par e-mail ou messagerie instantanée des indications, des conseils sur l'organisation des tâches, et pour l'instant, cela se passait bien. Tout l'étage semblait plus spacieux, plus calme, plus agréable. Marc se leva et ressortit sa radio de l'armoire. Ils avaient l'habitude de l'écouter avant que tous ces bouleversements n'aient lieu. L'arrivée de leurs remplaçants avait cassé l'ambiance joyeuse qui régnait au sein de leur équipe. Lorsque les premières notes sortirent de l'appareil, les autres furent d'abord surpris et levèrent la tête pour chercher la source. Ensuite ils félicitèrent Marc d'avoir eu cette bonne idée. C'était Claude François qui chantait. Marc, debout près de l'appareil ne put résister à l'accompagner.

– « Quand tu souris, je m'envole au paradis je vais à Rio… »

Joana s'y mit à son tour :

– « … De Janeiro »

Marc se mit à danser et prit Joana par la main. Cette dernière, bien que gênée, se leva et ils continuèrent à chanter en cœur. Les autres employés, tout sourire en voyant la scène, les encouragèrent en tapant des mains. Après tout, il n'y avait pas de supérieur et ils avaient bien besoin de se détendre. C'était comme si toute la pression qu'ils avaient supporté pendant les semaines précédentes retombait enfin. Ils se retrouvaient. Au dernier refrain, les six personnes de l'équipe chantaient d'une voix assurée cette chanson populaire. Ceux qui étaient de l'autre côté du plateau se sourirent les uns les autres. Tout le monde était soulagé du départ des Bulgares.

Assis à un bureau près de la vitre, Paulo rêvassait en regardant le ciel. Il s'imaginait dans une salle de classe, face à des élèves plus ou moins attentifs. Ferait-il un bon professeur ? Il posa sa main sur la vitre à hauteur du soleil et lui demanda des réponses. Il avait toujours eu beaucoup de plaisir à donner des formations, à expliquer aux autres. Mais après plus de vingt ans dans la même entreprise, dix ans au même poste, arriverait-il à opérer un tel changement ? Il se sentit perdu, en déséquilibre.

– On a besoin de volontaires pour faire le point à Sofia ! déclara Alexia qui venait de débarquer. Les choses n'avancent pas assez vite et il faut qu'on aille voir ce qui se passe sur place. J'emmène les deux consultants mais il me faudrait quelqu'un de la compta et du credit collection. Joana ?

– Euh… il faudrait que je voie avec mon mari…

– Il me faut une réponse aujourd'hui.

– Ok, je l'appelle tout de suite ! dit-elle en composant son numéro.

– Paulo ?

Il jeta un regard interrogateur vers Nina, mais celle-ci baissa les yeux.

– Je viens, dit-il sans réfléchir d'avantage.

Il la vit faire non de la tête.

– C'est bon pour moi aussi, dit Joana en raccrochant.

– C'est gentil les amis, je fais réserver les billets. Dernière ligne droite ! s'exclama-t-elle en se retournant.

Nina se leva brusquement et s'éloigna vers les toilettes. Il la suivit jusque dans le hall où se trouvaient les casiers.

– Quelque chose ne va pas ?

– Tu sais très bien ce qui ne va pas… répondit-elle sans le regarder.

– Tu désapprouves ?

– Tu es un grand garçon, tu prends tes décisions tout seul…

– Mais qu'est-ce que tu veux, à la fin ? Tu m'ignores depuis des semaines, mais ça te dérange que je quitte le pays ?

– C'est la raison pour laquelle tu le fais qui…

– Mais qu'est-ce que tu racontes ?

– Laisse tomber ! s'énerva-t-elle.

– T'as raison, je laisse tomber. J'en ai assez d'essayer de résoudre tes énigmes !

– Parfait ! s'énerva-t-elle en fuyant dans les toilettes.

En descendant de l'avion qui venait d'atterrir à Sofia, les voyageurs furent agréablement surpris. La température était douce, le ciel bleu. N'étant sur place que pour deux jours, le groupe avait choisi de n'emporter qu'un bagage de cabine afin de gagner du temps. Ils se rendirent donc directement à l'extérieur de l'aéroport afin de prendre un taxi. Paulo sourit en voyant qu'ils étaient jaunes, comme dans beaucoup de villes.

– La classe, s'exclama un des jeunes consultants en déplacement avec le groupe. Je ne sais pas pourquoi, je m'attendais à quelque chose de plus miteux.

Il s'affairait à examiner l'intérieur du minivan dans lequel ils étaient montés.

– Ce n'est pas le tiers monde, murmura Paulo sans le regarder.

– Pardon ?

– Rien, dit-il en souriant.

Il croisa le regard entendu de Joana. L'image que s'étaient fait les employés de ce pays était étrange. Peut-être était-elle influencée par le fait qu'ils étaient remplacés par une main d'œuvre à bas prix. Cela avait créé un sentiment de supériorité chez eux. Très peu avaient pris le temps de discuter avec leur remplaçant, ils n'y avaient pas vu l'intérêt.

Ils posèrent leurs pieds sur le square Sveta Nedelya vers neuf heures trente et aperçurent l'imposante façade de l'hôtel où ils allaient loger. Les fenêtres étaient encadrées de magnifiques alcôves posées sur des colonnes. Ils tombèrent tous sous le charme de cette architecture soignée. Constatant leur intérêt pour la beauté de la ville, le chauffeur de taxi qui sortait les sacs du coffre s'interrompit pour leur montrer du doigt la direction de la cathédrale qui se trouvait derrière le coin.

– Vous devriez la visiter, conseilla-t-il dans un anglais écorché par son fort accent de l'est.

Il accepta un pourboire en les remerciant puis s'adossa contre le flanc de sa voiture. Il rajusta sa casquette en soupirant. Il allait bien falloir s'habituer à l'arrivée de tous ces étrangers. Il s'alluma une cigarette en les regardant s'éloigner. Ils entrèrent dans le hall et récupérèrent les cartes magnétiques qui ouvriraient leurs chambres.

– Les amis, on repart dans une quarantaine de minutes ! annonça Alexia qui les accompagnait. Une première réunion nous attend au bureau. Posez vos affaires, rafraichissez-vous si vous le souhaitez mais ne tardez pas !

C'était le premier déplacement professionnel des deux jeunes consultants et ils s'extasiaient sur la beauté et la décoration de l'hôtel. Alexia, installée dans un canapé du hall où se trouvaient les ascenseurs les observait se déplacer d'une chambre à l'autre pour comparer les vues qu'ils avaient de leur fenêtre et leva les yeux au ciel. Dans le passé, elle avait souvent fait ce genre de voyage et se rappela ses premières expériences. Elle ne voyait plus les choses de la même façon. Le plaisir de voyager et la fierté de se voir confier des responsabilités avaient laissé place à de l'impassibilité. Elle était écœurée par ce travail de représentation permanente, cette démonstration d'efficacité, ce léchage de bottes qu'effectuaient les consultants. Ce jeu ne l'intéressait décidément plus. Peut-être était-il temps pour elle d'arrêter. Oui, peut-être que cette mission serait la dernière.

Assis au bord de son lit, Paulo s'impatientait en silence. Il se leva et se dirigea vers la fenêtre. Il y posa son front et vit un vieux tram orange et blanc déposer des voyageurs. Il le suivit des yeux alors qu'il repartait et aperçut une statue posée sur une colonne, un peu plus haut que les réverbères. Il releva la tête, il s'agissait d'une femme tendant les bras vers l'inconnu. Face au vent qui soulevait sa longue robe noire et ses cheveux vers l'arrière, elle semblait n'avoir peur de rien. La tête haute, un oiseau sur son bras gauche et un anneau dans la main droite. Une femme courageuse. Seule, pieds nus, mais courageuse.

Paulo sentit une larme couler le long de sa joue. Le visage de Nina lui était apparu. Elle avait bouleversé sa vie et apporté tellement de joie. Il l'aimait, terriblement. Il essuya cette larme et regarda le ciel se couvrir. Il n'avait pas été correct avec elle ces derniers temps, il s'était enfermé dans cette bulle toute grise depuis le début de l'année. Pourtant, Nina était restée à ses côtés. Il avait ruminé son licenciement pendant des mois, avait pleuré, crié. Mais une chose était claire à présent : Il avait beau avoir beaucoup donné à cette entreprise, elle ne voulait plus de lui. Il fallait tourner la page et avancer, même si l'avenir était incertain.

Sa collègue interrompit ses pensées en frappant à sa porte. Paulo s'arrêta devant le miroir et frotta ses joues comme pour étirer son visage et chasser cette triste mine avant d'ouvrir. L'autre remarqua ses yeux rouges et détourna le regard pour ne pas l'indisposer. Elle chipotait nerveusement les pages du livre qu'elle tenait en main, gênée.

– Je ne te dérange pas ? demanda-t-elle d'une petite voix douce.

– Entre, répondit Paulo en ouvrant grand la porte.

Joana s'avança doucement vers la fenêtre et s'appuya contre l'encadrement.

– Sainte Sofia… murmura-t-elle en plaçant sa main sur la vitre.

– Sainte Sofia ? chuchota Paulo en se rapprochant de la fenêtre.

– Oui, tu ne connais pas ?

– Non…

– J'ai amené mon guide, dit-elle en retrouvant le sourire.

Elle chercha la page où se trouvait la statue.

– Ecoute ça : « Son visage doré est tourné vers le Batemberg square où se trouvent les maisons du gouvernement et du président. Elle remplace la statue de Vladimir Lénine qui se trouvait à la même place ». Oui, le square s'appelait Lénine avant, expliqua-t-elle. « Elle se trouve à un carrefour ou la vieille culture rencontre la modernité ». Pas mal hein ? L'idée du passé qui rencontre le présent ?

– Continue à lire, demanda Paulo qui n'avait pas quitté la statue des yeux.

– « Sainte Sofia est la patronne de la ville et cette statue en est donc un symbole. Sofia signifie sagesse en grec, c'est pourquoi elle porte une chouette sur son bras gauche et une couronne de laurier dans la main droite : symbole gréco romain de paix, succès, réputation etc. »

Paulo, bercé par la lecture de ces explications laissait son regard errer à travers la fenêtre. Il avait été touché par cette œuvre d'art, comme si la ville lui avait parlé à travers elle. Sa collègue le fixa, intriguée.

– Paulo, ça va ?

– Oui, pourquoi ?

– J'ai cru que tu dormais les yeux ouverts pendant une seconde…

– Non, sourit-il. Je pense.

– A quoi ?

– A la sagesse…

Joana referma son livre et baissa les yeux.

– Est-ce qu'être sage signifie qu'il faut faire ce qu'on attend de toi ? demanda Paulo. Où est-ce que c'est être soi-même…

Sa collègue refixa la fenêtre. La ville était calme, les nuages bas. Elle réfléchit à la question de Paulo. Il lui semblait toujours avoir été elle-même et pourtant la réflexion l'interpella. Répondre aux attentes de son entourage était important pour elle. Sinon pourquoi aurait-elle toujours l'impression de ne jamais en faire assez, de ne pas être reconnue. Elle faisait tout pour délivrer un travail irréprochable, être l'épouse que son mari désirait, la mère attentive pour son fils. Quant à elle-même… Sa gorge se serra. Était-elle vraiment en accord avec elle-même ?

– Personnellement, poursuivit-il, j'ai toujours pensé aux autres avant moi, et ça me faisait plaisir…

– C'est important d'aider les autres…

– Oui, jusqu'à ce qu'ils te tournent le dos…

– Paulo, arrête.

Elle avait saisi son bras en soupirant. Ces pensées dans lesquelles il voulait l'entrainer ne lui plaisaient pas. L'air triste qu'il affichait non plus.

– Pourquoi ? Demanda-t-il en se dégageant. C'est pas vrai peut-être ?

– Je sais que la majorité des employés se sont montrés ingrats envers toi, mais tu n'as pas fait pas ces choses en espérant d'être remercié ou applaudi n'est-ce pas ? Tu les as faites parce que tu le ressentais comme ça, c'est dans ta nature. Maintenant, il est temps de penser à ta famille…

– Si tu fais allusion à Nina, je pense que ce n'est pas aussi simple…

– Bien sûr que si c'est simple. Vous vous aimez, point.

– J'ai tellement déconné…

– Tu t'es renfermé, et elle a cru que tu ne voulais plus d'elle. Maintenant, il faut que tu lui montres qu'elle compte pour toi, c'est tout ce dont elle a besoin.

Incrédule, Paulo fixait Joana les sourcils froncés.

– Viens, murmura-t-elle. Il faut qu'on y aille, dit-elle en frottant son épaule comme pour le consoler.

D'abord poussé par un élan inconscient, Paulo réalisait qu'il avait pris cet avion pour une raison particulière. Il était venu chercher des réponses. Comme la statue, il se trouvait au carrefour entre hier et aujourd'hui, et ignorait de quoi serait fait demain. Il ramassa le sac dans lequel se trouvait son ordinateur portable et suivit Joana.

Devant l'immeuble où se trouvaient les bureaux de leurs remplaçants, Paulo sentit son cœur battre un peu plus fort. Il faisait de son mieux pour feindre l'indifférence. Une fois au bon étage, ils entrèrent dans le hall où la gérante du centre de service, homonyme du directeur, les attendait. Petite dame de caractère aux cheveux courts, elle énonça son petit mot d'accueil avec beaucoup de sérieux.

– Vous avez fait bon voyage ? demanda-t-elle en les dirigeant vers la porte du fond.

L'attention de Paulo fut attirée par l'ouverture qui donnait sur les bureaux des employés. Un « open space » au mobilier blanc, comme à Bruxelles. Il le parcourut du regard mais n'eut pas le temps de s'y attarder. Ils entrèrent par une autre porte dans un couloir d'où se distribuaient plusieurs salles de réunions. La dame les invita à entrer dans l'une d'entre elle. Spacieuse, elle offrait une vue sur un building sans caractère. Ils s'assirent et la séance de travail commença sans tarder. Beaucoup de choses devaient être abordées et ils ne firent donc pas de pause assez longue pour pouvoir explorer les lieux. Après le lunch qui fut servi pendant la réunion, Alexia, chef de projet, aborda la question délicate du « go live ». Il ne restait plus que trois semaines avant la date qui avait été prévue pour le transfert définitif des responsabilités vers le centre de services.

– Concernant le poste de Joana, nous avons déjà recruté quelqu'un que Ludomir a commencé à former, dit fièrement la gérante.

– Mais… vous pensez que Ludo en est capable ? demanda Joana, incrédule. Enfin… je ne voudrais pas paraître méchante mais vous avez lu mes rapports d'évaluations non ?

– Oui, c'est pourquoi nous avons pris la décision de le remplacer… répondit-elle simplement.

– Joana, il va falloir que tu supervises la formation de la nouvelle, ajouta Alexia.

– Attendez, c'est une blague ? s'exclama Paulo en tapant sur la table. Depuis le début, ses évaluations montrent qu'il ne convient pas pour le poste. C'est vous qui avez voulu le garder ! Il est hors de question que Joana recommence une nouvelle formation ! affirma-t-il en croisant les bras.

– Je comprends ton point de vue mais…

– Ça m'étonnerait que tu comprennes Alexia, l'interrompit-il. Les employés de Bruxelles ont fait un excellent travail pour le transfert de compétence. Aujourd'hui ils sont fatigués, ils ont besoin de passer à autre chose. Si vous vous êtes trompés dans vos recrutements, c'est à vous d'en assumer les conséquences.

Joana n'en revenait toujours pas. Elle avait suivi les instructions à la lettre, et cela se retournait contre elle. Depuis le début, elle avait fait remarquer cette erreur de casting, mais personne ne l'avait écouté. Elle avait dû passer des mois à le former et voilà qu'il fallait tout reprendre à zéro.

– Il faut qu'ils retournent tous à Bruxelles pour la dernière phase, déclara Alexia.

– Il était prévu que cette dernière phase se passe à distance, pourquoi changes-tu les plans ? demanda Paulo.

– Nous pensons que c'est nécessaire, répondit-elle sur un ton tranchant.

Paulo haussa les épaules pour lui montrer qu'il n'était pas impressionné.

– Ils ne sont pas prêts, dit-il doucement… mais tu ne veux pas changer la date, n'est-ce pas ?

Alexia le fixa avec de petits yeux méchants. Elle était contrariée. Partagée entre le souhait de faire une transition de qualité et les impératifs du calendrier, elle était sous pression. Rien ne devait être laissé au hasard, elle avait tout planifié et pourtant, deux ou trois éléments venait compliquer la fin de la transition.

– Je n'ai pas à me justifier, surtout pas à toi, dit-elle en fixant Paulo au fond des yeux.

– Je n'ai pas besoin de justifications Alexia. Au point où on en est… tu peux faire ce que tu veux. La semaine prochaine, quand tu feras ta présentation au comité de direction, je suis prêt à parier que tu leur diras que tout va bien, quoi qu'il arrive…

Alexia recula sa chaise et leva le menton, cherchant

une réplique pour le remettre à sa place. Joana qui se trouvait à côté de Paulo lui donna un léger coup de coude pour qu'il s'arrête.

– … Et peu importe si la moitié de nos employés belges dépriment parce qu'ils doivent tout recommencer, tant pis si certains éléments sont incompétents ici à Sofia. Tout ce qui compte c'est qu'on t'applaudisse à la fin de ta prestation. Je me trompe ?

– Tu crois tout savoir Paulo, mais tu es loin du compte…

– Tant mieux, cracha-t-il, je n'ai pas envie de savoir ce que tu caches.

La gérante qui s'était fait discrète pendant leur duel reprit la parole.

– Je suis certaine que tout va bien se passer, déclara-t-elle sans vraiment y croire. Après tout, la majorité de employés ont eu de bonnes évaluations et travaillent de manière presqu'autonome. Ce dernier voyage ne sera qu'une formalité, vous verrez.

– Bien entendu, répondit Joana, diplomate. Je rencontrerai la nouvelle demain et je prolongerai mon séjour si nécessaire.

Cette dernière phrase fit sursauter Paulo. Comment faisait-elle pour faire preuve d'engagement malgré tous ces évènements qui l'avaient déçu. Elle fuyait la réalité. Par peur que ça s'arrête, elle continuait à fonctionner comme si elle n'avait pas été renvoyée.

– Oui ! bonne idée, dit la petite brune en se levant. Merci beaucoup pour votre aide Joana.

Après les avoir salués, la dame quitta la salle de réunion à son tour. Joana soupira en tirant ses cheveux en arrière.

– Pourquoi tu fais ça ? lui demanda Paulo qui ne l'avait pas quitté des yeux.

– Parce que c'est mon travail, répondit-elle sans la regarder.

– Joana, ce n'est plus ton tr…

– C'est quoi ton problème Paulo ? l'interrompit-elle en haussant la voix.

Choqué de l'entendre presque crier, Paulo se recula. Joana secoua la tête d'un air désolé et se leva.

– J'ai investi beaucoup de mon temps pour que mes fournisseurs soient satisfaits, dit-elle plus calmement. J'ai obtenu de nombreuses ristournes, parce que j'avais instauré une bonne relation avec eux. Je n'ai pas envie que tout ce travail soit anéanti en quelques semaines.

– Je sais que tu t'es beaucoup impliquée…

– Je vais former cette fille du mieux que je peux, affirma-t-elle comme si elle voulait se convaincre. Je dois le faire.

Elle sortit de la pièce sans se retourner. Paulo se leva pour la suivre mais s'arrêta devant la porte. Joana avait sans doute besoin d'être un peu seule. Elle n'écouterait personne, sa décision semblait être prise. Paulo comprit que c'était sa façon à elle de se protéger. De se donner l'impression qu'elle comptait encore. Jusqu'au bout, elle travaillerait consciencieusement, elle refuserait de penser à la fin. Cela lui faisait trop mal. Alors elle s'était persuadée qu'elle arriverait à transmettre ses méthodes et procédures à son remplaçant, qu'elle arriverait à faire en sorte que la qualité de ce qu'elle avait mis en place perdure. Comme si il s'agissait de sa propre survie. Paulo donna un coup de pied dans la porte. Pourquoi était-il ainsi intervenu ? Que cherchait-il à faire ? Se mettre tout le monde à dos ? Sa révolte intérieure commençait à dépasser les limites du savoir vivre, il l'avait bien compris dans le regard de Joana. Lorsqu'ils quittèrent la salle de réunion, il jeta à nouveau un coup d'œil vers les bureaux. Ils étaient vides. Une grande montre murale indiquait dix-huit heure trente. Paulo soupira. Il retrouva Joana en bas de l'immeuble, et arrêta un taxi. Ils demandèrent au chauffeur de les emmener au restaurant où ils avaient rendez-vous avec les autres. Pendant le trajet, ils n'échangèrent pas un mot.

Arrivés dans le quartier de l'hôtel, ils furent interpellés par la présence importante de policiers à l'extérieur. Certains installaient des barrages pour fermer les accès à la grande avenue qu'ils voulaient atteindre. Un policier fit arrêter le taxi et cracha quelques mots sur un ton autoritaire.

– Vous allez devoir descendre ici, leur dit le chauffeur, je ne peux pas aller plus loin. Mais votre restaurant est tout près, par-là, tout droit, indiqua-t-il.

Ils réglèrent leur course, descendirent du taxi sans poser de question et marchèrent vers le lieu de rendez-vous. Lorsqu'ils tournèrent le coin, ils aperçurent un attroupement devant la maison du gouvernement. Des policiers, des journalistes avec leurs caméras et des civils commençaient apparemment à se rassembler. Ils entrèrent dans le restaurant. Ce n'est qu'une quinzaine de minutes plus tard, lorsqu'ils virent la masse de gens se déplacer sur la grande avenue qu'ils comprirent qu'une manifestation avait lieu.

Le serveur apporta les plats qu'ils avaient commandés et les déposa en lançant régulièrement un œil inquiet vers la fenêtre qui donnait sur la rue. C'était une véritable foule qui marchait dans la même direction. Ils chantaient de plus en plus fort, au fur et à mesure que leur nombre grandissait. Le léger malaise du serveur contamina les hôtes. Ils regardèrent attentivement vers l'extérieur. Plus une seule voiture ne circulait, la rue avait été envahie par des piétons et quelques cyclistes qui scandaient un refrain.

– Qu'est-ce qu'ils chantent ? demanda Paulo.

– « Communisme pour notre pays », répondit doucement le serveur.

– C'est une manifestation contre le gouvernement ?

Le serveur regarda avec un certain malaise vers le bar d'où le surveillait son patron. Il ouvrit la bouteille de vin qui avait été commandé et servit un fond à Paulo afin qu'il goute. Ensuite il se pencha vers lui en faisant mine d'écouter ses commentaires.

– Certaines personnes sont très défavorisées par les décisions que notre gouvernement a prises, dit-il d'une voix presqu'inaudible. Ils sont persuadés que la solution à leurs problèmes est le retour au communisme.

Entrant dans son jeu, il opina de la tête et l'invita à servir le vin à tous. Le serveur s'éloigna sans un mot et alla se poster au garde à vous près de la cuisine. Etonnés par les raisons de cette manifestation, le groupe mangea en silence. Les jeunes consultants semblaient craindre que les choses ne dégénèrent et ne quittaient plus la porte vitrée des yeux. Si Joana regardait dans la même direction, ce n'était pas pour les mêmes raisons. Pensive, elle sirotait le vin rouge qui lui avait été servi en passant les derniers évènements de la journée en revue. Alors qu'ils étaient censés approcher la fin de la transition, elle allait devoir recommencer une formation. Elle se demanda si elle en serait capable. L'énergie commençait à lui manquer. Elle entendit la voix de son mari lui reprocher à demi-mot de quitter le pays pour deux jours et de lui laisser leur fils. Il trouvait qu'étant données les circonstances, elle s'impliquait trop dans son travail. « Tu ne réalises donc pas qu'ils profitent de toi ? Te demander de faire un déplacement alors qu'ils t'ont renvoyée. Tu es trop naïve, Joana, réveille-toi ! ». C'étaient ses derniers mots avant son départ. Aussi longtemps qu'elle s'en souvienne, lui et ses besoins étaient toujours passés avant. A leur arrivée en Belgique, il lui fallait repasser des examens d'équivalence. Elle avait alors fait des ménages pour ramener un peu d'argent. Ensuite il avait fallu qu'il fasse sa thèse… A cette époque, c'était tout ce qui comptait, il ne parlait que de sa future réussite. Pendant ce temps, Joana s'était inscrite au cours du soir de comptabilité et avait obtenu son diplôme en silence, puis avait trouvé un poste chez HAFA. Au fond, en y réfléchissant, elle ne se rappelait pas la dernière fois qu'il lui avait fait un compliment. Il s'était même montré un peu agacé qu'elle trouve du travail avant lui. Pourtant, n'avait-elle pas tout fait pour le satisfaire ? D'autre part elle avait toujours été loyale envers lui. Envers son employeur aussi d'ailleurs. Il lui sembla soudain que tous ces efforts avaient été vains. Elle eut l'impression de manquer d'air. La tête lui tourna.

– Je suis épuisée, soupira Joana. Je rentre à l'hôtel.

Elle se leva et tituba vers la porte du restaurant sans prêter attention aux regards étonnés de ses collègues. Il y avait maintenant tellement de monde dans la rue qu'ils frôlaient les fenêtres. Sortir à ce moment était une très mauvaise idée.

– Joana ! s'écria Paulo inquiet.

Elle s'engouffra dans la foule avant qu'il n'ait pu la rattraper et fut emportée par le mouvement. Elle tenta d'aller à contre-courant mais se heurta à de nombreux manifestants qui la poussaient dans l'autre sens. Elle se retourna à nouveau et s'excusa en essayant de se frayer un passage. Au troisième homme qu'elle bouscula, elle se fit arrêter dans son élan. Un grand moustachu la retint fermement par le bras et la regarda, ses gros sourcils froncés. Il lui cracha quelques mots incompréhensibles à la figure. Immobiles au milieu de la foule qui continuait son avancée, ils étaient secoués de part et d'autre. Joana prit peur face à ce gros type hostile. Elle tenta de lui expliquer qu'elle voulait juste retrouver son hôtel puis réalisa qu'elle s'était exprimé en anglais et que cela avait peut-être été une erreur. Se débattre ne ferait qu'aggraver son sort et tenter de se mesurer à plus fort qu'elle aussi. Un rapide tour d'horizon lui apprit que personne ne viendrait à son secours. Il était inutile de crier à l'aide car personne ne l'aurait entendu. L'homme ne l'avait toujours pas quitté des yeux et semblait réfléchir à ce qu'il allait lui faire pour la punir d'avoir contrarié sa démarche. Les autres manifestants commençaient à rouspéter car leur immobilité ralentissait le mouvement. Il la tira avec lui vers l'intérieur du cortège, là où la police ne pourrait plus les voir. Joana commença à se débattre, frappa son agresseur avec son poing resté libre, tenta des coups de pieds, de plus en plus fort. L'homme semblait ne rien sentir, et arriva à l'entrainer à terre, au milieu de la foule. Joana chercha de l'aide du regard, en vain. Elle comprit que les autres manifestants n'interviendraient pas, vu l'imposante carrure de son agresseur. Elle maudit cette impulsion qui l'avait attiré dehors, elle pensa à son fils qui lui manquait et regretta d'avoir été si imprudente. L'homme qui avait posé un genou à terre la tenait à présent devant lui, un bras autour de son cou. Joana se sentit minuscule, insignifiante. Elle tenta de donner des coups de coude dans son ventre mais sans effet. L'homme était musclé, comme invincible. Au plus elle tapait, au plus l'autre resserrait son bras autour de son cou. Elle cria, inutilement. Elle se sentit étouffer, essaya de retirer ce bras trop fort. Le ciel s'assombrit, son esprit aussi. L'homme dut sourire en sentant son désespoir monter en intensité. Elle arrêta de lutter, baissa la tête et vit sa dernière heure se rapprocher. Des coups de sifflet retentirent et la foule s'écarta autour d'eux. L'homme lâcha Joana et s'encourut. Elle s'effondra et sentit quelqu'un la soulever. Elle fut tirée hors du cortège et ramenée sur le trottoir. Un policier lui posa des questions qu'elle ne comprit pas. Paulo, qui était sorti du restaurant à sa poursuite avait alerté les policiers et accourut près d'eux.

– Elle ne parle pas votre langue ! cria-t-il au policier qui était penché au-dessus de Joana. Puis en s'adressant à elle : Est-ce que tu m'entends ?

Elle sortit du brouillard en entendant son nom et tendit la main vers son supérieur qui l'aida à se redresser.

– Rentrez à l'hôtel ! lui ordonna l'officier.

Il acquiesça et ramena Joana jusqu'à sa chambre, l'allongea et la vit s'endormir presqu'aussitôt, épuisé par les évènements. Il téléphona ensuite aux autres pour les rassurer et leur recommander d'attendre la fin du cortège avant de quitter le restaurant.

Le lendemain matin, Joana se réveilla avec un mal de tête intense. Elle s'aperçut que les autres l'avaient laissé dormir, et trouva un petit mot l'invitant à consulter le médecin de l'hôtel avant de venir au bureau. Question d'assurance. Elle se leva pour se préparer et appela la réception pour demander une visite médicale. Il ne fallut attendre qu'un petit quart d'heure pour voir un médecin débarquer dans sa chambre. Petit de taille et dégarni, il ne s'embarrassa pas de phrases de courtoisie. Il la pria de s'asseoir et mesura ses constantes. En plaçant ses doigts sur son cou pour tâter les ganglions lymphatiques, il remarqua des rougeurs étranges.

– Que s'est-il passé ? demanda-t-il en examinant les traces.

– On m'a étranglé, répondit-elle d'une voix faible.

Le médecin eut un geste de recul. Bien qu'il se fût douté de la nature de ces marques, il avait espéré se tromper.

– Est-ce que cela vous fait mal quand j'appuie ? demanda-t-il en passant ses doigts à l'arrière de la nuque.

– Un peu…

– Les vertèbres ne sont pas abimées heureusement, ajouta-t-il comme pour lui-même.

Il se dirigea vers la table et griffonna quelques mots dans son carnet.

– Avez-vous porté plainte ?

Joana fixa le vide, les yeux emplis de colère. Elle revoyait la scène de la veille. Combien de temps cela avait-il duré ? A peine quelques minutes sans doute. Pourtant le temps lui avait semblé bien trop long avant que l'on vienne la secourir. Mais c'était sa propre faute si elle s'était retrouvée dans une telle situation. Elle ne pouvait en vouloir à personne d'autre qu'elle-même.

– Non.

Le médecin releva la tête, surpris.

– Je ne vais pas porter plainte, ce ne serait qu'une perte de temps pour tout le monde, termina-t-elle en se relevant.

– Mais…

– Suis-je en état de travailler docteur ?

– Je vous le déconseille, dit-il en lui tendant une

ordonnance. Votre mal de crâne va s'empirer, et vous n'arriverez pas à vous concentrer. J'ai appris que vous aviez un avion à quinze heures ?

– En effet…

– Il est inutile de vous déplacer pour deux heures pendant lesquelles votre tête vous semblera être un seau sur lequel on tape !

– C'est une expression intéressante… remarqua Joana en serrant les dents.

– Je ne maitrise pas votre langue, mais je pense que vous m'avez compris, dit-il en relevant l'ironie.

Il rassembla ses affaires, le visage fermé et usa d'un ton très sérieux :

– Si vous sortez maintenant et que vous avez un malaise, et c'est ce qui risque d'arriver, vous ne serez pas couverte par votre assurance. Je leur aurai communiqué mon diagnostic.

Elle soupira et se mit à tourner en rond, déçue. Elle regrettait amèrement son inconscience de la veille et se voyait forcée d'en assumer les conséquences. Le petit médecin qui secouait sa tête face à l'entêtement de son patient s'éloigna vers la porte.

– Reposez-vous, conseilla-t-il avant de quitter la chambre. J'ai posé une boite d'antidouleur sur la table, prenez-en deux.

Joana ne répondit pas mais s'approcha de la table pour prendre les médicaments. Frustrée, elle versa quelques comprimés dans sa main et se servit un verre d'eau. Elle se rassied sur son lit et fit la grimace en sentant la douleur s'accentuer dans le fond de son crâne. Elle avala les calmants et passa une main sur sa gorge dont la peau était sensible. Les os de sa mâchoire, sa nuque la faisaient souffrir, lui rappelant la pression qu'ils avaient subie. L'agresseur, bien plus grand qu'elle avait tiré vers le haut et aurait pu disloquer ses vertèbres cervicales avec sa force. Heureusement qu'il avait été arrêté à temps. Elle se recoucha et ferma les yeux, prise de vertige. Le sommeil l'emporta rapidement dans un univers immaculé, aussi blanc que les cachets qu'elle venait d'avaler.

*

*   *

Au même instant, à Bruxelles, Nina s'était installée devant la télévision avec son assiette sur les genoux, lorsqu'elle entendit un bruit sourd qui venait de l'étage. Elle déposa son repas sur la petite table basse et diminua le volume du poste. Le bruit se répéta. En faisant de son mieux pour garder son calme, Nina parcourut la pièce des yeux à la recherche d'un objet pour se défendre. Elle opta pour une statuette qui se trouvait sur une étagère et entreprit de monter. Paulo n'était pas là, les filles étaient chez leur mère… Une fois à l'étage, l'angoisse de Nina monta d'un cran. Peut-être valait-il mieux redescendre et appeler la police. La porte de la salle de bain s'ouvrit et par réflexe, Nina serra la statuette plus fort, prête à frapper.

– Eh ! Lâche ce truc ! s'écria la jeune fille qui apparut. Ça va pas non ? C'est moi, Lisa.

– Est-ce que ta mère sait que tu es ici ?

– Non.

– Je l'appelle pour la prévenir, dit-elle en sortant son gsm de sa poche.

Lisa accourut près d'elle et saisit son bras.

– Non ! cria-t-elle. Ne lui dis rien.

Nina fut surprise par cette réaction.

– Qu'est-ce qu'il se passe ?

– Je ne veux pas qu'elle sache où je suis !

– Mais elle va s'inquiéter…

– Elle s'en fout ! Ça fait trois jours que j'ai quitté la maison, elle n'a même pas essayé de me trouver. J'étais chez une copine. Tout le monde s'en fout.

– Tu es injuste, ton père t'aime tellement… il ferait n'importe quoi pour toi.

– Ah ouais ? C'est pour ça qu'il se comporte comme un zombie ? Le weekend dernier il l'a passé dans son lit…

– Lisa… fit Nina, désolée.

Le téléphone de la maison sonna. Nina dévala l'escalier, suivie de près par Lisa. Une fois en bas, elle courut vers le téléphone. Lisa lui sauta littéralement sur le dos pour l'empêcher d'atteindre l'appareil mais Nina réussit à attraper le combiné et gronda sa belle-fille du regard en décrochant le téléphone.

– Allo ?

– Nina ? demanda la voix à l'autre bout du fil. C'est Eleanor.

Elle fit signe à Lisa de reculer.

– Est-ce que Lisa est chez vous ?

Nina regarda Lisa en fronçant les sourcils. Lisa, qui avait compris qui était au bout du fil joint ses deux mains en signe de supplication et fit non de la tête. Sa petite mine lui pinça le cœur. Elle détestait se trouver dans une telle situation, mais elle n'avait jamais porté Eleanor dans son cœur, alors à choisir entre la mère et la fille…

– Non, elle n'est pas ici. Pourquoi ? demanda-t-elle innocemment.

Lisa souffla, relâchant la pression. Elle remercia Nina en silence.

– Euh, soupira Eleanor un peu gênée. Pour rien.

– Bon…

– Nina ?

– Oui ?

– Inutile de dire à Paulo que j'ai téléphoné…

Nina raccrocha en secouant la tête. Depuis que Paulo déprimait, tout se dégradait autour de lui.

– Tu as mangé ?

– Non, grogna l'adolescente.

Nina se rendit dans la cuisine et lui prépara une assiette.

– Pourquoi tu m'as couvert ?

– Je n'en sais rien.

– J'ai été vache avec toi… Je te demande pardon, marmonna-t-elle.

Nina interrompit son mouvement. C'était bien la première fois qu'elle entendait des excuses de la bouche de la jeune fille.

– C'est pardonné, dit-elle en lui tendant l'assiette.

– Merci.

Nina repartit vers le salon.

– Est-ce que tu vas quitter mon père, toi aussi ?

Elle se retourna, immobile, les sourcils froncés.

– Qu'est-ce qui te fait dire ça ?

– Nina… je suis une grande fille, inutile de me mentir.

Lisa passa devant elle en la frôlant et s'installa sur le canapé.

– Je peux changer de chaine ? demanda-t-elle la bouche pleine.

– Non, je regarde les infos, répondit Nina encore choquée par la question.

Elle vint s'asseoir lentement à côté de sa belle-fille. Elle prit la télécommande et coupa le son, attirant l'attention de Lisa.

– Est-ce que c'est ce que tu souhaites ? Tu voudrais que je m'en aille ?

– Non.

– Mais alors, pourquoi est-ce que tu…

– Il est heureux avec toi. Au début ça m'énervait, je l'avoue, mais maintenant je m'en fiche.

Elle essuya sa bouche du revers de sa main.

– Mais il est pas facile en ce moment, poursuivit-elle. Et toi… tu vas pas supporter ça éternellement… alors je me suis dit que t'allais sans doute partir.

– J'aime ton père, Lisa.

Celle-ci leva les yeux au ciel, redoutant des confidences embarrassantes.

– … Et quand on aime quelqu'un, on veut être là pour lui dans les bons comme dans les mauvais moments.

– Mouais… ça, c'est la théorie. Mais comme pour l'instant, il n'y a pas eu beaucoup de bon…

– C'est vrai que ce n'est pas la joie en ce moment, mais mes sentiments sont intacts, déclara-t-elle en s'enfonçant dans le fauteuil.

Lisa posa son assiette, touchée par la sincérité de Nina. Elle regretta soudain l'attitude irrespectueuse qu'elle avait eu à son égard, toutes ces mauvaises blagues qu'elle avait pu lui faire.

– Je sais que je suis très mal placée pour donner des conseils, mais tu ferais mieux de lui montrer que tu l'aimes au lieu de prendre de la distance. Je connais mon père, tu ne le feras pas réagir en t'éloignant. Au contraire, tu vas juste raviver de mauvais souvenirs.

*
* *

C'est la voix de Paulo qui la sortit de son rêve sans images. Elle ouvrit les yeux et vit la chambre d'hôtel tourner sur elle-même. Elle massa ses tempes et prit une grande inspiration.

– Joana ? demanda Paulo de derrière la porte. Est-ce que ça va ?

– Mmmh… fit-elle en se redressant douloureusement.

– Ouvre-moi, s'il te plait ! Je suis inquiet.

Elle sortit du lit et ouvrit la porte, les yeux plissés, gênée par la lumière. Son collègue entra et la prit par le bras pour l'emmener vers la salle de bain. Il mouilla un gant de toilette et rafraichit le visage de Joana qui s'était assise sur le bord de la baignoire. Celle-ci sourit, reconnaissante.

– Comment tu te sens ?

– Un peu dans le brouillard…

– Tu m'as fait une de ces peurs ! s'exclama-t-il en rinçant le gant. Qu'est-ce qui t'a pris hier soir ?

– Je…

Elle s'interrompit. Elle hésita à confier le fonds de sa pensée à Paulo.

– J'ai… J'ai eu l'impression de perdre pied.

Paulo se retourna, touché par la confession de sa collègue.

– Depuis que je suis arrivée en Belgique, j'ai dû me montrer forte, tenir le cap malgré tous les problèmes que j'ai rencontrés. Quand ils nous ont annoncé qu'on était virés, je me suis interdit de baisser les bras, je voulais rester positive.

– Je sais, tu as été très courageuse…

– C'est ce que je croyais. Mais hier, je me suis sentie si triste tout à coup… j'ai eu peur, j'ai perdu le contrôle.

– S'il y a bien une chose que j'ai appris ces derniers temps, c'est qu'on ne peut pas tout contrôler…

Elle le fixait, les yeux embués de larmes.

– As-tu rencontré la nouvelle recrue à ma place ? Demanda-t-elle pour changer de sujet.

Paulo prit quelques secondes avant de répondre et s'adossa à l'évier. Il sourit sans joie.

– Oui, je lui ai expliqué les bases, pour avancer un peu…

– Je te remercie…

– Oh ! Ne me remercie pas trop vite ! Tu vas avoir du boulot… Elle ne comprend rien. Je ne sais pas ce que l'autre lui a raconté mais… Imagine le truc, sur son CV elle parle l'anglais et le néerlandais, mais ce n'est pas vrai ! L'agence ne l'a même pas testée et elle s'est déjà fait engager…

Joana ne put s'empêcher de pouffer de rire.

– Excuse-moi, dit-elle, ce n'est pas drôle…

– C'est surréaliste, dit Paulo en rigolant. On dirait une blague ! Quand je suis arrivé près d'elle, elle était sur Facebook et Ludomir papotait avec un autre collègue !

Ils éclatèrent de rire. Pendant quelques minutes, le stress put enfin s'évacuer.

– Il vaut mieux en rire, dit Paulo les larmes aux yeux. Tu as raison, vaut mieux en rire.

Elle reprit son souffle et prit un kleenex pour sécher ses yeux.

– Et Olya ? Tu l'as vue ?

– Non, il parait qu'elle est malade, soupira-t-il en haussant les épaules.

– Ah… sourit-elle, l'air un peu moqueur.

– Je t'avoue que j'étais soulagé de ne pas la croiser… quand je lui ai annoncé par mail que je venais à Sofia, elle m'a répondu qu'elle n'avait plus besoin de mon aide.

– Cette fille est… décidément très arrogante. Et comment c'était dans leurs bureaux ? demanda Joana plus sérieuse.

– Certains managers sont complètement paniqués. Ils restent enfermés dans les bureaux individuels et refusent de soutenir l'employé moyen. Leur culture, enfin, leur vision de la hiérarchie est complètement opposée à la nôtre. HAFA a toujours essayé d'appliquer cette vision américaine du manager qui est avant tout un membre de l'équipe. Un leader, mais aussi un collègue, tu sais ?

– Oui…

– Eh bien ici, le chef est d'un côté et les employés de l'autre. Ils communiquent à peine… Et il y en a qui ont franchement peur à l'approche du go live.

– Vraiment ?

– Oui, mais attend. Il y a des employés qui… enfin j'ai l'impression qu'ils passent leur journée sur internet ou dans la cafétéria…

– C'est dommage, dit-elle en baissant les yeux. Quand je pense aux efforts qu'on a fourni pour obtenir le niveau d'organisation qu'on avait… Et eux, ils s'en foutent complètement. J'ai eu le sentiment qu'ils ne se sentent pas impliqués comme nous l'avons été.

– Ils n'ont pas développé de relations avec les fournisseurs ou les clients comme nous, ils n'ont pas ce lien qui a fait de nous une équipe, dit Paulo. Ça fait une énorme différence.

Le silence plomba l'atmosphère et Joana se sentit nostalgique.

– Il faut que tu fasses ton sac, dit-il en sortant de la salle de bain. Les autres nous attendent déjà dans le hall du rez-de-chaussée.

Alors que Paulo l'attendait dans le couloir, Joana s'immobilisa devant la fenêtre.

– Qu'est-ce que tu regardes ? demanda-t-il depuis la porte.

– C'est la statue, répondit-elle sans se retourner. Elle a l'air triste aujourd'hui.

Il revint dans la pièce pour prendre le bras de sa collègue. Il avait bien compris que c'était elle qui était triste.

Dans l'avion, Paulo sourit pour lui-même. Au fond, tout n'était pas perdu, au contraire. S'il était vrai qu'il avait investi toute son énergie dans la négociation et qu'il s'en était senti vidé par après, il lui fallait reconnaître que cela en avait valu la peine. Grâce au package de sortie qu'il recevrait dans trois mois, il serait à l'abri du besoin pendant au moins un an… Il eut l'impression d'ouvrir les yeux. Son cœur s'apaisa. Il avait souffert de ne plus faire partie de l'organisation HAFA, mais ce jour-là, il s'en sentit soulagé. « Tant mieux », pensa-t-il, « De toute façon je n'ai plus envie de travailler pour eux. J'ai envie de changer… Et à présent rien ne m'en empêche ». Il eut l'impression d'entendre les paroles réconfortantes de sa compagne, finalement. Elle lui disait que tout allait s'arranger, qu'elle l'aimait, qu'elle était là. Il se rappela que ses enfants comptaient sur lui, que sa vie ne se résumait pas à son travail, que la vie continuait. Il se dit que s'il était vrai que demain est inconnu, on peut néanmoins décider de ce qu'on va en faire. On peut choisir. Paulo se fit la promesse de tout faire pour retrouver la complicité qui le liait à Nina. Il se jura de reprendre les choses en main et de terminer les finitions de leur maison. C'était leur projet, et ils l'avaient laissé trop longtemps en suspens. Rien ne les empêchait d'utiliser une partie de leur enveloppe pour terminer les travaux.

Lorsqu'il arriva dans le hall de l'aéroport de Bruxelles, il eut l'agréable surprise de voir que Nina l'y attendait. Elle lui sourit, de loin, et attendit qu'il la rejoigne. Arrivé à sa hauteur, il posa son sac et prit une grande inspiration.

– Nina, je suis désolé si j'ai été difficile à vivre ces derniers temps…

Elle le regarda, les yeux ronds, et attendit la suite.

– J'ai beaucoup lutté avec moi-même… je pense que j'ai eu peur de l'avenir. Envie et peur de changer en même temps…

– Je comprends, murmura-t-elle en prenant sa main. Tu voudrais enseigner c'est ça ?

– Comment as-tu deviné ?

– Depuis que je te connais, tu en parles. Pas souvent, mais à chaque fois avec des yeux qui brillent. Tu aimes encadrer, soutenir les autres… je pense que ça t'irait bien, pourquoi pas ?

Il la fixait, le cœur gonflé d'amour, et resta sans voix quelques secondes.

– Tu m'as manqué… Et j'ai compris… Enfin, je voulais te dire… Je ne veux pas te perdre…

– Moi non plus, lui dit-elle.

– Je vais me battre, je vais me battre pour nous !

Elle lui sauta au cou, les larmes aux yeux, heureuse de le retrouver. A peine rentré chez eux, Paulo écrivit à Corinne, de l'agence de replacement pour lui exprimer son souhait d'enseigner. Sa réponse fut quasi immédiate.

« Cher Paulo,

C'est une excellente idée. Rassurez-vous, vous n'êtes pas obligé de reprendre des études pour trois ans comme vous le pensiez. Sachez que le métier d'enseignant étant en pénurie, le gouvernement a récemment pris des mesures pour faciliter l'accès à cette profession. Je passerai dans vos bureaux dans une quinzaine de jours, rencontrons nous pour en parler. Corinne. »

– Tu vois ? lui dit Nina lorsqu'il termina de lui lire le mail. Tout va s'arranger, et tu vas pouvoir faire un métier que tu aimes.

– Oui, la vie continue... murmura-t-il, ému.

En voyant son ainée pénétrer dans le salon, il ne sut cacher sa surprise.

– Mais qu'est-ce que... ?

– Ah ! Oui, j'ai oublié de te dire que Lisa était là...

L'adolescente qui avait espéré ne pas se faire remarquer resta immobile quelques secondes, comme prise sur le fait.

– Alors, ça va mieux on dirait ? demanda-t-elle pour changer de sujet.

– Ta mère ne m'a rien dit...

– Oh, écoute ! s'énerva-t-elle. Je suis bientôt majeure ! J'ai quand même le droit de choisir où je vis non ?

Elle ressortit en claquant la porte, laissant Paulo et Nina sans voix. Ils se regardèrent, étonnés par ce coup d'éclat, puis finirent par éclater de rire. L'envie d'être heureux reprenait enfin le dessus dans leur petite maison.

11

La semaine suivante, les employés et la direction s'installèrent dans la grande salle de réunion pour écouter la présentation qu'Alexia, la consultante avait préparée. A force de tableaux excel, de lignes du temps et de couleurs, elle endossa son rôle de chef de projet à merveille et démontra que tout allait bien.

« Seule la transmission d'un poste comptable prendra plus de temps que prévu, le reste a été effectué dans les délais prescrits… La cotation moyenne des bulgares n'a pas progressé aussi vite que nous l'avions espéré ; ils ont une moyenne de deux point quarante-cinq sur cinq… Alors, pour le bien de tous, ils reviendront une dernière semaine afin d'optimiser leur formation… »

– Pour le bien de tous ? répéta Nina.

– On a été trop gentils, murmura Marc. Et maintenant ils en profitent. Tu donnes une main, on te prend un bras.

– Je te jure. « Tout va bien » qu'elle dit… j'en peux plus moi.

« … Permettez-moi de vous rappeler que jusqu'au lundi sept octobre, date du « go-live » à laquelle le centre de services reprendra officiellement les activités de votre département, vous êtes toujours responsables de la bonne exécution du travail... »

– Traduction : s'ils se plantent, c'est sur nos doigts qu'on va taper, chuchota Paulo.

« Je vous remercie pour votre travail et votre implication... Un buffet vous est offert dans l'arrière salle », termina Alexia. « Bon appétit. »

– Ah, il y a à manger gratis ? demanda Marc. Alors ça va, ajouta-t-il sur un ton ironique.

Ainsi, malgré la réticence et le ras-le bol généralisé, les employés du centre de service revinrent début octobre pour la dernière phase de leur formation. Celle pendant laquelle ils étaient censés travailler seuls et être supervisés à distance. Les belges réussirent néanmoins à obtenir que leurs remplaçants soient installés dans l'aile ouest du bâtiment, à l'écart, dans les anciens quartiers de leurs formateurs. Ils n'auraient pas supporté de les avoir sur le dos une semaine supplémentaire. La semaine passa rapidement, mais dans un stress dont ils se seraient volontiers passé.

Le vendredi matin, le groupe de collègues discutait autour d'un café. Joana frotta ses yeux fatigués.

– Hier, mon ombre n'a uploadé le fichier qu'à dix-neuf heures ! Heureusement que ma maman est venue de Roumanie pour m'aider, je ne sais pas comment j'aurais fait.

– Vive les mamans ! sourit Nina.

– Et comment ! Mais attends, le pire, c'est que dans ce qu'elle avait soumis comme chiffres, presque tout était faux ! Alors je me suis déplacée dans l'aile ouest pour lui expliquer son erreur et devine quoi ?

– Dis ?

– Ils avaient commandé une pizza, à leur aise… alors que de notre côté on était encore cinq à attendre qu'ils terminent. C'est là que j'ai compris qu'on était les seuls à stresser !

– C'est vraiment râlant, ajouta Marc. Parce qu'à la dernière réunion, on nous a bien fait comprendre que nous étions encore responsables jusqu'au go live ! Alors s'ils se plantent, c'est sur nous que ça va retomber.

Paulo baissa la tête. La tension n'avait cessé de monter depuis le début de la semaine. Si Olya avait correctement fait son travail, leur communication n'avait pas pour autant été agréable. A présent qu'elle n'avait plus besoin de lui, elle l'ignorait complètement.

– Pour moi ça se passe bien, dit Nina. Rosita est passée m'apporter un petit cadeau de remerciement ce matin ! C'est gentil hein ? Elle m'a dit qu'au moment où ils venaient à Bruxelles, plusieurs employés anglais débarquaient dans leurs bureaux de Sofia. Apparemment la transition de la Grande-Bretagne est un vrai fiasco. Ils étaient les premiers à commencer la formation mais leurs remplaçants ne sont toujours pas opérationnels.

– Et les français qui devraient commencer ce mois-ci, annonça Paulo, ils font grève !

– Ils essayent de résister ? demanda Marc.

– Oui, ils ont déjà réussi à retarder l'échéance…

– Retarder… mais finalement on va quand même tous y passer, murmura Marc.

Ils retournèrent à leurs bureaux, attendre que la journée s'écoule.

Parce que le transfert de responsabilités au centre de

services était imminent, les membres de la direction, les consultants et coordinateurs impliqués dans le projet étaient très nerveux. Ils enchainaient réunions et « conference call », se déplaçant bruyamment d'une salle à l'autre.

– Quelle drôle d'ambiance, commenta Joana. Tout le monde est tellement tendu…

– On dirait qu'une bombe va exploser lundi ! ajouta Marc.

– Ou qu'ils vont lancer un vaisseau spatial ! rit Nina.

– Courage les amis, dans quelques heures on sera libres soupira Paulo. Lundi, c'est le go-live.

Malgré que la transition fût terminée, les employés de Bruxelles devaient rester pour répondre aux éventuelles questions de leurs remplaçants, mais elles étaient très rares.

Au début, il était facile de positiver. Boostés par la séance de coaching offerte par l'agence de replacement, ils avaient tous commencé par mettre leurs cv à jour et postuler à quelques offres. En attendant les réponses, une vague d'euphorie avait parcouru les bureaux ; ils avaient écouté la radio, plaisanté, ri fort, en tentant de se persuader qu'ils avaient de la chance d'être payé pour ne rien faire. Chaque fois que l'un d'entre eux décrochait un entretien d'embauche, les autres s'enthousiasmaient et l'enviaient en même temps. Mais lorsqu'il revenait au bureau la mine défaite, c'étaient tous les visages qui se fermaient. Dans tous les esprits, c'était l'image du marché de l'emploi qui s'assombrissait. Comme le ciel gris de novembre. Au bout de quelques réponses négatives, la motivation pour chercher un nouvel emploi diminua. L'enthousiasme fit place à la crainte de cet avenir inconnu. Après quelques journées passées à surfer sur internet sans but précis, le sentiment d'être inutile se renforça.

– Je meurs chaque jour un peu plus, murmura Marc.

Les autres se retournèrent vers lui et firent le silence. Ils savaient qu'il n'avait pas réussi à faire le deuil de son licenciement, et ses candidatures ne recevaient pour l'instant que des refus. Cependant ces mots étaient si durs qu'ils furent tous choqués.

– Il y a de belles choses qui t'attendent après HAFA, lui dit Paulo en se levant pour l'approcher.

– Mais non ! A mon âge, je ne trouverai jamais un autre job ! cria-t-il.

Le groupe fut surpris de ce haussement de voix mais ne commenta pas. Sa détresse était palpable.

– Il faut que tu ouvres les yeux, dit Joana. Tourne la page et regarde autour de toi, il y a plein d'autres entreprises en ville.

– C'est facile à dire pour toi ! Tu as trouvé, tu t'en vas le mois prochain !

Joana baissa les yeux, presque gênée. Marc prit sa tête dans les mains et se pencha. Les autres pensèrent d'abord qu'il pleurait, mais il se redressa et son visage ne portait pas de larmes.

– Non, ce n'est pas facile Marc. On a tous eu beaucoup de mal.

Elle prit la main de Marc dans la sienne et son regard changea. Il se souvint comme Joana manquait de confiance en elle et se sentit quelque peu rassuré par ses mots.

– Peut-être… soupira Marc.

Il faisait gris, le soleil avait fui et la pluie se présentait chaque matin depuis le début du mois. Glacée, accompagnée d'un vent auquel on aimerait demander d'arrêter de souffler. Ou peut-être de nous emmener. Loin. C'est là-bas que la plupart d'entre eux aimerait se trouver. Loin. Que ce soit dans l'espace ou le temps. Dans l'avenir de préférence, pour ne pas avoir à revivre cette expérience une deuxième fois. A un moment où tout irait bien, où l'équilibre serait retrouvé. Où peut-être dans le passé. Mais alors, bien avant que tout ceci n'arrive. Avant ce moment où la décision de travailler pour HAFA avait été prise. Et encore, il y avait eu une période maussade où tout le monde se faisait renvoyer. Toutes les entreprises suivaient la même stratégie. Personne n'était à l'abri.

Chacun cherchait une raison à laquelle s'accrocher pour rester debout, continuer à se présenter au bureau. Le pécule de sortie, les chèques repas qui augmentent le salaire mensuel de sept euro par jour de présence. Les formations dispensées par l'agence de replacement RPL : Gestion de stress, remise à niveau en comptabilité… leur permettaient de penser à autre chose. Les employés avaient également droit à des entretiens personnalisés, pour les aider à se tourner vers l'avenir. Mais cela restait difficile. Parce que le temps passe lentement quand on veut aller vite, et qu'il file lorsqu'on aimerait prendre le temps. Avant, il y avait trop de travail, ils n'avaient le temps de rien. Là, ils voudraient être occupés, mais le vide s'éternisait. Une partie d'eux voulait partir mais l'autre non car il y avait des personnes à qui ils tenaient dans les bureaux, des habitudes. Une crainte de l'inconnu grandissait au milieu de tous ces sentiments déjà désordonnés.

Au début du mois de décembre, ils n'étaient plus que deux sur ce grand plateau de quarante places. Paulo et

Nina contemplaient une dernière fois leurs bureaux vides. Les consultants restants s'étaient regroupés près de la direction et des coordinateurs, à l'autre extrémité de l'étage, désertant l'aile ouest. Comme la majorité des employés, Joana avait réussi à négocier un départ anticipé pour commencer à travailler pour son nouvel employeur, à temps partiel. Ses bureaux se trouvaient à dix minutes de chez elle et elle allait enfin pouvoir passer tous les mercredis après-midi avec son fils. Avec son pécule de sortie, elle projetait en partie de renouveler le mobilier de son appartement. Elle se réjouissait de pouvoir enfin jeter les vieilleries qu'elle avait récupérées en s'y installant. Marc n'avait pas encore trouvé de nouvel emploi et se trouvait en arrêt maladie. Paulo et Nina, eux, avaient décidé de poser tous les congés qui leur restaient. Leur enveloppe représentait plus d'un an de salaire et ils soufflaient enfin. Ils étaient déterminés à terminer la rénovation de leur maison. Pendant qu'un entrepreneur s'occuperait du rez-de-chaussée et de la salle de bain, ils repeindraient les chambres.

Ils venaient de récupérer la lettre annonçant la fin de leur contrat. A la fois soulagés et tristes, ils traversaient le département des ressources humaines lorsqu'ils entendirent une voix forte saluer les gens en anglais. Paulo se retourna. Un grand homme en costume sans cravate, mâchoire carrée, démarche assurée, s'approchait. Il était suivi d'une jeune femme qui apparemment le guidait.

– Ici, nous sommes dans le département Ressources Humaines dont une partie sera bientôt délocalisé à Dublin, lui glissa-t-elle à l'oreille.

– Je vais déposer les ordinateurs, dit Nina. Je te retrouve en bas ?

– Ok, répondit Paulo sans la regarder, choqué par ce qu'il venait d'entendre.

L'homme arriva à hauteur de Paulo et lui tendit la main.

– Hi, my name is Tim Morrisson, déclara-t-il d'une voix chaude et dynamique. Nice to meet you.

Il comprit par l'accent qu'il avait à faire à un américain. L'attitude ultra professionnelle de cet homme lui donna l'impression étrange de se trouver dans un film en V.O. Il en avait vu défiler des américains depuis vingt ans. Chaque fois, c'était le même cinéma.

– I'm Paulo. Nice to meet you, répondit-il par automatisme.

Tim serra sa main, trop fort, et il dut s'empêcher de ne pas grimacer. Par sa seule poignée de main, il venait de lui faire comprendre qu'il était son supérieur, énergique, charismatique et prêt pour de nouveaux challenges. Quelqu'un qui maîtrise la situation. Quelqu'un qui en veut. Il lui demanda quelle était sa fonction, fit mine d'écouter sa réponse attentivement en hochant légèrement de la tête, puis le remercia chaleureusement et repartit. Paulo nota qu'il avait à peine réagi en entendant que son poste avait été délocalisé à Sofia. Il semblait déjà être au courant de ce qui était arrivé au département finance. D'autre part, il n'avait pas pris la peine d'expliquer sa fonction à lui, comme si c'était évident. Il devait y avoir eu une communication à ce sujet. Ce visage carré, ces cheveux châtains… Paulo avait déjà vu sa photo mais ne savait plus où. Un peu plus loin, Tim Morrisson croisa une des employées qui était venue présenter son bébé à ses collègues. Il caressa la joue du bambin et félicita la jeune maman. Il se laissa même aller à une petite confidence : « J'ai moi aussi des enfants, des jumeaux de deux ans. C'est merveilleux ». Cette fois-ci Paulo ne put s'empêcher de sourire en voyant qu'il dévoilait son côté humain au personnel. Ce type savait décidément comment s'y prendre pour se présenter sous son meilleur jour. Il le regarda poursuivre ce qui ressemblait à une véritable campagne électorale bien qu'il ait sans doute déjà été nommé à un haut poste en se demandant qui était cet homme. Puis il se dirigea vers la sortie. En marchant, il se rappela l'e-mail de présentation reçu en début de semaine… il s'agissait du nouveau vice-président Europe. C'était donc pour ça que de nombreuses personnes s'activaient cet après-midi. Une fête était prévue en début de soirée, avec spectacle et guirlandes lumineuses dans l'esprit de Noël. Paulo se tapa sur le front. Il avait complètement oublié cette annonce. Il venait de serrer la main du nouveau patron de HAFA sans même le savoir. Une fois devant l'ascenseur, il poussa sur le bouton lumineux puis s'approcha de la vitre qui donnait sur l'atrium. Il y vit des ouvriers monter une scène. Certains s'occupaient de l'éclairage, d'autres montaient des tables et rassemblaient des chaises. La société de traiteur était déjà là également. Un grand évènement se préparait.

– Tu comptes rester pour la fête ? lui demanda une voix féminine dans son dos.

Il reconnut la voix d'Alexia et choisit de ne pas se retourner.

– Non, sans façon… répondit-il.

Elle s'approcha de la fenêtre.

– On peut dire qu'ils y ont mis les moyens, dit-elle en indiquant la vitre du menton.

Paulo, qui n'avait pas envie de lui parler soupira.

– Tu m'évites… Mais as-tu vraiment une raison de m'en vouloir ? demanda-t-elle.

– Un manque d'honnêteté peut-être, répondit-il en lui faisant enfin face.

Alexia plissa les yeux, comme pour retrouver cet homme qui lui avait tendu la main à son arrivée, cet ami qu'elle aurait voulu garder.

– Je fais juste mon travail… murmura-t-elle.

– C'est bien ! Profites-en tant que tu en as ! s'exclama-t-il, agacé.

– Paulo…

– Quoi ? T'as envie de parler aujourd'hui ? Je pensais que tu n'avais besoin de personne…

Alexia baissa la tête, touchée par cette remarque blessante de vérité. C'est elle qui l'avait repoussé au nom de ses principes d'indépendance.

– Tu as raison… je n'ai pas été correcte envers toi… Mais… enfin, je voulais te remercier.

Le regard de Paulo passa de la colère à l'interrogation.

– Tu m'as ouvert les yeux, dit-elle encore… ta détermination, ton courage… Surtout ne change pas Paulo. Bonne chance pour la suite.

Elle s'éloignait de quelques pas lorsqu'il la rattrapa par ses mots.

– Pardon Alex, mais moi ça me fout en rage quand je vois à quoi ils dépensent leur argent. Regarde-moi ça… c'est de la démesure. Tout ça pour présenter le type qui va renvoyer les suivants…

Elle sourit du sarcasme de Paulo et revint près de lui pour observer la scène qui se déroulait au rez de chaussée.

– Tu veux parier que l'année prochaine il pond une nouvelle réorganisation ?

– Je te crois, soupira Paulo. C'est nul. Mais c'est surement vrai.

– Tu as lu son e-mail de présentation ?

– Oui, tout ce blabla sur l'importance d'être impliqué dans la société, qu'on est des leaders, qu'il compte sur nous… Donnez-vous à fond les gars ! Je vais tous vous virer ! plaisanta-t-il.

– Tu as tout compris, rit-elle. Et après, c'est lui qui va sauter…

Elle perdit son sourire en se tournant vers la fenêtre. Le nouveau président se trouvait à présent en bas, suivi de sa délégation et observait les préparatifs de la fête.

– Lui aussi c'est un pantin, poursuivit-elle en posant son index sur la vitre. Ceux qui décident sont ceux dont on ne voit jamais les visages.

Paulo aussi reprit son sérieux en regardant ce cirque. Des banderoles aux couleurs de la société avaient été levées. Une effervescence malvenue se dégageait de ces préparatifs.

– C'est comme un jeu, ajouta-t-elle, pensive.

– Eh bien moi, je ne joue plus, dit-il en s'éloignant d'Alexia.

Elle le regarda partir mais ne bougea pas. Elle non plus n'avait pas envie de rester. Elle le comprenait. Une fête un vendredi soir après le travail… Il fallait être « impliqué » pour vouloir assister à ce genre de réunion, et elle ne l'était plus. Elle avait terminé sa dernière mission de restructuration.

Bien qu'ils aient tous été invités, aucun de ceux qui avaient été impactés n'assisterait aux réjouissances, et on ne pouvait leur en vouloir. Tous les participants à cet évènement vivaient dans une autre réalité dans laquelle HAFA était un bon employeur qui leur offrait des fêtes somptueuses. Alors qu'ils trinquaient à la santé de leur nouveau patron, ils oubliaient qu'un an auparavant, c'est tout un département qui était supprimé. Ce soir-là, l'aile ouest du troisième étage était déserte, mais personne ne voulait le savoir. Non, pour ceux qui restaient, tout allait bien.

Cet ouvrage a été composé par Edilivre

175, boulevard Anatole France – 93200 Saint-Denis
Tél. : 01 41 62 14 40 – Fax : 01 41 62 14 50
Mail : client@edilivre.com

www.edilivre.com

Tous nos livres sont imprimés
dans les règles environnementales les plus strictes

ISBN papier : 978-2-332-99332-8
ISBN pdf : 978-2-332-99333-5
ISBN epub : 978-2-332-99331-1
Dépôt légal : janvier 2016

Imprimé en France, 2016